le monstre
la suite

De la même auteure

Le Monstre, Éditions Libre Expression, 2015.

INGRID
FALAISE

le monstre
la suite

RÉCIT

Libre Expression
Une société de Québecor Média

Catalogage avant publication de Bibliothèque et Archives nationales du Québec et Bibliothèque et Archives Canada

Falaise, Ingrid
    Le monstre, la suite
    ISBN 978-2-7648-1229-7
    1. Falaise, Ingrid, 1981- . I. Titre.

PS8611.A45M662 2017   C843'.6   C2017-941005-9
PS9611.A45M662 2017

Édition : Nadine Lauzon
Révision et correction : Isabelle Lalonde et Sophie Sainte-Marie
Couverture : Chantal Boyer
Mise en pages : Louise Durocher
Photos de l'auteure : Stéphanie Lefebvre

Remerciements
Nous remercions le Conseil des Arts du Canada et la Société de développement des entreprises culturelles du Québec (SODEC) du soutien accordé à notre programme de publication.
Gouvernement du Québec – Programme de crédit d'impôt pour l'édition de livres – gestion SODEC.

Financé par le gouvernement du Canada | **Canadä**

Les Éditions Libre Expression
Groupe Librex inc.
Une société de Québecor Média
La Tourelle
1055, boul. René-Lévesque Est
Bureau 300
Montréal (Québec) H2L 4S5
Tél. : 514 849-5259
Téléc. : 514 849-1388
www.edlibreexpression.com

Dépôt légal – Bibliothèque et Archives nationales du Québec et Bibliothèque et Archives Canada, 2017

ISBN : 978-2-7648-1229-7

Distribution au Canada
Messageries ADP inc.
2315, rue de la Province
Longueuil (Québec) J4G 1G4
Tél. : 450 640-1234F-94854
Sans frais : 1 800 771-3022
www.messageries-adp.com

Diffusion hors Canada
Interforum
Immeuble Paryseine
3, allée de la Seine
Ivry-sur-Seine Cedex
Tél. : 33 (0)1 49 59 10 10
www.interforum.fr

« Il faut encore avoir du chaos en soi
pour pouvoir enfanter une étoile qui danse. »
FRIEDRICH NIETZSCHE

PROLOGUE

« *D*is, maman, est-ce que ça repousse, des ailes ? »
*Un sourire fendant mon visage, des larmes
roulant sur mes joues, je caresse mon ventre tout doucement. Je crains le jour où tu me poseras cette question. Je te prendrai alors dans mes bras et je t'assurerai
que, oui, des ailes, ça repousse. Les miennes étaient brisées. Celle de gauche pendouillait gravement et celle de
droite fut crochue par le temps. Les plumes étaient fades
et l'espoir l'était également.*

*Au moment où j'écris ces lignes, tu grandis à l'inté-
rieur de moi et je vole plus haut et plus vite que jamais,
fixant loin devant. Mais avant que mes ailes soient
brillantes et lisses à nouveau, il m'a fallu parcourir
des sentiers que j'aurais préféré ne pas emprunter. Ma
reconstruction fut longue et ardue. Lorsque j'aurai
rédigé le dernier mot de ce livre, ma guérison sera terminée. Je l'écris pour toi. Pour que maman soit libérée
totalement. Voici ma vérité…*

JE N'AI PLUS LA FORCE
DE RÊVER

Je suis immobile, étendue dans un lit que mes larmes ont humecté. Figée par la peur, je ne bouge plus. Il est là. Présent dans la nébulosité de la nuit. Ses yeux sombres me scrutent. Ses mains s'approchent de mon cou. Je suis terrorisée, mon cri est sourd et reste noué au milieu de ma gorge sèche. Comme des fils barbelés, ses doigts s'enfoncent dans ma peau. J'étouffe. Il appuie fermement, coinçant ainsi mon larynx, m'empêchant de respirer. Sur son visage s'esquisse un sourire. Dans un écho lointain, j'entends ses mots me heurter comme des balles fusillant ma poitrine.

Kahba. Jamais tu ne m'échapperas.

Je n'aurai pas sauvé ma peau. Je n'aurai pas réussi ma fuite. La voix de maman a disparu. L'odeur de lavande laisse place à celle de la cigarette du sous-sol crade de l'arrondissement Saint-Laurent. Dans l'obscurité, je suffoque sous la pression des doigts de M.

En sursaut, je me réveille brusquement. Où suis-je ? La sueur perle sur mon corps. Je grelotte dans les draps humides de transpiration. L'odeur d'encens prend un certain temps avant de se faufiler jusqu'à mes narines, me rappelant les vieilles églises. Mes yeux cherchent dans le noir. Les larmes roulent sur mes joues. Je n'ai plus la force de rêver. J'allume. La lumière est tamisée par l'abat-jour jauni de la lampe qui trône chétivement sur l'unique table de chevet de la minuscule chambre où je loge depuis hier. Je tire les couvertures du lit à une place jusqu'à mon menton et m'emmitoufle dans la couette, reprenant tranquillement mes esprits. Comme un mantra, je me répète que c'est pour cela que je suis dans ce lieu. Parce que je ne supporte plus d'être ensevelie par ces cauchemars récurrents. Ni de traîner cette histoire, ce boulet qui freine mon existence et handicape ma liberté.

Dans ce manoir au bord du fleuve, je fais le premier pas vers ma reconstruction. Je me rappelle les raisons de ma venue dans ce lieu paisible, pour ne pas plier bagage et retourner sur-le-champ dans la sécurité de mon appartement. Je me le répète pour ne plus porter ces masques qui me tuent à petit feu.

Je sais que je ne retrouverai pas le sommeil. D'ailleurs, les oiseaux bavardent dans l'aube de l'été. Je me lève et me rends au minuscule lavabo coincé entre la fenêtre et le lit afin de rafraîchir mon visage. Dans la glace, j'observe cette femme de vingt-sept ans qui a frôlé la mort. Je lui dois au moins ça. Réapprendre à vivre. Premier jour de thérapie. Je suis prête.

Je me glisse vers le vestiaire adjacent à ma chambrette et me faufile dans la douche. L'eau chaude coule sur ma peau, mais, renfrognée, je ne m'abandonne pas à ce moment de détente. Je ne veux pas être ici. Quelle heure est-il ? Je n'ai plus aucun repère. À mon arrivée, on m'a gentiment demandé si j'avais en ma possession cellulaire, photos et effets personnels. « Bien évidemment », ai-je répondu candidement. La thérapeute a alors exigé que je les lui remette. Qui est-elle pour réquisitionner toutes mes affaires ? Sous la pression de l'autorité, j'ai acquiescé à contrecœur. Je lui ai confié la photo de Zied et de moi, prise lors de notre dernier voyage à Cuba et qui ne quitte jamais mon sac à main, mon CD de méditation, celui d'Aznavour, ainsi que mon cellulaire, si précieux.

Sans contact avec le monde extérieur, je n'ai plus aucun choix. Je m'efforce de lâcher prise et, pour la toute première fois depuis des années, je dois me reconnecter à mes blessures, mes mécanismes de défense, mes peurs. Ressentir les brûlures que j'ai esquivées au fil du temps au détriment d'une fausse liberté. Écouter mon cœur battre sans m'évader dans un quotidien de séduction, de travail, de performance et de dépendance. Sept ans. Depuis sept longues années, les nuits se succèdent, me ramenant instantanément à cette soirée où j'ai fui. Je respire un grand coup et je ferme les yeux, laissant l'eau m'apaiser.

FIXER DROIT DEVANT

La voiture du détective privé file à toute allure vers le sud. Recroquevillée sur le siège du passager, en état de choc, je ne peux arrêter les tremblements de mon corps frêle. J'ai si froid dans mon t-shirt blanc. Un filet de sang coule de mes poignets lacérés, laissant une trace rouge sur le tissu recouvrant mes genoux, lesquels je tiens fermement contre ma poitrine. Ma joue brûle et ma gorge tout autant. Je fixe droit devant, n'osant pas me retourner, de peur que M se soit faufilé sur le banc arrière.

Cette image, je l'aurai chaque fois que j'entrerai dans une voiture à l'avenir. Lui, caché derrière, dans le noir, guettant le moment où ses mains pourront agripper mon cou et faire du bolide mon cercueil.

Les larmes ruissellent sur mon visage. Je sens les empreintes de ses doigts contre ma gorge ainsi que les blessures qu'ont laissées ses ongles sur ma peau. Haletante, je ressens de la douleur à chacune de mes respirations en raison des coups que j'ai reçus plus tôt. Mes tempes battent au rythme du sang qui circule trop vite. La présence du Monstre est tout autour. Comme s'il volait au-dessus de mon corps, tel un vautour encerclant sa proie.

Une fine pluie tombe dans la nuit. Juillet…
22 juillet 2002. Cette nuit restera gravée dans la
mémoire de chacune de mes cellules. Cette nuit où
je me suis enfuie. Cette nuit où je me suis choisie.
Le va-et-vient des essuie-glaces m'hypnotise.
La lumière bleue installée sur le toit du véhicule
en guise de gyrophare éclaire le soir et clignote
en accord avec le rythme de mon cœur qui frappe
contre ma cage thoracique. Dans un écho lointain,
une voix d'homme retentit. Je ne capte pas tout ce
qu'il dit, prisonnière de ce trauma qui m'englobe.
Il semble parler au téléphone. *Maman.* Il prononce
le nom de ma douce maman. Je tourne mon visage
vers la vitre à ma droite. Les lampadaires défilent.
Nous passons les feux rouges sans nous arrêter.
Nous brûlons les stops et tournons les coins en faisant crier les pneus sur l'asphalte trempé. *Où allons-
nous ? Où suis-je ? Où vais-je ? Faites à votre guise,
mais ne me ramenez pas à mon bourreau.*
Une main se pose sur mon genou. Je sursaute.
Elle se rétracte immédiatement.
— Ingrid… Vous êtes en sécurité, me dit le
détective moustachu.
Je secoue la tête. Je ne serai jamais en sécurité.
L'homme m'assaille de questions, mais je reste
sans réponses, ses paroles semblent en distorsion
dans l'espace-temps. *Maman. Je veux les bras de ma
maman.* Les larmes coulent abondamment sur mes
joues meurtries.
Bientôt, la voiture bifurque dans le stationnement vide d'un centre commercial. L'automobile dans laquelle je trouve refuge continue son
chemin vers l'arrière d'un marché à grande surface.

Le moteur s'éteint et la lumière bleue meurt dans la nuit. Le détective enlève son manteau de cuir noir et le pose sur mes épaules glacées. J'ai froid, si froid. Mon téléavertisseur écrasé dans ma poche a survécu, car il vibre. Ce qui accentue mes frissons. C'est M, probablement, qui me hurle des mots d'horreur. J'appuie longuement sur le bouton au travers de mon pantalon afin de l'éteindre pour de bon, moi qui l'avais activé lors du ressassement de mon plan d'évasion. C'est à ce moment qu'un véhicule apparaît. Il se dirige directement vers nous. Les phares m'aveuglent. Le froid transperce mes os, je suis épuisée. Épuisée d'avoir autant lutté. Éteinte d'avoir vécu. Essoufflée d'avoir vaincu. Mon front s'écrase contre la fenêtre. Je veux m'assoupir et dormir cent ans, mille ans… Mon expiration forme de la buée sur mon reflet. Je veux devenir cette buée et ne plus souffrir. Le téléphone retentit dans l'habitacle, me faisant sursauter. J'entends le détective moustachu prononcer cette phrase d'un ton officiel et autoritaire :

— Vous pouvez approcher. Tout va bien.

Qui est au bout du fil ? Où vais-je ?

La Nissan n'a pas le temps de s'arrêter à ma hauteur que j'aperçois maman ouvrir la portière du passager et s'élancer dans ma direction. J'éclate. Les sanglots entravent ma gorge, mes dents s'entrechoquent et mon corps s'affaisse sur le banc de cuir beige.

Maman !

Il y a cinq longs mois que ses yeux se sont vissés dans les miens. Cinq mois à attendre d'avoir le courage de me blottir dans ses bras de nouveau.

Maman ouvre ma portière et m'enlace. Une longue étreinte. Je sens ses larmes sur mon épaule. Elle m'enveloppe d'amour. L'amour existe…

— *Min lilla Ingrid*, dit-elle dans sa langue maternelle, la voix tremblante d'émotion.

Mon papa arrive à son tour, délaissant sa voiture dont le moteur tourne toujours. Ses yeux. Les yeux de mon papa à moi, qui sont remplis de détresse, d'amour et de douceur. Il me soulève dans ses bras de géant. Je suis si petite, me semble-t-il. Minuscule dans ce monde trop vaste. Ce sombre univers qui fut trop longtemps mon gîte. Papa me transporte jusqu'à l'arrière de son véhicule et maman prend place à mes côtés. Il y a urgence. Nous devons quitter rapidement cet endroit encore trop près de M. Je me blottis dans l'odeur de maman. Le parfum d'une mère n'a pas d'égal. Du haut de mes vingt ans, je suis enfant à nouveau. Moi qui porte la lourdeur du monde sur mes épaules, je peux enfin évacuer les tensions, les peurs et les tourments des dernières années.

C'est terminé maintenant. Personne ne pourra plus jamais te toucher. Maman me le promet dans le creux de mon oreille et je me le suis juré aussi.

Papa prend place derrière le volant et nous quittons le stationnement, escortés par le détective. Maman me caresse tendrement, ses doigts effleurant mes longs cheveux blonds.

Nous roulons ainsi un bon moment. Ma tête sur ses genoux, je regarde le ciel par le toit ouvrant. La montagne dans les nuages apparaît dans mon champ de vision. Nous rentrons à la maison… Je m'assoupis enfin.

Je sens la voiture ralentir, se garer, et papa me soulever. Au loin, on ouvre la porte de mon chez-moi, puis on me dépose dans ma chambre, où je hume l'odeur de lavande de mes draps de coton. Mes yeux restent clos, ma tête est lourde. Sous les doigts de soie de maman, caressant mon front, je m'endors. Ni paisible, ni sereine, mais vidée. Simplement vidée.

LES MOTS,
PIRES QUE LES COUPS

M a mère est sûrement restée à mes côtés un
long moment, car, à mon réveil, je ressens
encore les traces de ses doigts dans mes cheveux.
Maman, tu m'as tant manqué. Trois jours se sont
écoulés depuis mon retour à la maison familiale.
Trois nuits de cauchemars à ouvrir les yeux brusquement dans un cri. Trois nuits à apercevoir maman
s'élancer vers moi et, de sa douce main, caresser
mon front afin de m'apaiser, puis me bercer, comme
si j'étais une enfant.

Je n'ai pas trouvé refuge dans un sommeil paisible malgré le confort de mon lit douillet. Chaque
instant est empreint de lui. M sait où me trouver.
Je ne sais pas s'il osera se rendre jusqu'ici, mais
cette idée teinte ces moments où j'essaie de m'assoupir. En vain.

De la fenêtre de ma chambre, je regarde la montagne et scrute l'horizon. La quiétude de mon
patelin me fait frémir. Le monstre dort. Je n'ai reçu
aucun appel à la maison ni sur mon téléavertisseur. Nul signe de vie de sa part. J'ai peur. Peur de
lui. De moi. De son emprise qui m'a fragilisée. Je
crains le plan qui prend forme dans son imaginaire

créatif. Ne jamais tourner le dos, ne jamais baisser ma garde, telle est ma devise.

Je me faufile jusqu'à la salle de bain voisine de ma chambre d'adolescente restée intacte depuis les dernières années de mon exil. Trois matins ont passé depuis mon retour, mais je ne m'habitue pas à la présence de mes parents qui observent chacun de mes gestes, craignant un revirement de situation. Je ne leur en veux pas. Combien de fois ont-ils espéré que je regagne définitivement la maison? À tant de reprises, ils m'ont vue revenir et repartir aussitôt pour m'engouffrer dans cette histoire sans fin, impuissants devant l'atrocité.

Cette fois-ci, c'est la bonne, papa… ne t'en fais pas.

Je me lave le visage, les mains, les pieds, selon le rituel *wudhu*, et je retourne hâtivement à ma chambre. Mais de quelles impuretés devrais-je me purifier? Celles d'avoir laissé un homme balafrer mon corps, brûler mes rêves et kidnapper deux années de ma vie? Celles d'avoir laissé un monstre voler ma candeur et mon innocence? Je ferme la porte et tourne la poignée, la verrouillant ainsi à double tour. Je m'installe pour la prière du matin. *Allahou akbar.* Je m'entends la réciter dans cette langue étrangère et répéter les phrases tel un automate. Pourtant, je suis libre. Pourtant, je n'ai de compte à rendre à personne. Sauf à Dieu. À qui j'ai fait la promesse d'honorer son existence s'il me sortait de ma prison. Je lui ai promis que je prierais cinq fois par jour et que je dédierais ma vie à la sienne s'il le fallait, en échange de la force de quitter à jamais mon bourreau. Je prie pour effacer la honte. Je prie pour que les cauchemars cessent et que je retrouve la joie d'antan. Je prie pour que M quitte le pays et ne revienne plus jamais hanter le mien.

Tout doucement, on cogne à ma porte, me tirant d'une prière haute en émotions. Je termine à regret ma *salât*, je remercie dans cette langue étrangère l'ange à ma droite et je le prie d'enregistrer mes bonnes actions. Je tourne ma tête vers la gauche et demande à l'ange qui s'y trouve de prendre en note mes mauvaises actions... comme la religion le demande.

Trois petits coups timides se font de nouveau entendre. Je me lève, déverrouille la poignée, essuie les larmes qui se sont logées dans mes yeux et ouvre la porte. Un ange réel se tient debout devant moi. Vêtue de sa chemise de nuit blanche, ses boucles blondes tombant maladroitement sur son front, ses cheveux encore ébouriffés, ma petite sœur m'entoure de ses bras. Elle sera toujours petite à mes yeux, même si c'est une adolescente de quatorze ans qui me serre fort.

— Je veux juste m'assurer que tu es encore là, me dit-elle de sa voix endormie.

Mon cœur se serre aussi fort que son étreinte. *Moi aussi, tu m'as manqué, Lilianne... Je suis désolée.* Ma grande sœur Victoria, elle, n'en pouvant plus de n'entendre parler que de moi et de souffrir de mon absence au quotidien, s'est exilée chez son copain, Mathieu, afin de se reposer et d'avoir un semblant de vie normale. Quant à Lilianne, elle a dû vivre tous les jours la peine de mes parents, l'incompréhension, la peur de ne pas me savoir en vie, la tourmente des nuits où maman faisait les cent pas dans la cuisine, incapable de dormir. Elle a été témoin des conversations sans fin, des va-et-vient des détectives, de la tension omniprésente dans la maison. *Lilianne... Toi, si petite. J'ai pris toute la place... Ce foutu M, je le déteste ! Je me déteste !* J'enfouis mon nez dans les cheveux de ma sœur et la garde tout près de mon cœur. *Je ne t'abandonnerai plus, c'est promis. Je ne manquerai plus jamais une de tes compétitions d'équitation ni une de tes fêtes. Juré.*

Le détective privé que mes parents ont engagé pour me retrouver m'attend dans sa grosse voiture noire stationnée dans l'entrée pavée. Celui qui, au petit matin, a ouvert sa portière pour me conduire vers la liberté. Cette liberté qui me tend la main et que j'ai peine à saisir. Les ficelles tirées par M sont fraîchement coupées et marcher sans le marionnettiste est une réhabilitation. Je ne suis pas libre de penser, de m'habiller, de parler ni de manger, car sa présence est tangible. Je sens son mépris, son commentaire désobligeant au bout de ses lèvres, ses mains se tortillant, prêtes à exploser de colère. Comme s'il avait trouvé logis dans mon intellect. Le simple fait de me préparer une rôtie ce matin déclenche en moi un moment d'angoisse dans la cuisine. Je revis la scène ignoble. M déversant sa foudre en faisant éclater l'assiette contre le mur tout près de mon visage parce que j'ai laissé les rôties trop longtemps à son goût dans le grille-pain. L'anxiété faisant trembler mes mains au petit-déjeuner alors que j'approche de ma bouche le bout de pain noirci. Les miettes sont trop présentes dans mon plat et le souvenir de ses paroles me martèle. *Bonne à rien. Stupide. Tu ne sais pas manger.* Et le rire méprisant suivant ces phrases destructrices. Les mots, pires que les coups de poing. J'essaie de taire ce récent souvenir et jette le restant de ma rôtie à la poubelle. Ça ne passe pas. Rien ne passe. Sauf le goût amer du deuil, de l'humiliation, de la trahison et du rejet qui coule au fond de ma gorge.

J'enfile un vêtement qui était demeuré dans ma garde-robe. Il est trop grand, évidemment. Mes os pointus ont peine à retenir le chandail sur mes épaules chétives. Il est noir toutefois et les manches sont suffisamment longues, préservant ainsi mon intimité et celle de mes poignets meurtris. Le jean, ajusté à l'époque, est maintenant bouffant sur mes hanches, un peu comme mes paupières, bouffies d'avoir trop pleuré. J'enfile mon vieux manteau, toujours dans la penderie de l'entrée, comme s'il était resté figé dans le temps depuis que j'ai quitté la maison pour la énième fois lors d'une journée trop chaude du mois d'avril.

Lilianne est prête pour l'école et nous salue de la main alors qu'elle se dirige vers le bus scolaire qui l'attend au coin de la rue. Son regard s'attarde sur moi avant qu'elle monte les quelques marches. Je lui renvoie son signe en affichant un énorme sourire afin de la rassurer, lequel tombe dès que les portes du véhicule se referment. Les battements de mon cœur s'accélèrent. Maman et papa, eux, doivent quitter la maison au même instant que moi pour aller travailler. Dans leurs yeux, je devine la crainte qu'ils ont de ne plus me revoir. Ce qui explique aussi la présence du détective. Maman me serre excessivement fort, ma peau brûle sous son étreinte. C'est trop. Trop d'amour d'un coup après ce long sevrage. Trop d'empathie, d'intérêt, de pitié. Trop. J'étouffe. Je me braque et j'érige le mur de Berlin devant mon cœur, créant une armure invisible empêchant toute fragilité d'entrer ou de s'échapper. Inatteignable, je refuse d'accéder à ma vulnérabilité.

Aujourd'hui encore, ce mécanisme est présent lorsque je sens monter des émotions pouvant me blesser. Je me ferme et je me coupe de l'autre. Je remonte la fermeture éclair et je ne ressens plus rien. De cette façon, je peux balayer du revers de la main une amitié, une liaison, une relation. C'est ma façon de fuir quand mon cœur est en danger... Et lorsque je joue, je m'ouvre à nouveau et je laisse mes personnages s'imprégner de ces émotions refoulées. C'est comme ça.

Le détective moustachu est sorti de sa voiture et m'attend au pied de la porte, ses lunettes fumées bien en place et ses mains croisées sur son ventre dodu. Pourquoi est-ce que les hommes, en vieillissant, enflent du bedon ? Il a tout de même fière allure, et je lui voue un respect et une gratitude sans bornes. J'embrasse rapidement maman sur la joue et je me dirige, le détective à mes côtés, vers le véhicule, ne pouvant m'empêcher de jeter des regards furtifs tout autour de peur que M soit proche, prêt à m'agripper et à me traîner dans l'univers du passé. Je suis toutefois en sécurité en présence de ce monsieur moustachu qui représente la délivrance et la protection. Pourtant, si j'avais su...

Ce matin, j'ai rendez-vous avec une psychologue experte en intervention post-traumatique. Papa et maman ont déjà communiqué avec elle lors de mon dernier retour à la maison. Mme Auclair est donc alerte, disponible et informée de ma condition, prête à m'accueillir en ce jeudi frisquet.

Mes parents d'amour… Comme j'aimerais les aimer autant en retour ! Ils ont remué ciel et terre pour leur fille. Ils ont déplacé des montagnes et mis tous les outils en place afin de me sortir indemne des griffes de M. Mais je ne suis pas indemne. Je suis brisée, déboussolée, anéantie et brûlée. J'étouffe et je n'ai pas les ressources nécessaires dans mon petit corps fragile pour leur donner quoi que ce soit. *Ne m'en veuillez pas*, ai-je envie de leur dire. Et les mots de nouveau me martèlent. Égoïste, sans-cœur, bonne à rien, faible. Je secoue la tête, essayant de faire fi de ces paroles démoniaques.

C'est donc escortée de monsieur le détective que je me rends dans un bureau de la Rive-Sud pour soigner mon mal. Je prends place à l'avant du véhicule, ne pouvant m'empêcher de ressentir un haut-le-cœur, car, alors que les essuie-glaces balaient la fine pluie qui se déverse sur le pare-brise, je suis immédiatement projetée dans mes souvenirs récents de cette fuite rocambolesque. Pourtant, je ne suis pas dans un film. C'est de ma vie dont il est question. Je secoue les images qui me reviennent instantanément.

Mais l'angoisse me tient. Je n'ai pas envie de comprendre, de décortiquer, de ressasser ces émotions qui m'habitent. Je n'ai aucun désir de raconter à une inconnue les affres des dernières années. Je n'ai qu'un souhait : enfouir dans une case ce Monstre et le piétiner jusqu'à ce qu'il soit tout petit, voire inexistant, puis fermer le tout à double tour dans mon cerveau. D'autant plus que papa m'a déjà traînée chez un psy, lequel n'a fait que me donner les arguments dont j'avais besoin pour retourner vers M.

Sans compter ce centre de femmes violentées desquelles je me suis dissociée complètement. Aujourd'hui, je sais bien que leurs histoires sont la mienne. Que chaque femme logeant dans ces maisons camouflées vit le même *pattern*, le même cycle, les mêmes phases. Mes sœurs d'histoire… Mais, à l'époque, je n'avais pas encore atteint mon fond.

J'appréhende mon rendez-vous et j'espère secrètement que la psychologue sera absente et que la rencontre n'aura pas lieu.

La conversation s'entame avec le monsieur moustachu. Bien élevée, je souris et alimente poliment la discussion. Je suis fade, éteinte, sans énergie, amorphe, mais polie. C'est la toute première fois que je le vois vraiment. Les deux fois d'avant, je n'étais qu'un fantôme. Pourtant, il me semble très familier et s'adresse à moi comme s'il me connaissait depuis des années. Alors que les mots défilent au travers de sa moustache grisonnante, je comprends qu'il a passé les derniers mois imprégné de moi. Il a trié mes lettres et mes écrits dispersés dans ma chambre de jeune femme. Il a passé au peigne fin mes vêtements demeurés intacts dans l'intimité de cette pièce. Il a scruté les moindres détails de mon journal personnel caché dans ma penderie. Le rouge me monte aux joues. Je ne le savais pas. J'ai le sentiment d'être si vulnérable en présence de cet homme qui a transgressé mon jardin secret pour retrouver ma trace et esquisser mon profil psychologique. Était-ce nécessaire ? Je me permets de le questionner. Oui… Il semble que c'était primordial afin de comprendre qui j'étais. Mes écrits… Moi qui note sur des bouts de papier épars la moindre pensée. A-t-il tout lu ? Les lettres d'amour jamais envoyées à M lors de nos débuts. Les mots osés, choisis avec soin. Les douleurs de chacun de mes retours à la maison familiale. Mes poèmes, extrapolant chacune de mes émotions. Mon désir de mourir. Mes dessins griffonnés à la hâte. Mes secrets. Il a tout lu… C'était nécessaire.

J'ignore le sentiment d'invasion qui se pointe en moi. Je remercie plutôt le détective d'exister et de m'avoir sortie des griffes de mon bourreau. Ma reconnaissance va au-delà de l'impression d'empiétement sur mon territoire. Je ne peux en vouloir ni à mes parents ni à cet inconnu qui me connaît pourtant par cœur.

Toutefois, sa manière de me regarder me dérange. J'éclipse cette sensation, moi qui ne fais plus confiance à mes émotions. Un « Je suis folle » ressurgit automatiquement dans mon esprit. M m'a tant fait douter de mon ressenti. Monsieur le détective assure ma sécurité, il a été engagé pour me protéger, voilà tout, alors je lui renvoie des yeux doux empreints de gratitude. Il représente un papa protecteur. Un *mafioso italiano* me sauvant à la fois d'un sous-sol crade et d'un monstre aux pattes psychopathes.

GUÉRIR À MON RYTHME

Ma nouvelle psychologue est beaucoup plus jeune que je l'imaginais. Son prénom composé me confirme que sa génération n'est pas si loin de la mienne. Mme Auclair me désigne une place et me propose d'emblée que nous utilisions le tutoiement, ce qui me convient parfaitement et qui me permettra de tisser ce lien nécessaire. Je n'ai confiance en personne et mon état d'anxiété constant n'aide pas à relaxer mes muscles tendus en permanence. Mes ongles sont rongés jusqu'au sang et mes cheveux, attachés en une simple queue-de-cheval, se sont amincis avec le temps. Je ne porte toujours pas de maquillage, ayant perdu l'habitude de me rendre jolie par peur des reproches et des crises.

Malgré son invitation à prendre place, je ne bouge pas, figée, en plein centre de la pièce vaste et épurée. Des rideaux blancs filtrent la lumière et un tapis vert orne les lattes de bois verni. Un poste de travail en verre fait face à la porte. Deux fauteuils et une table d'appoint, également en verre, se trouvent au fond du cabinet de la psychologue. Marie-Hélène, aux aguets, s'approche de moi et me demande où je préfère m'asseoir. Cette simple question fait grimper l'anxiété qui m'habite constamment. Je me crispe et baisse automatiquement le regard. Formuler une réponse exige un effort surhumain et l'état de stress post-traumatique dans lequel je suis n'aide pas à la cause. La crise d'angoisse est à ma portée et je me déteste encore plus. L'une des deux places se trouve au coin des murs du fond et suggère une vue de la grande pièce, contrairement à l'autre siège, qui ne me permet pas de voir ce qui se passe dans la salle. Marie-Hélène a déjà un crayon en main et prend des notes. Je m'assois près de la brique, ne supportant pas l'idée d'être dos à la pièce, à la porte et au danger qui se trouve peut-être derrière moi. Ainsi, je peux aisément analyser le cabinet et les situations menaçantes qui pourraient surgir devant moi. Rien derrière, tout devant...

On nomme ce trouble « hypervigilance ». C'est une hypersensibilité face aux autres. Un sixième sens aiguisé qui me permet d'anticiper toutes les réactions avant qu'elles butent contre moi. C'est un état d'alerte constant qui me prévient des dangers imminents qui viendraient à ma rencontre... un état qui m'épuise. Même après toutes ces années, Madame Hypervigilance est encore ma colocataire. Elle m'habite toujours et me poursuivra, je le crains, jusqu'à la fin de mes jours.

Je prends donc place dans ce fauteuil en cuir, moelleux et confortable, et la jolie psychologue s'installe devant moi. Ses cheveux bruns tombent parfaitement sur ses épaules et ses montures dorées se fondent dans ce visage délicat, joyeux et empreint de douceur. Je croise les bras, les tenant fermement contre mon ventre. Ainsi, je me protège contre les mots qui pourraient me violenter, contre les regards méprisants, contre l'humain dégoûtant. Je suis comme un oiseau blessé, aux ailes déchirées : vulnérable et misérable.

Je récapitule brièvement mon histoire comme un robot, froidement et sans en faire un drame. Je ressens une profonde colère que je n'ose exprimer. Comme si un volcan tranquille bouillait à l'intérieur de moi. Ce sont surtout les *flashbacks* qui me hantent. Ils ressurgissent à tout moment, me remémorant les instants de rages de M, les verbes agressifs, les fracas d'objets, les coups sur mes tibias, le porte-serviette de métal qu'il aimait utiliser pour me battre violemment, mon visage plaqué contre la neige, avec le froid transperçant mes os. Ces retours en arrière me kidnappent de la réalité et me font faire un saut directement dans ces souvenirs imagés, présents dans chaque pore de ma peau. Lorsque je raconte mes cauchemars, l'émotion me prend, mais je la refoule aussitôt pour redevenir un robot. Je ne veux pas aller là. Je ne veux plus ressentir. Ce n'est qu'à la toute fin de ma rencontre avec la psy que j'éclate. Mme Auclair prononce des paroles qui m'atteignent malgré mon corps croisé et protégé : celles de la compréhension exempte de tout jugement.

— Tu as le droit d'avoir de la peine, me dit-elle. C'est tout à fait normal et légitime d'avoir mal, Ingrid… N'enterre pas cette émotion malgré la souffrance et l'atrocité qui y sont liées… M, tu l'as aimé. Et maintenant tu dois faire place au processus de deuil qui survient à la suite d'une rupture et c'est… correct.

C'est correct... Alors qu'un nœud entrave ma gorge, ces mots résonnent dans ma tête. J'ai tant voulu figer mon visage dans un rictus renfrogné. J'ai tant serré les dents depuis les derniers jours, je ne me suis pas permis de pleurer l'amour. L'amour envers cet homme, cette passion folle, ces moments d'extase. L'amour que j'ai réellement eu pour lui, même si l'isolement, la manipulation et la violence brutale l'ont écrasé pour prendre toute la place. *Parce que chaque histoire de violence conjugale commence par une histoire d'amour.* Vais-je aimer un homme à nouveau ? Vais-je retrouver cette passion folle et ce désir puissant envers un autre ? Un goût de miel sans pareil ? Une odeur de soleil et une bouche exquise ? Pourquoi a-t-il tout brisé ? Pourquoi a-t-il laissé le démon s'emparer de notre relation ?

Et aucun de signe de vie de M, lui qui ne s'est pourtant jamais retenu d'appeler maintes fois chez mes parents pour communiquer avec moi lors de mes fuites par le passé. Cette fois-ci, rien. Et même si je me convaincs que je n'ai qu'une envie – rayer ce monstre de ma vie et tourner la page pour de bon –, la psychologue me donne le droit de pleurer et de vivre mon deuil. Et c'est... correct.

Elle me serre la main en me disant à quel point j'ai un fond solide et que, sans ce dernier, je ne serais pas en vie aujourd'hui, ce qui ravive les larmes derrière mes yeux verts. La séance est terminée et nous devons nous revoir dans quatre jours.

Monsieur le détective m'attend en bas de l'édifice. Il me ramène chez mes parents, là où je pourrai me blottir dans mon lit, fermer la lumière et m'isoler de toute cette attention qui me donne le vertige. J'étais si seule avant. Seule à attendre que les minutes passent en me demandant si la crise fera voler en éclats l'os de ma joue droite. Seule à me faire toute petite, à marcher sur des œufs avec la peur constante qu'un faux pas me coûte la vie. Seule, sans amis ni parents pour me démontrer que ce n'est pas normal…

Cette solitude, j'ai besoin de la retrouver. Ne pas parler, ne rien devoir à personne, ne pas expliquer ni me justifier. M n'est plus là, mais les souvenirs sont si puissants qu'il semble marcher à mes côtés. *Laissez-moi tous tranquille !* ai-je envie de crier. *Laissez-moi m'isoler, je guérirai à mon rythme sans pression ni attentes. Laissez-moi me recueillir et reprendre mon souffle à ma manière.*

QUI SUIS-JE ?

Réunion familiale. Papa, maman, le détective moustachu et moi sommes attablés autour d'un repas que je ne touche que du bout de ma fourchette. Je ne mange toujours pas. Maman a pourtant pris soin de me préparer un plat totalement végétarien. Même la planche qu'elle a utilisée pour couper la viande du souper a été changée pour émincer mes légumes. Les morceaux de bête se trouvant sur la table ne sont pas halal, ce que je n'ose dire à mes parents. Ni que je prie d'ailleurs. C'est mon secret. Il est hors de question que j'ingurgite des animaux gorgés de sang qui ne sont pas abattus selon la loi d'Allah, car j'irais en enfer. D'autant plus que j'ai tant subi les affres de M concernant la nourriture lors des repas que manger est devenu pour moi un fardeau et une angoisse. Je comprendrai plus tard que j'ai associé les aliments, et plus précisément la viande, à cette époque de ma vie et que je ne pourrai plus jamais mâcher un morceau de bétail ou de volaille. Une des nombreuses séquelles que m'a laissées M et dont je ne pourrai me débarrasser.

Alors que mes parents discutent de la suite des choses avec le détective, ça *spine* dans ma tête. Une semaine a filé. Aucune nouvelle de M. Il m'a probablement oubliée et s'est amouraché d'une autre victime ou d'un harem, comme il avait déjà menacé de le faire auparavant. Le sevrage est abrupt et j'ai de la difficulté à m'y adapter. D'autant plus que j'ai mal. Mal d'avoir tant subi pour ne rien récolter. Je n'ai pas vu le changement qu'il m'avait promis, ni revu le prince d'antan qui m'avait tant charmée. J'ai enduré les mots, les coups. Je lui ai donné ma vie. Je marchais au pas et me moulais à son désir. Pourquoi ?

Pour rien. Avec lui, j'ai perdu des années qui ne reviendront plus et j'ai gagné une ride supplémentaire sur mon front ainsi que d'éternelles marques sur mes jambes. Ces trous me font frémir, encore aujourd'hui, lorsque je les regarde. Comme si je vivais la douleur encore et encore. Son legs comprend aussi un rein qui fonctionne mal de même que des spasmes au milieu du dos. Et ces enfants que je n'aurai pas. J'ai tout donné… Et lui, il se retrouvera sûrement dans les bras d'une autre, prêt à lui exhiber ce qu'il ne m'a jamais offert. Avec elle, il deviendra l'homme que j'ai rêvé qu'il soit. Il a sûrement compris maintenant. Mon départ est probablement le chapitre final qui lui a permis de saisir que son attitude n'avait aucun sens… J'ai honte. Honte qu'il me manque parfois. Honte de l'avoir laissé me détruire. Je le hais autant que je l'ai aimé. Je le maudis et je me déteste. Je me déteste, car je ne suis désormais que l'ombre de moi-même. Il m'a volé mes valeurs et m'a inculqué les siennes, il m'a dépouillée de ma joie de vivre et pire… il m'a volé mon identité.

Qui suis-je ?

Tu es une sale pute québécoise. À cause de toi, je suis humilié. Tu me fais honte.

Une question me fait sortir des scénarios que je crée dans ma tête. Papa me redemande si je veux porter plainte. Le lendemain de ma fuite, il m'a demandé la même chose et le résultat fut une crise d'angoisse sans fin. À cette proposition, je sens la peur contracter mon ventre et les frissons faire trembler mes épaules.

Je secoue la tête. Au fil des années, M a martelé dans mon esprit que je méritais sa colère. Que s'il s'emportait, c'était à cause moi. Que je l'avais poussé à bout. Que j'avais mal agi. Que j'avais fait un geste de travers. Déposer une plainte contre lui le mènerait en prison et il serait déporté par ma faute, vu son statut illégal. Je ne veux pas porter ce blâme, moi qui encaisse déjà la culpabilité de m'être laissé faire du mal. Moi qui m'attribue la honte d'avoir été un tapis qu'on piétine sans retenue. Moi qui ai cumulé les épisodes d'humiliation qui n'ont fait qu'affaiblir le respect que j'ai envers moi-même.

Porter plainte m'obligerait à l'affronter et je ne suis pas assez solide. Je sais que le revoir pourrait amenuiser mon bouclier de colère, car sa manipulation est telle qu'il trouverait mon point sensible et saurait me battre avec ses mots. Je crains ses amis aussi, qui profiteraient peut-être de ma présence pour m'asperger d'acide et me défigurer à jamais. Une scène qui fait partie de mes terribles cauchemars récurrents.

L'angoisse continue de grimper alors que papa et maman insistent pour que je réfléchisse à cette option. Le détective, lui, ne peut rien faire légalement. Étant à la retraite, il m'a retrouvée secrètement, sans l'appui ni le consentement de la police. Papa et maman lui ont versé des milliers de dollars sous la table. Son partenaire et lui n'avaient jamais fait ce genre d'intervention illégale, mais la détresse de mes parents avait fait flancher leurs principes. *Des milliers de dollars…* Je m'enfonce dans une spirale de culpabilité. Comment ai-je pu disparaître ainsi et faire sortir de la poche de mon papa, qui travaille comme un forcené depuis ma tendre enfance afin de subvenir à nos besoins, des milliers de dollars ? Sans compter l'argent que mes parents ont économisé pour nos études et que j'ai dérobé pour m'envoler vers l'Afrique…

Je quitte la table en coup de vent et me dirige vers le salon où ma petite sœur regarde un film. Je lui arrache la télécommande des mains, m'assois sur le sofa et, agressivement, je change de chaîne, passant rapidement de l'une à l'autre. Elle est décontenancée et m'observe avec ses grands yeux bleus. Ses boucles blondes tombent pêle-mêle sur son front. Sa lèvre inférieure commence à trembler. Elle n'avait que douze ans lorsque je suis partie. Elle en a quatorze maintenant. Un monde se bâtit entre l'enfance et l'adolescence. Ma petite sœur a vieilli. Je ne la reconnais plus. Elle qui m'a tant attendue, qui m'a aimée de loin, qui fut, malgré elle, aux premières loges des altercations entre ma famille et M. La benjamine est devenue une adolescente alors qu'hier, me semble-t-il, elle n'était qu'une enfant.

Effarée, je lui redonne la télécommande en bafouillant des excuses et je cours vers ma chambre pour m'y réfugier, enjambant les marches deux par deux. Mon agressivité m'horripile. Je suis mieux dans mon refuge, seule avec moi-même, à l'abri de ce que je pourrais faire subir aux autres. Je ferme la porte à double tour et m'affale sur la moquette blanche en me tordant de douleur, recroquevillée en position du fœtus. Et puis, dans un élan, je me lève et me dirige vers ma table de travail où sont bien rangés dans leurs paniers pinceaux, crayons, feuilles de papier et ciseaux. J'attrape ces derniers et je me rassois sur le sol en indien, puis j'entame ce qui deviendra un rituel alors que la souffrance me gagne. Pendant que je raye mes avant-bras avec le bout pointu, mon cœur n'a plus mal. Je m'inflige cette douleur physique pour ne plus ressentir le chagrin insoutenable qui m'habite.

EFFACER LE PASSÉ

Les crises de panique se multiplient depuis la dernière semaine. M a tenté de me contacter. Mes parents m'implorent de changer mon numéro de téléavertisseur. Ils me supplient de le leur remettre, mais je ne suis pas prête. Je préfère savoir si M essaie de m'atteindre pour pouvoir ainsi contrôler ses éventuelles attaques, moi qui le connais si bien, comme si je l'avais forgé. Ai-je oublié une notion ? Oui. Un monstre saura toujours nous surprendre. C'est une des armes qu'il détient : celle de nous déstabiliser alors que nous appréhendons une réaction autre. Je ne m'attendais pas à ce premier message. Je m'étais préparée à l'entendre réclamer sa femme, me demandant pardon, pleurant des larmes de crocodile, et à devoir trouver la force de lui dire non. À devoir mettre de côté l'espoir qu'il redevienne comme avant. À devoir me convaincre que c'est faux, qu'il ne changera jamais…

Dans ma chambre, les mains tremblantes, je compose le numéro pour récupérer l'unique message qu'il m'a laissé. Pas quatre, pas vingt-cinq. Un. À 7 heures le matin. Après une nuit passée à ruminer sa colère.

Sa voix rauque résonne dans mon oreille.

« JE VAIS TE TUER, SALE PUTE ! »

C'est tout. Et il raccroche avec agressivité. Je peux imaginer ses yeux noirs brillant malicieusement. Sa fureur faisant vibrer sa voix. Je dépose le combiné et sens la crise de panique m'intoxiquer. Je me rends à la chambre de mes parents, qui se préparent pour le boulot, et je m'affaisse sur le sol tout près de leur porte, au bord de l'escalier menant au rez-de-chaussée. La vitesse de ma respiration augmente de façon fulgurante. J'hyperventile. Le vertige me prend. Ma gorge se noue. L'air ne trouve pas son chemin jusqu'à mes poumons. Comme si quelqu'un tenait un oreiller enfoncé sur mon visage. *Flashback*. L'image du coussin s'approchant de ma tête me fait paniquer. J'asphyxie. Je vais mourir. Mon papa se précipite vers moi. Mes orteils se crispent. Mes mains se tordent. « Je n'arrive plus à respirer, dis-je à mon père. J'ai l'impression de faire un arrêt cardiaque. » Maman est agenouillée à mes côtés, essayant de me retenir pour que je ne tombe pas dans l'escalier. Ils restent tout près de moi une bonne demi-heure, le temps que la crise passe et que je reprenne mon souffle, qui tarde à revenir à la normale.

J'apprendrai plus tard à contrôler ces instants où la panique prend possession de mon corps, ne me faisant plus maître de ce dernier, ces moments de perte de contrôle où le contact avec la réalité n'est plus possible, ces épisodes où les palpitations, la transpiration, les secousses et les nausées m'envahissent. Je dois apprendre à les laisser passer en me concentrant sur ma respiration, en me forçant à fléchir mes orteils qui se crispent et se contorsionnent sous les spasmes musculaires.

Je reprends petit à petit mes esprits. Les crampes qui me monopolisent font souffrir mes jambes, mes bras et ma nuque.

Ça va…

Je me relève tranquillement, embarrassée et honteuse. Ce ne sera donc jamais fini ? Combien de temps devrai-je encore avoir mal après la fuite ? Pourquoi ne puis-je pas seulement tourner la page et reprendre ma vie là où je l'ai abandonnée deux ans plus tôt ? Pourquoi ne puis-je pas simplement effacer les bons moments qui reviennent me hanter, nos fous rires et nos retrouvailles qui m'injectaient ce poison de la passion ? Pourquoi ne puis-je pas supprimer de ma mémoire les atrocités de sa fureur, ses humiliations constantes, l'horreur des agressions ? M m'a-t-il handicapée pour le restant de mes jours, laissant à jamais des balafres sur mon quotidien alors que c'est lui qui devrait souffrir ? Aimer son oppresseur malgré la terreur, est-ce que ça fait partie du choc post-traumatique ? Les mots se mélangent dans ma tête ainsi que mes sentiments à l'égard de celui qui m'a à la fois mariée et mutilée.

Je rassure maman et papa, leur expliquant qu'un cauchemar m'a fait paniquer. Je tais le message de M. J'ai peur qu'ils appellent la police malgré leur impuissance due à ma majorité. Et mes parents, eux, craignent tant de me perdre une fois de plus qu'ils n'osent pas agir contre ma volonté. *Statu quo.* M remporte une victoire. Même à distance, il m'atteint et continue d'exercer ce pouvoir de domination sur mon corps fragile.

À MAMAN M

Le téléphone retentit à la maison. Je suis seule à l'étage du haut et, aujourd'hui, je scrute les petites annonces afin de me trouver un travail. J'ai vingt ans et il m'est inconcevable de laisser la vie passer sans que j'en fasse partie. Je veux renouer avec mon agente d'artistes, retrouver mes amies, me dénicher un logement à Montréal afin de ne plus me sentir épiée et trop couvée. Cet élan d'indépendance n'est pas coutume depuis mon retour à la maison. Ce matin, j'ai un regain d'énergie et j'aimerais tant demeurer active. Ma vie est une montagne russe de clarté et de noirceur. De ressentiment et de chagrin. Les jours passent mais ne se ressemblent pas.

Maman n'entend pas le téléphone, l'aspirateur enterrant le bruit de la sonnerie. Pour une raison que j'ignore, je ne laisse pas le répondeur s'enclencher, comme le détective nous le conseille. Je décroche le combiné et c'est la voix de maman M que j'entends à l'autre bout du fil. Choc.

— Allô? Ingrid? dit-elle de son français à l'accent arabe prononcé.

Cette voix empreinte de *r* roulés m'a tant méprisée. Que me veut-elle, cette mère monstre, qui m'a causé plus de tort que de bien ? Celle qui ne m'a jamais défendue pendant que son fils déversait sa colère sur moi. Cette femme qui ne m'a pas aimée ni soutenue lorsque j'étais abandonnée à un quotidien vide de sens dans sa maison loin des miens. Ce personnage aux traits durs qui ricanait alors que son enfant m'achetait pour un dollar. Cette mère qui filtrait les appels de ma propre maman, limitant ainsi les contacts avec les miens. Le haut-le-cœur que j'éprouve au son de sa voix me confirme l'animosité qui m'habite face à elle. Comment ose-t-elle me téléphoner aujourd'hui ? Les images du passé se bousculent rapidement dans mon esprit et l'hostilité ressentie m'aide à relever le menton et à redresser les épaules.

— Oui, c'est moi, répliqué-je d'un ton ferme pour cacher l'émotion qui me gagne.

Maman M se lance alors dans de longues explications et m'implore de pardonner à son fils. Je suis une femme mariée et c'est honteux de le laisser ainsi sans nouvelles. Je n'honore pas notre engagement face à Allah.

— Tu devrais lui donner une autre chance, me supplie-t-elle d'un ton larmoyant et faussement triste. Il comprend le mal qu'il a fait...

Une autre chance ? Ne se souvient-elle pas que son fils est un monstre sans pareil ? Qu'il m'a violentée avec ses mots et ses pieds ? Qu'il m'a fait vivre l'enfer ? *Ne l'oublie pas, Ingrid. Ne te laisse pas manipuler. Tu es plus forte que ça !* me crie ma petite voix intérieure.

Au ton qu'elle emprunte et aux arguments qu'elle me donne, je comprends qu'elle fait cet appel surtout pour son honneur à elle et celui de sa famille. Parce que le mot « divorce » entacherait à jamais M et les siens. Parce que les apparences sont plus nobles que la vérité.

J'interroge maman M pour savoir si c'est lui qui veut qu'elle m'appelle.

— Oui. C'est lui.

Mon cœur se serre. Exiger que sa propre mère me téléphone doit lui demander de piler sur son orgueil et de laisser de côté sa fierté plus grande que nature. Il m'aime à ce point. Il veut me ravoir à tout prix. Mais je ne flancherai pas malgré le baume qui se colle sur les cicatrices vives. *Ce n'est pas de l'amour…* pensé-je.

Comment me défaire des liens que mon Monstre a tissés, comment comprendre que nous ne pouvons être ensemble malgré cet amour dys-fonctionnel qui existe encore, alors qu'il serait si facile de le rejoindre et de revivre les instants mer-veilleux de la lune de miel ? En un claquement de doigts, je pourrais réentendre ses belles paroles, prononcées avec conviction : « J'ai changé. Je ne recommencerai plus. » Ses promesses ont si bon goût et nos retrouvailles nous injectent toujours la dose de drogue dont nous avons besoin.

Mais l'amour… Ce n'est pas ça, l'amour ! Ce que le Monstre aime, c'est m'asservir. Ce qu'il veut ravoir, ce n'est pas moi, ni ma personnalité, ni notre relation. C'est le pouvoir qu'il exerce sur ma personne. Un M devient fou lorsqu'il perd le contrôle sur sa victime. Un M fera tout pour dominer, exercer son emprise et reprendre son rôle de marionnettiste. C'est la seule chose qui lui importe. Et il fait cela caché sous la beauté de l'amour et du cœur. Pervers. C'est pervers, narcissique et manipulateur. Mon bien-être, M s'en contrebalance. Mon bonheur, il ne s'y attarde pas le moindrement. Lui… Tout tourne autour de lui et de son désir d'assouvir son besoin de contrôle, de domination, d'avoir raison. Mais je ne donnais pas de conférences à l'époque, et je n'avais ni le recul ni l'œil extérieur assez aiguisé pour décortiquer et comprendre ce phénomène.

J'ai de la difficulté à empêcher ma voix de trembler. Pour qu'il demande à sa mère de m'appeler, c'est qu'il sait que j'ai atteint un point de non-retour et que son artillerie ne contient plus de munitions. Il n'a jamais utilisé cette arme avant. Pourtant, dans un de ses messages, il menace de me tuer. A-t-il oublié qu'une telle intimidation ne me donne pas le goût de revenir? «Il est en colère», me dit l'ange des bonnes actions à ma droite, mais je ne l'excuse plus. Sa colère m'a presque tuée. Je ne serais pas vivante aujourd'hui si je n'avais pas été en mesure de défaire les liens me retenant à un tuyau dans un sous-sol crade. La prochaine fois, dans un moment de violence ultime, il réussira à me donner la mort. Ma vie vaut plus que la sienne.

Je coupe court à la conversation à sens unique avant que les larmes prennent le dessus sur mon trémolo et je dis à maman M que c'est terminé. Que je n'ai plus la force de combattre les démons de M. Que je leur écrirai une lettre, à elle et à papa M, pour leur expliquer ma situation.

— *Behi*. Oui.

Et nous raccrochons. Je ferme les yeux et tente de reprendre mes esprits. Tenir tête à maman M m'a demandé toute l'énergie se trouvant dans mon corps. Ma mère ouvre la porte de ma chambre et me prend dans ses bras. Je n'avais pas entendu le déclic d'un autre téléphone. Ma maman lionne, prête à bondir, a tout entendu. « *Min lilla Ingrid*, je suis fière de toi...» Elle sait que je dois mettre mes limites par moi-même pour guérir, mais... elle sera toujours là pour me protéger au cas où quelqu'un voudrait empiéter sur ce territoire que j'essaie de bâtir. Je me sentais si bien ce matin. Et d'un coup, la réalité me fouette directement au visage et les remords reprennent leur place en moi. Je n'aurais pas dû parler à maman M ainsi. Elle va m'en vouloir. M va m'en vouloir. La terre entière me détestera. J'irai en enfer pour avoir brisé mon mariage, insulté maman M et la famille. Ces mots résonnent en écho. Je n'entends plus la petite voix intérieure qui essaie de me faire entendre raison. Mes épaules si droites se relâchent. Avant que la crise de panique m'emporte, j'attrape une feuille et je m'assois à mon bureau. Écrire... écrire est libérateur, nécessaire et primordial.

7 août 2002

Chère maman M,

Je vous écris aujourd'hui dans l'espoir de vous expliquer dans quel état je me trouve. Je vous ai promis de prendre soin de M et de faire tout en mon pouvoir pour le combler de bonheur. J'ai tant essayé... mais aujourd'hui je suis vidée de toute énergie tant j'ai souffert. Je n'ai plus la force de me battre contre le démon qui l'habite. J'ai cru qu'un jour il pourrait être heureux, mais je ne suis peut-être pas la femme ou la personne qui peut lui apporter ce bonheur. Peut-être qu'un jour je serai assez forte pour vivre avec lui… Notre destin est entre les mains d'Allah.

Vous avez été témoin des moments difficiles que nous avons vécus en Afrique, et comme M le dit : « L'espoir fait vivre. » J'avais l'espoir que tout changerait à notre retour au Canada, mais, au contraire, les choses n'ont fait qu'empirer.

Je sais pertinemment que j'ai ma part de responsabilité et que je ne suis pas une femme avec qui il est facile de vivre… J'ai un cœur de petite fille qui a constamment besoin d'attention. Je suis possessive, accaparante, jalouse. Peut-être n'ai-je pas su comment me comporter avec M ? Mais je sais que je l'ai aimé et que je l'aimerai pour l'éternité, comme personne ne pourra le faire.

Les raisons de mon silence envers votre fils sont basées sur une immense peur : celle de revivre les moments horribles et destructeurs des derniers mois. M m'a répété qu'il avait compris, qu'il avait changé et qu'il était redevenu ce qu'il était à nos débuts. Il a clamé que le démon l'avait quitté. Pourtant… Il m'a dit ces paroles à tant de reprises, et chaque fois que nous nous sommes retrouvés, le même rituel recommençait. M est un être exceptionnel, mais il m'a fait tant de mal. J'ai arrêté d'aspirer au changement et de me battre contre son côté noir. Je n'ai plus d'espoir ni de force. Ces derniers mois ont été les plus difficiles de ma vie. M le sait, il a conscience de ce qu'il a fait et il ne m'aime que lorsque je suis loin de lui. Les coups et les mots atroces qu'il m'a portés m'ont balafrée à jamais. L'amour que j'éprouve envers M est aussi fort que le désespoir et la peine qui m'habitent. Vous devez vous dire que j'exagère, mais vous connaissez votre fils et vous savez à quel point il peut tout détruire autour de lui. Je l'aime, mais pas au point d'en mourir. Il est mon premier, mon unique et mon dernier amour, mais je refuse de répéter ce que j'ai vécu. Je préfère souffrir de ne pas être à ses côtés plutôt que de souffrir par sa faute.

M est un être suprême, il n'aura aucune difficulté à se trouver une femme autre que moi… Vous le savez, elles sont toutes à ses pieds. Ça me tue d'écrire ces mots, mais je sais que très bientôt il m'aura oubliée. Ça me fait si mal de savoir que nous en sommes rendus à ce point. Qu'Allah veille sur vous et papa M. Je n'effacerai jamais de ma mémoire votre fille, envers qui j'éprouve l'amour d'une grande sœur, ni votre autre fils, qui a un si bel avenir devant lui. Je vous demande de comprendre et de respecter mon silence.

Bien à vous,

Ingrid

Les messages de M ne font que s'enflammer. En une semaine, il me menace de se suicider, il m'annonce la mort de son oncle que j'aimais beaucoup, puis, à la suite de mon silence, il me traite de sans-cœur. Il me laisse maintes fois des « derniers » messages et m'avertit que l'heure de ma mort sonnera sous peu. Puis chaque membre de ma famille est menacé et injurié. Il me fredonne des chansons d'amour, me récite des poèmes et me promet la lune à nouveau… Il me dit qu'il devient fou et qu'il mourra si je ne retourne pas près de lui. Nous répondons au fou par le silence. Car un mot au fou nous rendrait prisonniers de sa folie.

FAUSSES NOTES
DANS L'ESPACE

Dans le bureau de Marie-Hélène Auclair, ma psychologue, je lui raconte les messages que j'ai écoutés à maintes reprises avant de les effacer. Il y en a tout de même quelques-uns que j'ai conservés. Surtout ceux avec la voix colérique de M et sa furie. Ils me rappellent que je ne dois pas succomber à sa manipulation. Ma psychologue me complimente sur ma lucidité. Elle applaudit aussi ma solidité face à maman M lors de notre conversation téléphonique. Je lui tends alors la lettre que j'ai besoin de faire valider avant de l'envoyer par la poste. Confirmer mes sentiments, mes écrits et mes pensées auprès de Mme Auclair me permet de dire non à la petite voix envahissant ma tête, vomissant des mots nocifs et destructeurs. Ce ne sont pas mes paroles. Ce sont celles que M a tatouées dans mon esprit afin de ruiner mon estime.

Idiote, bonne à rien, boulet de la société.

La psychologue me demande de lui lire la lettre, ce que je fais. Les phrases exprimées à voix haute faussent dans l'espace. Comme si elles avaient été écrites par une autre, par celle qui était sous l'emprise de M, désirant plaire à ce dernier, à sa mère et à tout l'entourage. Celle qui craint les représailles, qui se diminue et qui marche la tête basse et les épaules lasses. Dans cette lettre, je le justifie, l'idolâtre, le glorifie et le mets sur un piédestal. *Il est un être suprême et, moi, je suis une femme « pas facile à vivre »*. J'aurais donc dû être docile ? Pourtant, je l'ai été. Je faisais tout pour éviter ses reproches et ce n'était jamais assez. Il m'a lavé le cerveau et m'a tronçonnée avec le poison de ses paroles. Assise dans le fauteuil de cuir de Mme Auclair, je m'indigne avec agressivité. Pourquoi n'ai-je rien vu ? Pourquoi me suis-je laissé faire ? Pourquoi ne suis-je pas partie avant ? Comment ai-je pu permettre à cet être infâme de piétiner ma dignité et mon estime de moi ? Je me flagelle de mots, la rage au ventre et la furie faisant trembler mon corps. Je n'ai qu'une envie : me lacérer les bras, me pendre au bout d'une corde et mettre fin à ma vie, puisque je suis lâche et stupide. La psychologue m'arrête.

— Rien ne sert de te faire hara-kiri, me dit-elle. C'est toi, la victime. La victime d'un homme qui t'a isolée, manipulée, rabaissée, humiliée et violentée.

Les larmes roulent sur mon visage. Oui, je le sais bien. J'ai le sentiment d'avoir des personnalités multiples qui émergent lorsque bon leur semble. En ce moment, je suis la femme indignée et colérique, plus tard, je serai celle en état de stress post-traumatique. Ce que je déteste ce terme ! Ce que je déteste être définie par un terme ! Ce que je hais ce qu'est devenue ma vie !

Mme Auclair m'encourage à exprimer ma hargne, ce qui m'apaise. Briser le silence, raconter et dénoncer à une personne de confiance m'aide à sortir les boules qui s'accumulent dans ma gorge. Elle me demande donc, avant notre prochaine rencontre, de renouer avec mon journal intime et d'extérioriser mes sentiments. D'écrire encore et encore. Des lettres, des poèmes, des chansons, comme je l'ai toujours fait. La psychologue se lève, ce qui indique la fin de notre séance, puis nous prenons rendez-vous pour la semaine suivante. Je n'ai jamais apposé les timbres sur la lettre destinée à maman M. Elle est demeurée intacte dans mes dossiers. Je la brûlerai un jour pour ainsi laisser s'effacer les dernières traces de M.

Normaliser l'anormal

Je suis dans la voiture du détective, qui me ramène à la maison, et nous sommes arrêtés à un feu rouge. J'observe les gens marchant sur le trottoir. Quelle vie mènent-ils ? Quelles sont leurs blessures, leurs histoires, leurs petites et grandes victoires ? La mienne, aujourd'hui, fut de me lever. Personne ne le sait. Ni même ma psychologue. Je filtre ce que je lui dis, évidemment. Je ne lui parle ni des lésions que je m'inflige, ni des prières que je récite en cachette. Je ne lui dis pas que, certains matins, je veux rester toute la journée sous mes couvertures, les rideaux tirés, à réciter les sourates dans ma tête et à combattre les images qui me poursuivent.

Shaitan. Diable. Quitte ma maison.

Mon regard s'arrête sur une jeune femme de mon âge, déambulant avec une poussette. J'aurais pu être elle. Ma main se pose sur mon ventre et un frisson me parcourt le dos. Je chasse ce tressaillement en roulant mes épaules vers l'arrière. Oui, ç'aurait pu être moi. Je ne la jugerai pas. Ni son accoutrement passé de mode, ni sa démarche saccadée. Ni personne d'ailleurs, jamais. Nous ne connaissons pas les gens. Nous jugeons sans savoir.

Peut-être est-elle mariée à un monstre, elle aussi… Moi, je suis bel et bien mariée à un monstre, et ma bague toujours enroulée autour de mon doigt le prouve. Je baisse mon regard vers l'anneau d'or sur lequel se dresse un diamant. Du moins, je croyais que c'était un diamant à l'époque. Toutes mes illusions se fanent en même temps. Je la fais glisser sur mon doigt sans forcer, la maigreur de mon annulaire menaçant de la faire tomber à tout moment. Pourquoi est-elle toujours en place ? Je n'ai pas encore eu le courage de m'en départir. Le jour où j'y arriverai viendra.

La voiture s'arrête à un autre feu rouge et les yeux agacés du détective se posent sur mon alliance. Ma manie le dérange sûrement. *Probablement que je bouge trop aussi*, pensé-je. La psychologue m'a mentionné que mon anxiété trouve une échappatoire dans mes gestes et me rend hyperactive. De peur de contrarier l'homme, je cesse de remuer.

— As-tu faim ? me demande-t-il gentiment à travers sa moustache grise.

J'acquiesce. Je n'ai rien avalé depuis hier soir et mon estomac gronde malgré ma gorge nouée en permanence. Il est si bon avec moi, mon protecteur ! Nous nous rendons à un petit restaurant italien que monsieur connaît bien. J'examine rapidement l'endroit. Il est vide. Je suis en sécurité. Le serveur nous accueille sans rechigner, même si l'heure du dîner est terminée, et nous assigne une place près de la fenêtre. Le détective me tire avec galanterie la chaise en bois longeant le mur et je m'y assois. Dieu merci, elle ne fait pas dos au restaurant et mon anxiété demeurera au *statu quo*.

— Tu choisis ce que tu veux, dit mon sauveur. C'est moi qui t'invite.

Je scrute le menu ainsi que les prix élevés des plats. Ce que je suis mal à l'aise ! Depuis les dernières années, j'ai toujours payé sans jamais rien recevoir en retour. Je ne mérite pas une telle attention, moi, une si insignifiante et inintéressante jeune femme... J'ai une décision à prendre. Je dois faire un choix et je ne veux pas contrarier le gentil détective à cause de cette angoisse qui m'habite constamment. Je sais aussi que je devrai tout manger pour ne pas le heurter. Je glisse mon doigt le long du menu et m'arrête sur une salade qui semble convenable pour mon appétit d'oiseau. La commande est passée par mon ange gardien et deux verres de vin blanc sont déposés devant nous.

— Un sancerre, dit-il, tu aimeras.

Du vin... Moi qui aime tant le vin ! Il le sait sûrement, lui qui a rédigé mon profil psychologique. Alors que les verres sont déposés devant moi sur la table, j'entends la voix de M me mépriser.

Sacrilège. Haram. Interdit. Sale pute, tu as bien fait de partir. Ma femme ne boit pas d'alcool.

Je redresse la tête, défiant cette voix, et lève mon verre en direction du détective, chassant par la même occasion ces mots qui me blessent.

— Merci, monsieur. De tout mon cœur, je vous remercie de m'avoir sauvé la vie et de votre présence qui me sécurise tant. *Tchin.*

Il me regarde avec tant de tendresse et d'amour. Cet homme plus âgé que mon père incline la tête, baisse les yeux, rougit et me répond qu'il fait son travail le mieux possible.

— Et s'il te plaît, arrête de me vouvoyer, me reproche-t-il avec affection.

On entame la conversation et, fidèle à moi-même, pour éviter que l'attention se tourne dans ma direction, je lui pose mille et une questions. Il me raconte qu'il a deux filles un peu plus âgées que moi. Leur relation n'est pas au *top*. C'est avec émotion qu'il me révèle qu'il y a eu une dispute dans la famille et qu'elles ont pris du recul. Elles ne leur ont pas adressé la parole, ni à lui ni à sa femme, depuis deux ans maintenant. Je tente de le questionner sur la raison de cette querelle, mais il demeure évasif. Alors, je me tais et prends sa main potelée dans la mienne.

— Je suis avec vous de tout cœur, monsieur le détective. Elles reviendront vers vous, comme je l'ai fait avec mes parents, j'en suis persuadée.

Il me sourit tristement. Je comprends maintenant son affection envers moi, la douceur dans ses yeux lorsqu'il me regarde et son entêtement à me retrouver.

— Je me suis attaché à toi… me dit-il, le regard par en dessous.

Nous continuons la conversation et mes questions s'enchaînent. L'homme moustachu est retraité depuis quelque temps déjà et a travaillé pour la Sûreté du Québec une bonne partie de sa vie. Prévenir et élucider des méfaits d'envergure, diriger des enquêtes sur les crimes majeurs, combattre la corruption… il s'y connaît.

Des cas, il en a vu. Il n'a jamais tué personne mais a foutu en taule de nombreux bandits. Ce que j'admire cet homme courageux ! Mais une crainte fait surface. Que fera-t-il de M ? Il ne fera rien. Il a mené son enquête à terme, son mandat était de me retrouver, sa mission s'arrête là. Maintenant, il me protège. Il est mon chevalier et assure ma sécurité. Je suis soulagée de sa réponse.

— Mais, ajoute-t-il avec un clin d'œil et un sourire en coin, je peux tirer des ficelles afin de lui faire briser les deux jambes et le cou si tu le désires.

Je pourrais acquiescer. Je pourrais me venger de M sur-le-champ, mais je n'en ai aucune envie. Ma reconstruction ne comporte pas de revanche, de violence ou de mépris envers M. C'est impossible. Je suis en état de survie, essayant de réapprendre à fonctionner dans une société qui vit en accéléré. J'étais isolée, coupée du monde, et me retrouver dans ce dernier m'asphyxie.

Cela fait moins d'un mois que je suis partie, et c'est plutôt la culpabilité qui me poursuit. Ayant porté le chapeau de sauveuse de mon homme lors de ses périodes de lune de miel, ayant été la seule qui le comprenait, le supportait et pouvait le calmer, je sais qu'il ne sait pas comment vivre sans moi. Ses yeux remplis de détresse, comme ceux d'un animal pris en cage, lors de chacune de nos retrouvailles, me hantent. Je suis certaine qu'il est souffrant, en panique, perdu et seul au monde. Je ne lui veux pas de mal pour l'instant. Je ne demande qu'à faire mon deuil et à guérir de lui. À m'immuniser contre ces moments auxquels je me suis accrochée malgré sa cruauté. À arrêter de normaliser l'anormal. Je suis victime de ce cycle.

C'est de cette façon que les M de ce monde nous gardent prisonniers du cercle infernal. Mais c'est faux… Sa prochaine victime croira elle aussi être la seule qui peut le comprendre, le sauver, le calmer. Non pas parce qu'elle est une sauveuse d'emblée, non. Les monstres nous manipulent en nous surélevant, remontant ainsi notre estime de nous-même pour ensuite nous briser en tout petits morceaux. Ils nous déchiquettent. Ils s'abattent sur nous comme de petits coups de scie portés sur l'arbre de notre amour-propre, jusqu'à ce que la chute nous fasse toucher le sol. Puis, lorsque notre visage goûte la terre, ils nous piétinent sans arrêt. Il est alors impossible de nous relever. Et, quand nous essayons de fuir, ils nous redressent, nous redonnant tout le pouvoir qu'ils nous ont enlevé. Sans nous, ils ne sont rien, nous répéteront-ils, comme une menace de suicide pendant au bout de leurs lèvres. Ou ils nous entretiennent dans la peur.

« Si je ne t'ai pas, personne ne t'aura, *ya kahba* », cracheront-ils à notre visage.

Monsieur le détective me reconduit à la maison après notre long dîner. Sur le chemin vers la montagne, je me surprends à respirer un peu mieux. Est-ce le vin ou la liberté qui m'enivre ? Alors que nous sillonnons les routes vers la maison familiale, une phrase trace son chemin dans ma tête.

Ne jamais baisser la garde, ne jamais tourner le dos.

Tel un avertissement, les mots se répètent de plus en plus fort. Un vent froid me glace la peau alors que le soleil commence sa descente derrière la montagne.

Nous arrivons dans l'entrée pavée et mon protecteur m'accompagne jusqu'à la porte, me suivant de près. Le sentiment d'avoir reçu un avertissement ne m'a toujours pas quittée. Je regarde à gauche, à droite, derrière. Rien. Alors que je passe la porte, il me salue hâtivement avant de rebrousser chemin. Pourquoi est-il si pressé de repartir? Maman, en congé aujourd'hui, aurait bien aimé le voir, mais il s'éclipse rapidement. J'espère ne pas l'avoir brusqué avec mes mille et une questions. Je le lui demanderai demain.

Maman aimerait bien discuter de mon rendez-vous chez la psychologue, mais je préfère garder pour moi ma rencontre d'aujourd'hui. Je lui raconte par contre mon dîner avec le détective. Nous apprécions toutes les deux sa présence sécurisante. Il n'a pas à faire ça et c'est de son plein gré qu'il passe du temps à me trimbaler aux divers rendez-vous. Jusqu'à ce que je décide que je suis assez solide pour rompre cette présence en continu, m'a-t-il dit. Nous convenons que nous l'inviterons à souper ainsi que sa femme, que je tarde à rencontrer. Je trouve refuge dans ma chambre et j'ignore l'avertissement ressenti plus tôt. Avant de m'installer pour la prière, je jette un œil à mon téléavertisseur laissé dans le tiroir de ma commode. Rien. Parfait. J'effectue mes demandes à Allah, je m'applique à réciter les sourates comme il se doit et je termine en remerciant la vie pour cette journée. Ce repas m'a fait du bien. Ce midi, je me suis sentie normale à nouveau.

Toi, mon cauchemar

Je me réveille brusquement. Un bruit contre la fenêtre de ma chambre me fait sortir de mon léger sommeil. Il n'y a pas si longtemps que je me suis assoupie, moi qui souffre d'insomnie depuis les dernières semaines. Un autre coup me fait sursauter. Pourtant, je suis au deuxième étage. Les yeux grands ouverts et les couvertures tirées jusqu'au menton, j'écoute attentivement, cessant même de respirer afin de capter le moindre son. Toc. Encore. Comme si une petite roche frappait la vitre. Peut-être est-ce une branche qui tape contre la fenêtre ? Impossible. Il n'y a pas d'arbre à proximité. Tremblante de peur, je ne veux pas allumer. Je reste blottie dans mon lit, immobile et terrifiée. J'attends encore quelques instants. Rien. Le silence règne. Je me lève tranquillement et me rends, à tâtons, jusqu'à la vitre. Acculée au mur, je tire un tantinet le rideau et, d'un œil, je scrute l'extérieur. Il fait noir dehors et je ne perçois rien. Toc. Le fracas contre la fenêtre me fait sursauter et reculer de deux pas. Je gagne hâtivement mon lit, tremblant de tout mon corps. Je me couche en boule et enfouis ma tête sous les couvertures. Je ne respire plus. Aux aguets, j'écoute avec vigilance. De longues minutes s'écoulent. Rien. Craignant de bouger et d'attirer ainsi l'attention, je demeure cachée au fond de mon lit.

Un monstre harcèle sa proie. Un monstre ne lâche pas prise aussi facilement. Un monstre pourchasse et contrôle, de près ou de loin. Je récite en boucle une phrase qu'on m'a apprise à la mosquée. Celle qui fait fuir le diable et protège contre sa fourche de feu. *A'oudou billah mina ach-chaytane ar-rajim. Je recherche la sécurité auprès de Dieu contre Satan le maudit.*

Je ne m'endors qu'au petit matin, la frousse dans le corps et les scénarios les plus violents se déroulant dans mon imaginaire.

L'OISEAU MOQUEUR

Papa fait le tour de la maison. Il n'y a pas de traces de pas ni de roches apparentes au sol. Les fleurs ne sont pas piétinées, mais un oiseau gît sur le gazon, tout près du mur de brique. Un volatile est venu mourir à ma fenêtre cette nuit. Les sorciers prétendent que les oiseaux transportent les âmes des morts. Ce moqueur porte peut-être la mienne… Moi qui m'étais imaginé que M avait joué les Roméo. J'ai été dupe de penser qu'il viendrait jusqu'ici. Je n'arrive pas à la cheville de Juliette et je ne vaux pas le déplacement. Peu importe, c'est terminé. Je ne serai peut-être jamais aimée avec autant de passion, mais je préfère désormais ne plus entendre parler de cet être ignoble qui mérite d'être enfermé à double tour. Cette nuit d'insomnie m'a fait réfléchir à l'idée de le faire croupir derrière les barreaux. Comme il l'a fait avec moi. J'étais prisonnière de son monde, de ses dires, de ses amis, de ses valeurs. Ses valeurs… Qui a comme valeurs de détruire sa femme et de la battre à coups de mots, à coups de poing, à coups de pied ? Quel homme a pour principe de dénigrer, de rabaisser, d'humilier celle qu'il dit aimer ? Seuls les monstres ont cette capacité.

Ma psychologue et moi effleurons l'idée de porter plainte à la police. Ce qui engendre de nouveau une anxiété terrible. Nous convenons donc de nous attaquer à mon quotidien, pour ne pas alimenter mon angoisse ni mon stress avec cette question beaucoup trop prématurée. Le jour où je serai prête à le dénoncer viendra. Peut-être… Mais, en ce moment, je dois réapprendre à fonctionner jour après jour. De toute façon, les hommes sont des salauds et je ne leur ouvrirai plus jamais mon cœur. C'est ma pensée à cet instant, demain, ce sera peut-être différent : mes idées changent au gré du vent. L'instabilité émotionnelle dans laquelle je me trouve est aberrante. Une conséquence d'avoir passé trop de temps dans les filets de M.

Moi, l'ombre de moi-même, un rayon lumineux

J'ai une entrevue pour un emploi dans une petite compagnie qui cherche une adjointe à la programmation cinématographique, qui secondera également le directeur d'un festival de films. Mon énergie est bonne ce matin. Je sors du lit sans effort et je ressens une certaine fébrilité. Malgré mon estime de moi toujours aussi basse, j'essaie de ne pas écouter la voix intérieure qui me tourmente et je relève la tête, désirant à tout prix cet emploi dont la description me convient totalement.

Monsieur le détective propose gracieusement de me reconduire à la rencontre et en profite pour me faire un *pep talk* sur le chemin vers la métropole. J'ai rendez-vous à 15 heures, tout près du métro Laurier. J'appréhende le passage sur le pont et l'entrée dans cette ville frétillante de population. J'aurais pu m'y rendre en métro, mais me retrouver sous terre est anxiogène et la probabilité de tomber nez à nez avec M ou ses amis est trop élevée. La simple idée de descendre l'escalier roulant vers les soussols de Montréal fait ressurgir les souvenirs douloureux qui m'abîment et me rebutent. Je dois avoir une porte de sortie en tout temps et un accès au ciel également. Sinon je panique. J'ai peur de me retrouver dans un wagon ou un quelconque lieu clos, tassée dans un coin, sans issue possible, prise en otage par des rapaces, comme pendant cette nuit où ma chair fut déchirée, mutilée, brisée. Je ne peux imaginer le jour où j'accepterai qu'un homme me touche à nouveau.

Pour la première fois depuis longtemps, ce matin, j'ai maquillé légèrement mes yeux. J'ai laissé mes cheveux tomber sur mes épaules et j'ai même emprunté le fer de ma maman afin de boucler ces derniers à la pointe. Ce qu'ils sont amincis… Leur couleur est fade, sans éclat. Mes joues sont creuses et mes yeux cernés. Ma bosse sur le nez est proéminente et j'ai du mal à apprécier ce que le miroir m'envoie. Comment quelqu'un pourrait-il aimer une atrocité comme moi ? Je n'ose toujours pas porter de jupe et j'entends les dires de M me ridiculisant, tel un bourdonnement perpétuel. Ses mots. Sa voix. Sa destruction.

Pute, sale pute.

Monsieur le détective me complimente :

— Le mascara rehausse le vert de tes yeux. Tu es une femme magnifique, ajoute-t-il. N'aie pas peur de le montrer.

Une femme. J'ai l'impression de n'être qu'une gamine qui ne sait pas marcher seule, qui habite chez ses parents et qui s'est laissé tabasser par son mec. Je ne vaux pas ces éloges.

Nous arrivons à Montréal et nous nous arrêtons au feu rouge tout juste après le pont Jacques-Cartier. Je ne remarque qu'à cet instant que je retiens mon souffle.

— Ça va ? me demande le détective.

— Oui. Je suis un peu nerveuse, lui dis-je, inspectant les mendiants qui passent de voiture en voiture afin de récolter des sous, une cigarette ou, par jour de chance, un billet en papier.

Je verrouille ma porte automatiquement. La peur des inconnus est encore présente même si je m'habitue tranquillement à marcher dans le monde normal. Nous arrivons à destination et mon accompagnateur stationne sa voiture devant l'immeuble où mon entrevue se déroulera. Il m'attendra à l'extérieur dans son véhicule.

— Prends le temps qu'il faut, relève la tête et va chercher cet emploi qui te convient fort bien, me lance-t-il avec ce clin d'œil qui est sa signature.

Ce qu'il est bon pour moi, ce gros bonhomme, figure de père protecteur, ange gardien éternel. Je le regarde intensément, apeurée et anxieuse.

— Et s'ils ne m'aiment pas ? Et si je bafouille et me ridiculise ?

— Ça n'arrivera pas, me promet-il. Fais-toi confiance.

Je le crois. Il m'injecte la dose de foi en moi qui me manque. Si seulement ses propres filles pouvaient lui accorder miséricorde…

Monsieur le détective contourne la voiture et m'ouvre la portière tout en zieutant les alentours pour s'assurer qu'il n'y a aucune menace. Je réajuste la ceinture de mon manteau, secoue mes cheveux et gravis les marches jusqu'à la grosse porte rouge.

On m'engage sur-le-champ. Je commence le lundi suivant, ce qui me laisse une semaine pour me préparer mentalement à reprendre un quotidien qui ressemble à celui des filles de mon âge. Comme l'annonce le stipule, je travaillerai pour deux directeurs différents, mais dans le même bureau. Par contre, je ne pourrai pas rencontrer le collègue de mon nouveau patron avant quelques semaines, car il est en vacances. D'ailleurs, nous déménagerons dans des bureaux communs à son retour, ce qui m'importe peu. L'entrevue a été relativement facile vu mon amour inconditionnel pour le cinéma, la culture et l'art en général. Mon futur nouveau patron ne s'est pas attardé sur mon curriculum vitæ. Il souhaitait surtout connaître ma personnalité et sentir si la connexion y était. C'est un petit bureau dont je serai l'unique employée et nous travaillerons côte à côte. Il faut croire que je suis aimable et digne d'être aimée. *L'as-tu oublié?* me demande ma voix intérieure. Oui. Il y a longtemps que je ne m'attarde plus à mes qualités.

J'avais prié ce matin pour que l'entrevue se passe bien. Allah m'a entendue. Il m'a honorée. Il est présent dans chacune de mes respirations. Je lui dois une reconnaissance éternelle. D'ailleurs, j'ai peur pour les gens de mon entourage : ils iront tous en enfer s'ils ne se convertissent pas à l'islam. J'éprouve une grande contradiction envers cette religion. N'ayant pas grandi dans la foi musulmane, je n'incorpore pas intrinsèquement les directives qu'elle me dicte. Je m'en occuperai plus tard. Pour l'instant, je jubile de bonheur. La bonne à rien a trouvé un emploi. L'idiote, la stupide réussit sans l'aide de personne. Mon nouveau patron me dit même que j'ai une superbe personnalité, attachante et rafraîchissante. Comme si un rayon de soleil était dans son bureau. Moi, l'ombre de moi-même, un rayon lumineux… Je dévale les marches et m'installe dans la voiture du détective. Un sourire fend mon visage. Il y a longtemps que je n'ai pas ressenti une telle fierté et il n'y a personne cette fois-ci pour me casser en deux, pour noircir ce moment charnière dans ma reconstruction.

DÉVALER LES
MONTAGNES RUSSES

Pour célébrer cette réussite, mon protecteur m'invite à dîner dans la Petite-Italie. « Un restaurant prisé », me dit-il dit nonchalamment, alors qu'il se gare devant la porte en bois massif. Il ne se préoccupe guère de trouver un stationnement : un voiturier s'en occupera. D'ailleurs, ce dernier m'ouvre la portière et me tend la main afin de m'aider à sortir du véhicule. Il est beau, jeune et fringant. Son langage non verbal ressemble à celui d'un coq. Soudainement, une force s'empare de moi. Comme si un être venu d'ailleurs prenait ma place pendant quelques instants. Je ne baisse pas les yeux. Je les rive plutôt dans les siens. Il soutient mon regard. Je me surprends à esquisser un sourire et à le remercier tout en gardant mes yeux fixés dans les siens. Il incline les paupières et rougit.

Je suis ébahie par ce que je viens de faire. Je savoure ce petit pouvoir exercé pendant quelques secondes. J'avais oublié ce que goûte la séduction, moi qui faisais jadis tomber les hommes à mes pieds en un claquement de doigts dans les *clubs* branchés de la métropole. Monsieur le détective se précipite à mes côtés et refile quelques dollars au jeune voiturier bronzé, puis m'ouvre la grosse porte en bois noble. Je remarque qu'il ne porte pas sa bague. C'est nouveau. Son alliance munie d'une énorme pierre pourpre sang est habituellement immanquable. Il est d'ailleurs rasé de près aujourd'hui, ce qui met en évidence ses grosses joues écarlates, colorées par le froid précoce de la fin septembre. Je ne l'ai pas remarqué sur le chemin vers mon entrevue, trop préoccupée par l'entretien et nerveuse à l'idée de postuler pour un emploi. Sa moustache est taillée aussi et il semble porter des vêtements neufs. *Il n'est pas plus beau ainsi, le pauvre*, pensé-je. Mon protecteur n'a pas la prestance d'un roi ni la stature d'un fougueux chevalier, mais je le sais fort comme un bœuf et prêt à tout pour me défendre.

Nous entrons dans le lieu un peu trop chic pour un dîner. *Que c'est magnifique !* me dis-je. Je suis si loin de ce minable restaurant où M m'a abandonnée lors de mon plus récent anniversaire en mai dernier. Encore une fois, je scrute l'endroit et sens la chair de poule me gagner alors que quelques serveurs affairés autour du bar s'arrêtent et se tournent dans ma direction. Que me veulent-ils ? Une alarme retentit dans mon esprit. M'ont-ils reconnue ? Est-ce que M a fait circuler ma photo ? Ma respiration s'accélère, mais je réussis à la calmer rapidement. Je n'aurai pas honte aujourd'hui et il n'y a aucune connaissance de M à l'horizon.

Vais-je un jour marcher librement dans les rues ? Vais-je un jour cesser de ressentir cette ombre qui me suit de près et me fait frissonner par moments ? Vais-je un jour arrêter de tout craindre ? Je n'en sais rien.

Alors que nous sommes bien assis dans les fauteuils rouges près d'un énorme foyer en pierre grise, les *antipasti* s'accumulent sur la table et les discussions aussi. J'ai même droit à un verre de bulles pour « célébrer mon emploi et ma nouvelle vie », me dit l'homme moustachu avec un clin d'œil. Ma nouvelle vie... Non. « La réappropriation de ta vie », rectifie-t-il. Je prends une gorgée, ignorant les foudres d'Allah et les répercussions possibles. J'ai envie de me rebeller. J'ai le goût de sentir les effluves de l'alcool me monter à la tête et noyer le vide.

Monsieur le détective me parle d'amour et je bois ses paroles. Lui, si sage, a tant vécu.

— Une femme, me confie-t-il, devrait se faire cueillir délicatement, avec tendresse, honneur et respect. Aimer, c'est être accueillie en étant vulnérable. C'est marcher en tandem dans la même direction. C'est tenir la main sans retenir. Ce n'est pas posséder ni jalouser. Ce n'est pas maltraiter, frapper, violenter. Aimer, ce n'est pas dénigrer, reprocher, mépriser. Aimer une femme, c'est la soutenir, l'épauler, l'applaudir. Aimer, ce n'est pas le déchirement, les querelles ni les rituels de dispute. Aimer, c'est rendre hommage au quotidien et désirer l'épanouissement de l'autre. Aimer, c'est partager les sentiments et les réflexions avec ouverture et humilité.

Je sais. Je le sais bien. Mais M est ainsi. Par moments. Lorsqu'il a les yeux clairs, je peux voir le monde et l'immensité de tous les possibles à travers ses pupilles. Il n'est pas juste mauvais et... il m'aime. Penser le contraire me blesse trop. Je suis mal aimée, oui, mais il m'aime et c'est réciproque. Je garde cette réflexion pour moi, ne désirant pas contredire ni débattre. J'ai perdu l'habitude de faire valoir mon point de vue, lui qui était dans un passé non si lointain immédiatement balayé du revers de la main. Aujourd'hui, je sais que l'amour de M rimait avec contrôle et possessivité. Il n'aimait pas mon identité. Il aimait l'écraser et faire de moi son pantin.

Monsieur le détective me demande si j'aime le porto. Du porto… Je n'ai jamais bu de porto. J'acquiesce et il commande deux verres de cette liqueur vieillie pendant vingt ans. Vingt ans… mon âge. Si jeune et si vieille à la fois. Cette dualité d'avoir à la fois quatre et quatre-vingts ans. Cette maturité dans le regard et ce côté enfant émerveillé à l'espoir de vivre à nouveau. *Tu es si mature pour ton jeune âge*. On me l'a tant répété.

Le repas s'achève. Nous échangeons longuement. Je ne mange pas abondamment, car mon estomac est toujours lié par les émotions. À l'extérieur, en attente du voiturier, mon protecteur me tend une cigarette.

— Tu fumes, n'est-ce pas ?

Mes parents ne sont pas au courant. Je me cache pour fumer depuis l'âge de quatorze ans. Merde. Est-ce une attrape ? Je refuse promptement, lui mentionnant que c'est une mauvaise habitude à prendre. Il le sait. Lui non plus ne fume pas. Il a acheté ces cigarettes pour moi.

La voiture s'approche et j'y grimpe rapidement. Il fait presque nuit, le soleil se couchant de plus en plus tôt. Papa et maman s'inquiéteront sans doute de cette absence prolongée, dis-je au détective. Non. Il les a avertis, bien évidemment.

Ce que tu es bête ! Je t'ai dit que tu n'avais pas de cerveau. Idiote.

Alors que nous traversons le pont vers la banlieue, je le remercie d'autant de délicatesse à mon égard.

— Je veux que vous soyez dans ma vie pour toujours, lui mentionné-je naïvement.

— Ce ne sera pas possible, je le crains, me répond-il en regardant droit devant.

Pour quelle raison, je l'ignore, mais un sentiment étranger m'agace. Celui de l'incompréhension face à cette réplique, à ce non-sens provenant de cet homme, dont je suis la protégée. Pourquoi n'a-t-il pas envie que je sois dans sa vie pour toujours ? Pourquoi repousse-t-il mon si gentil commentaire ? Ça me blesse. Je lui réponds en le défiant de plus belle.

— Bien sûr que si. Je peux vous assurer que je vous garderai à mes côtés.

Il ne bronche pas, filant vers le point de rencontre à mi-chemin entre sa maison et ma demeure familiale, où ma maman doit m'attendre.

La voiture se gare tout près de celle de ma mère, toujours à l'heure, qui patiente, accompagnée de ma cadette. Je remercie le détective et ferme la portière sans comprendre ce sentiment de malaise qui m'indispose. Je suis heureuse ce soir, alors je ne laisse pas l'émotion gâcher le moment.

Avant le coucher, tout juste après ma prière, je déverse des mots dans mon journal intime. Des verbes noircissent les pages blanches et défilent rapidement les uns après les autres. La dernière phrase est celle-ci : *À compter de ce jour, je marcherai toujours la tête haute et les épaules fières, coûte que coûte, et ce, à chacune de mes respirations.*

Pourtant… J'entame à peine ma route vers la guérison. Il me faudra plusieurs chutes avant de me reconstruire enfin. Le rétablissement est une longue montagne russe. Les hauts sont savoureux et les bas sont terrifiants. Les épaules s'affaissent, puis se relèvent. Mais ce goût de vivre à ce moment précis est ce dont j'ai besoin.

Mortes sont les fleurs

L undi, jour J. Je me lève avant l'aube, excitée comme si c'était un matin de Noël. Je me sens adulte aujourd'hui et prête à chevaucher mon destin avec la conviction que nul n'entravera ma route. Délaisser le voile a été une chose facile, mais me défaire de la prière ne l'est pas autant. Ce n'est pas par automatisme ou à la suite d'un lavage de cerveau que j'exerce ce rituel. C'est pour moi, car j'honore toujours mes promesses. Allah m'a entendue, m'a libérée et m'a connectée à une foi que je n'ai jamais ressentie auparavant. Cette foi ne m'a en aucun cas quittée. J'ai laissé tomber la religion, certes, mais pas ce lien inexplicable à plus grand que moi.

J'enfile un pull en lainage que je n'ai pas porté depuis plusieurs années ainsi qu'un jean que je dois resserrer à l'aide d'une ceinture. Je m'observe dans la glace de ma chambre. Ça va. Personne ne me fera de commentaires, sauf moi. Pourtant, loin dans ma tête résonnent des critiques amères.

Grosse. Flasque. Moche.

Je détourne les yeux du reflet et m'installe un moment à ma table de dessin. Les ciseaux sont tout près. Je les empoigne et égratigne mon avant-bras.

Juste un peu. Juste pour faire fuir le démon qui me complexe.

Papa cogne à ma porte. C'est l'heure de partir. Je range hâtivement mon instrument de douleur et descends la manche de mon pull, puis je quitte mon nid. C'est mon père qui me conduit au boulot ce matin. Son bureau est à Montréal et il n'a pas de rendez-vous à l'extérieur de la ville. Il souhaite aussi m'accompagner et me protéger à son tour, lui qui éprouve de la culpabilité de ne pas avoir été à mes côtés. *Pourtant, tu l'as toujours été, papa. Tu as été un papa parfait. Tu m'as sauvé la vie, le sais-tu ?*

Cette culpabilité, c'est moi qui la ressens. Celle d'avoir fait du mal à mes parents. Encore aujourd'hui, c'est le sentiment le plus lourd à porter, tel un fardeau qui pèse sur mes épaules au quotidien. J'ai trahi les êtres qui m'aiment le plus sur cette terre, ceux qui m'ont donné la vie et me couvent d'amour depuis ma naissance. Je m'en voudrai jusqu'à ma mort.

Mon téléavertisseur vibre dans le tiroir de ma table de chevet. Je le sais rempli de messages parfois beaux, souvent laids. Je n'ai pas le désir d'en prendre connaissance, essayant de me battre contre cette envie qui va et vient au gré des secondes qui passent.

Une fois à destination, papa active les feux d'urgence alors que nous nous arrêtons en bordure du boulevard. Je dois me dépêcher, car le trafic matinal ne nous permet pas de nous immobiliser devant la porte de l'immeuble où mon nouvel emploi m'attend. Un klaxon se fait entendre derrière nous. Je sursaute, toujours alerte aux sons qui m'entourent.

Papa prend le temps de m'offrir un câlin et de plonger son regard dans le mien.

— Je suis si fier de toi, me dit-il.

Il viendra me chercher à la fin de l'après-midi et... s'il y a quoi que ce soit, il est joignable en tout temps. Ce que j'aime mon doux paternel !

La journée s'entame avec ma première formation. Mon deuxième patron me formera lui-même à son retour de voyage, m'annonce la jeune femme un peu plus âgée que moi que je remplace et qui part pour un congé de maternité. Son ventre est prêt à exploser et elle s'active à me montrer les rudiments de cet emploi qui deviendra le mien. Est-ce une fille qu'elle porte dans ses entrailles ? Une autre qui devra se lever contre l'intimidation, la discrimination, les agressions possibles et l'injustice qui gravitent autour de nos têtes. Les femmes... Celles qui naissent inégales, selon certains. Celles qui osent parler haut et fort se font critiquer, et celles qui risquent moins le sont tout autant.

Mon patron arrive un peu plus tard, alors que je m'affaire à retenir les informations qui s'accumulent dans mon carnet. Le vertige me prend. Je veux tant l'impressionner, lui prouver que je suis à la hauteur de ce travail qui me plaît déjà. J'ai si peur qu'il regrette son choix. J'ai peur de la honte. J'ai peur des représailles. Il est hors de question que mes séquelles me nuisent. Je veux tant saisir cette occasion de marcher dans un monde normal. Je feins l'assurance et pose le masque de la confiance sur mon visage. Faire semblant est un atout que j'ai dans ma poche. Les artifices me permettent d'être heureuse et d'entrer dans la peau d'une autre qui ne revient pas des ténèbres. Un personnage fictif me maintient en vie. J'y crois si fort que parfois… je ressens de la joie.

Déjà midi. Le temps passe si vite. Avant, je comptais les heures dans une journée comme si chaque seconde me martyrisait. Aujourd'hui, c'est différent. Il n'y a qu'une employée à cette période de l'année dans cette petite firme. C'est le temps mort dans l'industrie. Le moment est propice à ma formation, j'ai tant à assimiler. Josiane doit sortir avec le patron pour un lunch qui ne devrait pas être trop long. Ils me suggèrent de prendre ma pause dans la salle du fond aménagée à cet effet.

Je tourne le verrou de la porte et je profite de leur absence pour faire ma prière et naviguer sur le Net. J'ai envie de me créer un compte MSN et de reprendre contact avec mes amies. Il est temps de refaire surface.

Il n'y a plus personne dans le bureau. Le silence règne et je suis rivée à l'écran d'ordinateur tout près de la fenêtre donnant sur le boulevard. Les stores en lattes de bois sont remontés, laissant la lumière s'infiltrer doucement. La sonnette de la porte retentit. Josiane ne m'a pas mentionné que quelqu'un devait se présenter pendant l'heure du dîner. Dois-je ouvrir ? Je ne me sens pas en sécurité, seule dans ce nouvel endroit que je n'ai pas encore apprivoisé. Je me lève tranquillement et me colle contre le mur près de la fenêtre. Ainsi, je peux jeter un œil sur la porte et voir celui qui dérange ma pause tout de même méritée. Deux gamins attendent sur le portique. Mes épaules se relâchent. Ils font probablement du porte-à-porte pour une quelconque fondation. Je me rends donc à l'entrée, déverrouille et ouvre. Pourtant, une voix me prévient de rester bien assise et de ne pas me préoccuper des intrus. Je ne l'entends pas.

— Oui ? dis-je aux garçons, tout de même sur mes gardes.

— Nous avons un colis pour Mme M.

Mon sang se glace. Mon cœur fait un bon. Ai-je bien saisi ? Mme M... Mon nom d'épouse que je n'ai que rarement entendu. Je suis figée. Figée par le nom qui m'est attribué. Les enfants me tendent un bouquet de fleurs. Des fleurs fraîchement coupées : des roses entourées de verdure.

— Qui vous envoie ?

— C'est le monsieur de l'autre côté de la rue. Il y a une note. Il nous a donné cinq dollars pour la commission, m'informent-ils, béats. As-tu un message ?

M...

— Non, leur dis-je fermement, en serrant les dents très fort pour retenir ma mâchoire qui commence à claquer.

Je lève la tête et regarde vers l'autre côté du boulevard. M se tient bien droit dans le parc adjacent au métro, tout juste en face de l'immeuble. Nos yeux se croisent. Je suis paralysée. Je le dévisage une fraction de seconde, l'adrénaline me gagnant rapidement. Il a ce même air qu'il m'offre à chacune de nos retrouvailles. Les remords grugeant ses joues, les mains dans les poches et les épaules basses. Il porte les vêtements que je préfère ainsi que la casquette que je lui ai donnée lors de ce fameux Noël de catastrophe. Je ne sais d'où me vient cette force de le défier du regard. Mes pieds sont solidement ancrés au sol et mon dos ne se courbe pas. Plus jamais je ne me plierai face au Monstre qui veut m'exhumer. Je renaîtrai sans gourou ni marionnettiste.

Je referme hâtivement la porte, ne laissant pas les gamins me parler davantage. Je verrouille. Mon cœur frappe contre ma poitrine. Mon corps menace de s'écrouler. Je me dirige vers la fenêtre et baisse rapidement les lattes de bois, qui tombent contre la bordure dans un bruit sec. De mes doigts tremblants, j'entrouvre le store, fixant en direction du Monstre. J'arrête de respirer. De mes yeux, je cherche un appui afin de ne pas m'effondrer. Je reviens à la fenêtre et m'adosse à celle-ci, puis je regarde une nouvelle fois à l'extérieur. Les garçons retrouvent M et semblent discuter. Je demeure immobile ainsi un bon moment, appréhendant la venue de M jusqu'à la porte rouge qui m'abrite. Cinq, dix, quinze minutes s'écoulent. Je suis pétrifiée, tremblant de tout mon corps. Il reste debout dans le parc alors que les passants défilent, préoccupés par leur quotidien, sans savoir qu'ils frôlent un homme qui a saboté l'existence d'une jeune femme. Je suis toujours aux aguets près de la fenêtre. Prête au combat. Celui de l'ange et du démon qui s'affrontent dans mon esprit. Celui de la résistance face à la manipulation. Celui de la douceur après la noirceur.

M finit par faire demi-tour après ces longues minutes d'attente. Je l'observe rebrousser chemin et s'engouffrer dans les portes du métro.

Un souffle lourd s'échappe de ma bouche. Je m'affaisse sur le tapis bleu tissé serré et j'appuie ma tête contre le mur. Mes yeux se posent sur ma main droite. Je tiens encore les fleurs. Les fleurs du mal.

COMPTER DES BUTS

Le bouquet contient une carte écrite de la main de M. Les doigts tremblants, je descelle l'enveloppe. *Tu me manques, y'all baby. Je serai dans le parc, à midi, tous les jours, en attente d'un signe de vie de ta part. Je suis vide sans toi.*

Vide. Ses mots empruntés à la douceur frappent le vide et ne me touchent plus. Je crains le contraire. Je redoute de devoir me battre encore une fois contre moi-même, mais non. Une tentative de meurtre m'aura fait atteindre ce fond inépuisable. Cette limite que je croyais infranchissable. Mon désir de vivre, de me choisir est désormais plus fort que ses manigances à vouloir me faire récidiver et succomber à ses stratagèmes. Toutes les roses de la terre ne sauront faner mon amour-propre.

Comment m'a-t-il retrouvée? Le moqueur n'était donc venu que me narguer? S'amuser à mes dépens afin que ma garde se baisse et que mon bouclier s'écroule? Je sais bien que non au fond. Mais les indices me prouvent le contraire. Mon sixième sens perd de sa force et je me dois de l'aiguiser à nouveau.

Je crois tout de même que j'ai marqué un but dans son filet. Désormais, j'ai des joueurs défensifs dans mon équipe, et l'isolement lui enlève sa puissance d'avant.

Une bague de trop

J e connais par cœur le numéro du détective, que je compose rapidement. Mon papa n'est plus le premier sur ma liste d'urgence. Je l'ai secrètement enlevé. Je l'ai tant de fois appelé à la rescousse que je veux maintenant lui offrir une pause de moi. De mes histoires sans fin. Je me sens si coupable.

La voix chaude et rassurante de mon protecteur se fait entendre à l'autre bout du fil. Troublée, je lui raconte brièvement l'événement.

— J'arrive, me dit-il précipitamment. Et ne crains rien, je ferai le tour du bloc et t'attendrai pour te ramener chez toi.

Je dois reprendre de l'aplomb avant le retour de mon nouveau patron, car en ce moment je ne fais que trembler. Je ne veux pas qu'il me trouve dans cet état et risquer ainsi de perdre cet emploi que j'aime déjà. M ne m'enlèvera plus jamais rien. Cette promesse, je la fais à la petite fille en moi.

Faire face à son agresseur demande une force incommensurable. Le mien est mon époux. M comme Mari. Je dois divorcer. J'observe la bague qui scintille sur mon annulaire. Pour briller à mon plein potentiel, de mon pur éclat, je dois m'en départir. Afin de couper les liens imaginaires qui m'attachent au Monstre, je dois me dissocier de ce bijou représentatif d'une union malsaine. M comme Malsain… Je tire sur la bague qui se libère facilement et la jette au fond de mon sac à main. Ce soir, elle brûlera dans la cheminée.

J'observe ma main, désormais libre. Je souhaite lui ressembler. Libre, sans traces ni marques. Par contre, ma main tremble et je ne veux plus frémir pour M. D'aucune façon.

Je demeure une bonne demi-heure à fixer le néant, me concentrant sur ma respiration, comme me l'enseigne ma thérapeute. J'inspire dix secondes. Je retiens cinq secondes. J'expire dix secondes. Et rebelote. Cela m'aide à ne pas sombrer dans une crise d'anxiété. Je m'efforce de focaliser mon attention sur l'air chaud qui entre et mon souffle qui vibre dans l'espace à sa sortie.

Le mal s'efface de ma tête, qui se libère des lourdes pensées. Le bruit d'un claquement de porte me fait sursauter. J'entends un rire. Celui de mon patron qui revient de son lunch, accompagné de celle que je remplacerai. Je suis calme à nouveau. Du moins, en apparence. Mes mains ne tremblent plus et mes larmes s'effacent de mes joues.

Je termine ma première journée de travail avec un masque bien en place. Monsieur le détective est à son poste, comme prévu. En passant la porte rouge du bâtiment, je jette des regards furtifs en direction du parc à proximité. Personne. J'entre dans le véhicule de mon protecteur, lequel referme la porte du passager, puis prend place derrière le volant. Mes épaules se relâchent enfin et la tension prisonnière s'échappe dans un long sanglot. J'appuie ma tête contre le dossier et je clos les yeux. Sans un mot, je rentre chez moi.

Escalader le puits

Un monstre essaie par tous les moyens de reconquérir son butin. C'est son but ultime. Et l'indifférence est l'arme magique que je possède et qui blesse mon opposant.

Ce soir, je m'enferme dans ma chambre et j'écris. Les mots défilent dans mon journal. Ce journal que je ne laisse pas traîner. Celui que je ne quitte en aucun cas. Mes confidences ne seront plus jamais la proie d'yeux fouineurs. Mes secrets resteront bien gardés, scellés en moi. Ni détective, ni inconnu, ni parents, ni amis ne sauront ce que je ressens, ne connaîtront mes choix, mon quotidien et surtout pas mon passé. Il m'appartient. Libre à moi de le révéler ou non. Papa et maman savent que j'ai été sous l'emprise d'un copain jaloux, possessif, destructeur. Mais ils ne se doutent pas des sévices qui ont maculé mon corps. Ils ont vu des bleus parfois. Ils ont deviné qu'une quelconque violence s'est abattue sur leur petite fille, mais ils ont les mains liées à cause de ma majorité. Ils ne peuvent imaginer que les miennes l'ont été aussi. Ligotées à un tuyau dans un sous-sol crade, il y a plusieurs semaines maintenant. Ils ne connaissent pas la gravité des injures, de l'humiliation, de la manipulation. Ils n'ont pas été témoins des os cassés. Ils ne sont pas au courant du nombre de pieds qui ont foulé mon corps, le comprimant entre les fissures du plancher. Ils ne le sauront jamais. Sans quoi j'ai la certitude qu'ils traîneraient dans la boue celui qui a osé piétiner leur fille. *Monstret.* Déjà que maman l'appelle ainsi. Ça veut dire «monstre» en suédois. Je sais qu'elle pourrait le tuer si elle l'apprenait... et je ne sais quel nom elle lui attribuerait si la vérité éclatait au grand jour. Et j'ai honte. Si honte. Je me sens sale en permanence.

En couchant mon histoire sur le papier rosé de mon journal secret, je tais aux autres l'émotion qui m'habite. Je refuse de raconter et de justifier ce que ça me fait de le voir aujourd'hui. Je n'ai pas envie d'apercevoir, dans les yeux de ma maman, la peur que je parte une fois de plus. Parce que, oui, une fois la crainte des attaques physiques passée demeure un sentiment inépuisable qui surmonte l'horreur. Celui du «et si». Et s'il avait changé pour vrai cette fois-ci? Je sais que je ne retournerai plus jamais entre les pattes du psychopathe, mais le voir me fait pleurer l'amour qu'il y avait à travers les crises et me fait douter de ma tendance à la dramatisation, comme M me l'a tant répété.

Une ecchymose, ce n'est rien. Ta peau marque vite. Je n'ai pas serré si fort, tu exagères. Je ne t'ai pas lancée dans l'escalier, tu as perdu pied, n'essaie pas de faire passer la faute sur moi. Tu m'as poussé à bout, pourquoi m'as-tu défié? Tu ne m'aimes pas assez pour rester? Tu jettes à la poubelle notre «nous», notre union plus forte que tout?

M. Ce qu'il semblait triste ce midi. Sans moi, il n'est rien. Il m'a tant réitéré qu'il mourrait si je le quittais. Que je lui ai tout appris sur l'amour, le vrai, et que maintenant je l'abandonne après l'avoir rendu vulnérable.

Je digère tranquillement mes émotions. Quelque part aussi, mon intérieur se gonfle de fierté et je savoure ce sentiment. Je suis désirée. Il m'aime encore. C'est étrange comme sensation. S'il n'était pas un monstre, j'aurais pu traverser le boulevard ce midi et m'asseoir, un café à la main, sur le banc de parc, à ses côtés. Parler de notre rupture. Du pourquoi du comment. « Pourquoi es-tu partie ? » m'aurait-il demandé. Et je lui aurais répondu simplement. Avec vérité et authenticité. Sans mentir pour esquiver la réplique qui viendrait assurément. La discussion ne se serait pas envenimée. Je n'aurais pas éprouvé autant de culpabilité. Il n'aurait pas mis la faute sur moi. Il n'y aurait pas eu de reproches excessifs de sa part et je ne me serais pas sentie acculée au pied d'un mur, sans issue. Ses mots ne m'auraient pas effrayée et je n'aurais pas balbutié. Je n'aurais pas tenté de me justifier en cherchant à désamorcer la bombe qui a pris la place de son cœur. Celle qui fait tic-tac en permanence. Si M était sain, je n'aurais pas vivement refermé la porte, priant Dieu de m'aider à ne pas sombrer dans une crise d'angoisse.

Je range rapidement mon journal. M vient d'ailleurs. Il ne fait pas partie de cette planète. Je laisse échapper un soupir. C'est ce qu'il disait de moi, en fredonnant les paroles de Pierre Bachelet : « Et moi, je suis tombé en esclavage, de ce sourire, de ce visage, et je lui dis emmène-moi… L'amour pour elle est sans valeur, pour moi c'est sûr, elle est d'ailleurs[1]. »

Pourtant, c'est de lui qu'il parlait. D'ailleurs. Du pays des malheurs, probablement. Celui qui te fait prisonnier de la noirceur, des ténèbres, des monstres hideux qui sucent ton sang jusqu'à la dernière goutte. Il m'a fait tomber en esclavage, de son sourire, de son visage, et m'a emmenée vers d'autres lieux, d'autres rivages. L'amour pour lui est sans valeur… Oui. Il vient d'ailleurs.

Je m'agrippe aux contours du profond puits dont je suis encore prisonnière. En haut, il fait clair. J'arriverai un jour à la surface, mais l'escalade est nécessaire, aussi ardue soit-elle. Pour ne plus qu'un monstre entrave ma route, je dois gravir ce puits, seule. Pierre par pierre. Je suis prête.

1. Pierre Bachelet, *Elle est d'ailleurs*, 1980.

LE DOMINANT DOMINÉ

Monsieur le détective reprend son poste à ma demande près de l'immeuble. Midi. Je m'approche de la fenêtre et scrute la sortie du métro. Mon cœur bat la chamade. Midi cinq. Toujours rien. Je me rassois devant l'ordinateur pour ne pas alerter ma collègue avec mon attitude étrange et je m'organise pour tourner l'écran de façon que je puisse garder un œil vers l'extérieur tout en entrant des données dans un dossier. Midi quinze. Un monstre est souvent en retard. Ainsi, il nous déstabilise, monopolise notre attention et fait augmenter notre degré de stress. Midi vingt. Mon sang se glace. Il est là. Au loin, j'aperçois sa tête fraîchement rasée, penchée légèrement vers l'avant, regardant dans ma direction au travers de ses Ray-Ban fumées. Une cigarette au bout des lèvres, il s'accoude contre un arbre. Son visage est découpé au couteau. Il est si mince. Comme s'il n'avait rien ingurgité depuis cette nuit de torture.

À travers la fenêtre, j'entends une porte de voiture claquer. Mon regard bifurque vers la provenance du son. Mon protecteur vient de sortir de son véhicule. Il s'appuie contre son auto et s'allume un cigare. M le reconnaît aussitôt. Deux coqs s'affrontent avec un semblant de nonchalance. J'observe la scène d'un œil attentif. J'appréhende une altercation. Je n'en veux pas. Je ne veux pas être le centre d'une violence quelconque. Je veux qu'on me fiche la paix, voilà tout.

M détourne la tête. Il fume sa cigarette de plus en plus vite. Monsieur le détective, toujours accoudé à sa voiture, exhibe un langage non verbal solide et ancré. Dans sa main, il tient son cellulaire qu'il dirige vers son oreille. C'est à ce moment que M jette sa clope au sol et se faufile rapidement par les portes de l'entrée du métro. Il est vaincu. Le dominant est dominé.

POUR UNE
DERNIÈRE FOIS

Mon téléavertisseur vibre. M est bien prévisible. Sa colère doit se déverser sur quelqu'un et c'est sur ma personne, bien évidemment. Mais je m'en détache. Il n'a plus d'emprise sur moi. Avant, je devais rassembler ma reine, mon roi, le fou et la tour afin d'être en mesure de le mettre échec et mat. Maintenant, seule et digne, j'ai quitté le damier et je me mesure à mon adversaire sans flancher. Ses mots n'ont plus d'impact. Ils butent contre le mur de glace qui désormais me protège. Ce mur qui ne laisse plus rien entrer ni sortir. Cette protection invisible dont je me suis moi-même faite prisonnière. Celle qui me tuera à petit feu si je ne m'en sépare pas. Mais ça, je ne le sais pas encore.

Mon ange gardien est demeuré tout l'après-midi stationné devant l'entrée de l'immeuble. Et M ne s'est pas représenté. C'était la toute dernière fois que je posais mes yeux sur celui qui a changé à jamais ma destinée. Comme on le fait avec un animal blessé, il faudra désormais m'apprivoiser lentement, tranquillement. Et gare à quiconque me trahira : du revers de la main, il sera banni, sans possibilité de retour.

Les présents
empoisonnés

La semaine file. M n'est jamais revenu squatter le parc. Le lâche. Un monstre est un éternel lâche qui ne s'attaquera jamais à ceux qui lui tiennent tête. Si seulement j'avais pu lui rendre sur-le-champ les mots, les coups, les injures et les insultes qui pleuvaient sur moi avec sa colère. *Mais ce n'était pas possible, petite Ingrid. Il avait déjà cassé chacune des épines qui te protégeaient. Il avait chassé ton amour-propre et t'avait insidieusement réduite à n'être que l'ombre de toi-même.*

M'être laissée tomber et lui avoir permis de me dépouiller de mon identité demeurera une grande souffrance.

Ses messages sur mon téléavertisseur ne s'espacent pas. M est de plus en plus virulent, venimeux, violent. Il fera de ma vie un enfer, crie-t-il, hurle-t-il, pleure-t-il. Il se suicide à plusieurs reprises et baise des harems de femmes entiers. Il m'injurie, me menace. Ses mots prononcés n'ont d'égal que l'horreur des sévices infligés. Mais cette fois-ci, rien. Le vide. Le néant. Je ne ressens plus aucune émotion. Mon mur de glace fait effet. Je suis gelée de toutes parts, de tous côtés. M'abstenir de répondre coupe mes ficelles. Je ne suis plus le pantin de sa manipulation, de son contrôle, de son pouvoir. Je suis à l'abri de lui, de son venin. Je ne lui appartiens plus.

Monsieur le détective ne me quitte pas. Nous sommes vendredi et son véhicule est stationné devant l'entrée de l'immeuble. J'ai dû informer mon patron, qui commençait à avoir des doutes sur la présence de cette voiture.

D'autant plus que, depuis quelques jours, mon protecteur vient me porter une fleur chaque midi.

J'ai donc dû prendre un café dans le bureau de mon patron afin de lui raconter brièvement mon histoire. Sans trop de détails, juste assez pour qu'il comprenne la présence du détective. Je l'ai imploré de m'excuser et de ne pas mettre fin à mon contrat. À partir de cet instant, mon patron a décidé de me protéger. Comme un père le ferait pour sa fille.

La première fleur que le détective m'a apportée était blanche. Moi qui aime les fleurs autant que Noël, je l'ai accueillie le cœur ouvert et la gratitude a retenti dans mes remerciements. Monsieur le détective a simplement cogné à la porte et m'a offert cette fleur. Puis j'en ai reçu une bleue et une jaune. Ce midi, c'est une rouge qu'il me tend. Pour compenser toutes celles que je n'ai jamais reçues, dit-il. De plus, chaque orchidée est suivie d'un courriel. Mon patron m'a activé une boîte de messagerie professionnelle. Mon ancienne adresse, je ne l'ouvre plus. Elle est inondée de M et je ne veux pas y avoir accès.

Monsieur le détective appelle ses courriels des « missives ». Des missives à sa princesse. Hautement poétique, il me parle de mon évolution qui se déroule devant ses yeux. De la force qui grandit en moi jour après jour. De ma résilience et de mon désir de changement. Il m'écrit parfois en vers, parfois simplement. Et il a raison. Je me sens plus forte au fil des jours. J'ai de plus en plus soif de vivre à vive allure. De retourner aux études peut-être, ou du moins de reprendre contact avec mon agente et d'auditionner à nouveau. Je le trouve bien gentil de m'offrir toutes ces attentions, quoique ça m'embarrasse un peu. Un truc cloche et me tracasse. J'essaie de balayer les idées qui s'accumulent dans ma tête. Monsieur le détective, c'est un deuxième père. Il m'a sauvée. Il m'a secourue. Il prend soin de moi et fait partie intégrante de ma reconstruction. *Comment oses-tu, Ingrid, lui prêter de fausses intentions ? Comment oses-tu entacher ses gestes inoffensifs ? Comment oses-tu penser qu'il pourrait être déplacé ?*

Paranoïaque, folle.

Aujourd'hui, je ne reçois pas de courriel suivant l'orchidée rouge. Rouge. Pourquoi rouge ? Offrir une rose rouge à une femme signifie la passion. Et une orchidée ? Pourquoi une orchidée ? Mon patron m'appelle dans son bureau et je chasse les questionnements qui me préoccupent. La journée se déroule bien et, ce soir, c'est papa qui me raccompagne à la maison.

À 17 heures, mon père est devant la porte. Nous avons une heure devant nous pour échanger. Ce moment est privilégié avec mon doux papa, avec qui je ne me sens jamais contrôlée, jugée ou étouffée. Mon papa parfait, qui glisse le CD de Chris de Burgh dans le lecteur et qui fredonne avec moi les chansons que nous connaissons par cœur.

À BAS LES MONSTRES

Dans ma boîte de courriels ce matin se loge une missive du détective. Je l'ouvre, sans savoir que le dédain s'en prendrait à mon cœur.

À ses yeux, je suis reine. Prête à cueillir ses mots, telle une fleur. Ses paroles ne supportent plus de rester cloîtrées sur papier. Ce sont des verbes qu'il me lance à minuit, ivre de vin. Ivre de moi, de ma peau, de mes yeux, de ma fragilité. Il m'écrit que sa chair brûle de ne pouvoir me toucher. Il m'explique que la première fleur était blanche pour exprimer l'amour et la joie. L'orchidée est une fleur intense que l'on offre pour exposer de forts sentiments. Les siens le tuent. Son amour à mon égard handicape ses journées, prend d'assaut ses pensées et le hante matin, midi, soir... sans parler de la nuit qui lui permet de s'enfuir avec moi, sa reine, dans son sommeil. Puis il a posé dans ma main l'orchidée bleue, synonyme d'espoir éternel. Elle représente la combativité face à un amour inaccessible et l'espoir de l'atteindre un jour. L'espoir que ma pureté lève le voile sur l'amour véritable qu'il me porte et qui grandit depuis qu'il m'a rencontrée. Ma pureté qui ferait fi de la différence d'âge qui le fait tressaillir.

L'amour. Celui qui s'est gonflé en parcourant mes écrits, pendant les heures passées dans ma chambre à scruter mon intimité. Ma délicate intimité. Puis a suivi la fleur jaune. Celle qui représente l'érotisme et la chaleur du corps. Car se contenir en ma présence n'est plus possible. Et finalement, pour clore le cercle dans lequel il aimerait que je danse, il m'a offert l'orchidée rouge. « Me feriez-vous l'honneur d'un baiser ? Un seul baiser, ma tendre et douce reine… »

Il est 8 h 30. Son message date de cette nuit. Mon déjeuner menace de refaire surface. Assise sur la chaise en cuir noir en face de mon poste de travail, je fulmine, je rage, je bous, tel un volcan prêt à entrer en éruption. Lui. Mon sauveur, mon protecteur. Une image de père, une figure d'autorité. Celui qui m'a sortie d'un cauchemar sans fin. Comment ose-t-il m'écrire ces phrases qui me donnent envie de vomir ? Je ne suis qu'une jeune femme encore fragile et vulnérable. Une enfant qui essaie de garder la tête à la surface pour ne pas s'évanouir dans les profondeurs. J'ai mis entre ses mains ma foi en l'humain et il l'a fait voler en éclats. Il m'a fait douter de mon intuition, de l'alarme qui fait picoter mon troisième œil. Il m'a trahie. Je me sens violée. Totalement, entièrement violée. Moi qui ne fais confiance à personne, sauf à ma famille immédiate et… à lui, mon ange gardien.

Plus personne ne me fera courber l'échine. Plus personne ne me piétinera. Plus personne ne me fera du mal, je me le suis promis. *Petite Ingrid, je t'ai choisie et je ne t'abandonnerai plus jamais.* Sans le savoir, cet individu à la moustache grise et au ventre rond comme celui d'un cochon déclenche en moi cette rage de vivre et de me défendre corps et âme devant les monstres qui entraveraient ma route. Ma confiance ne sera plus jamais accordée. Aucun homme ne méritera de tenir mon cœur entre ses mains.

« COMMENT OSEZ-VOUS ? »

Une phrase. Trois mots. Et mon papa en copie conforme.

Le courriel a été acheminé à mon père. Je n'ai jamais revu ce détective. Lui, il s'est présenté à l'improviste au bureau de mon papa le jour même. Honteux, la tête entre les jambes et les joues rouges de déshonneur, se confondant en excuses.

Mon paternel lui a montré la porte en aboyant de ne plus jamais s'approcher de moi. Ce jour-là, papa portait un *gun* invisible dans sa ceinture. Le *mafioso italiano* avait fait son chemin jusqu'à lui.

DES MOTS COMME DES COUPS D'ÉPÉE DANS L'EAU

Vingt ans. Je ne suis qu'une enfant. Avec les yeux vieillis et le bagage lourd. Assise sur le lit de ma chambre, je tiens une enveloppe que je viens de décacheter. Une enveloppe à mon attention contenant des photos. De multiples photos de moi. Les nôtres. Celles que nous avions prises à divers endroits, à divers moments. *Pute. Ya kahba.* Sur mon visage, il a inscrit ces mots qui ne devraient être adressés à aucune femme. Des mots que je souhaiterais être comme des coups d'épée dans l'eau. Des mots qui ne sont jamais rassasiés. Des mots qui sont comme des esprits hantant ma tête.

Je jette le paquet à la poubelle et m'emmitoufle dans mes draps de lavande. Je me berce ainsi quelques instants, secouant la tête, la rage grandissant dans mon estomac. Comme si une boule de feu était prête à faire irruption. J'attrape les ciseaux et me coupe un peu. Un peu, juste un peu pour ne pas reconnaître un sentiment que je veux disparu. Pour ne pas voir naître une douleur. Pour que les mots se noient dans le sang qui coule le long de mon avant-bras.

PARADOXE

J e suis un fantôme qui déambule. Isolée entre deux sphères incompatibles. Celle du désir de renaître et celle du souhait de disparaître.

DES MAUX ET DES VERBES

J'ai rencontré de multiples sorcières afin de tenter d'extirper mon mal et de me guérir des profonds dommages que m'ont laissés les sévices. Les pires brutalités sont les mots qui ont fait s'affaisser mon estime et qui m'ont marquée d'irréparables traces.

La toute première magicienne s'appelle Marie. Maman m'a envoyée la voir cet après-midi. Elle me reçoit dans son salon, un gigantesque livre sur ses genoux. Marie ne ressemble pas aux sorcières des contes de Disney. Elle est jeune, mince et sublime. Son visage, exempt de rides et de nez crochu, a plutôt l'allure de celui d'un ange descendu directement du ciel. Elle me traitera au moyen de l'« axasophie », une méthode plus connue sous le nom de « kinésiologie de reprogrammation ». Elle se connectera à mon âme pour y décoder toutes les qualités et les vertus qui doivent être réparées en moi. Je ne suis fermée à rien, je voudrais tant laisser derrière cette histoire et ne plus souffrir des affres du passé qui me perforent jour après jour.

Marie prend une grande inspiration et demande à avoir accès à mon âme. Elle expire et entre dans une extrême concentration. Puis elle commence son traitement, faisant glisser son index le long des pages plastifiées où des milliers de mots sont alignés les uns après les autres. Lorsque son doigt se pose sur un verbe, elle le nomme à voix haute et me soigne en me reprogrammant afin de faire entrer celui-ci à l'intérieur de moi. C'est fascinant. Les mots qu'elle prononce sont exactement ceux qui m'ont dévastée ou blessée au fil des années.

Elle travaille ainsi pendant trois heures, réparant du même coup mon rein, qui aurait dépéri par manque de territoire ou d'espace selon elle. Elle guérit mes peurs, mes trahisons, ma solitude, mon anémie et les spasmes que j'éprouve dans le milieu du dos. Je ne bronche pas, souhaitant que sa thérapie soit miraculeuse.

Il y a deux façons de voir la vie : l'une comme si rien n'était un phénomène, l'autre comme si tout l'était. Seize ans plus tard, mon rein fonctionne toujours aussi mal et les spasmes dans le creux de mon dos reviennent de temps en temps… mais, pendant plus de trois heures à ce moment-là et lors des jours qui ont suivi, j'ai cru aux miracles et ce nouveau souffle m'a donné l'espoir que mes ailes repoussent tranquillement.

LEÇON DE VIE

Un masque, une solitude, des faux-semblants. Plus de six mois ont passé. J'ai mis fin à mes rendez-vous avec la psy. Après dix séances, je croyais que tout était réglé, je me pensais guérie. Je ne voulais plus travailler sur moi, c'était assez. Alors j'ai sauté dans le vide. Sans filet, ni attache, ni véritable rémission.

Le jour, je suis une jeune femme rayonnante, serviable et positive. Celle qui est aimée de tous, qui bûche des heures sans compter, qui sourit avec sa voix et qui trouve des solutions aux problèmes des autres. Je suis celle aussi qui n'a toujours pas appris à dire non, à mettre ses limites, ni à se faire respecter.

Je travaille avec le collègue de mon patron depuis quelque temps déjà. Il est désormais aussi mon supérieur et ne se prive pas pour me le faire savoir. Bien que je lui trouve certaines qualités, nous n'avons pas la même connexion et sa façon de me traiter au boulot manque parfois de tact et de respect. Et aujourd'hui, l'atmosphère est lourde au bureau. J'ai l'impression qu'un orage éclatera sous peu. Je ne le sais pas encore, mais les gouttes, ce n'est pas du ciel mais de mes yeux qu'elles tomberont.

Nous tiendrons, dans quelques minutes, une conférence de presse afin d'annoncer la programmation d'un festival qui aura lieu dans un mois. La veille, comme j'étais d'avis que mon supérieur n'était pas prêt à parler devant les caméras, les radios et les journalistes, je lui ai gentiment mentionné qu'il devait absolument prendre connaissance du dossier que je lui avais préparé. Il a refusé, prétextant qu'il maîtrisait le contenu de son propre festival. J'ai tout de même glissé mon document dans sa mallette, au cas où il voudrait le consulter. Il ne reste que quelques secondes avant le début de l'événement et ses yeux n'ont toujours pas scruté mon papier. Les caméras et les micros sont en marche, le silence règne dans la salle, il y a même une équipe qui s'est déplacée pour transmettre la conférence en direct. Je prends place près du mur, prête à épier les réactions des journalistes afin de trouver un quelconque signe d'engouement que je pourrai rapporter à mon patron par la suite. J'éprouve une grande fierté de prendre part à cet événement que j'ai organisé. J'ai communiqué avec chacun des invités, je leur ai préparé des dossiers personnalisés, je les ai tous accueillis à leur arrivée.

Silence. Mon patron commence la conférence. Alors qu'il s'apprête à annoncer les points forts du festival, les nouveautés et les moments clés, il se fige et se met à chercher bruyamment dans les papiers posés en face de lui. «Tête de linotte», l'entends-je dire.

— Elle ne m'a pas apporté les bons dossiers, lance-t-il en maugréant.

Plusieurs visages se tournent vers moi, d'autres se cachent derrière leurs notes.

Puis il reprend la parole en s'excusant de mon manque de compétence.

— Elle est nouvelle, que voulez-vous? ajoute-t-il en riant.

Je suis humiliée. Il m'a démolie et dénigrée devant tous ces gens qui, jusque-là, me vouaient un respect malgré mon jeune âge, grâce à mon travail minutieux, à ma promptitude à les rappeler, à ma gentillesse et à mon professionnalisme. Comment ose-t-il? J'ai pourtant insisté pour qu'il se prépare davantage et qu'il garde mes notes près de lui. Le rouge aux joues, je l'observe se sortir du pétrin alors qu'il reprend son sang-froid et finit la conférence comme il le peut. Je me fais toute petite, près du mur, attendant que ce moment passe. Chaque seconde me paraît des heures. Et plus l'aiguille tourne, plus la boule d'émotion grossit dans ma gorge. Je la ravale du mieux que je peux. Je sais mon patron parfois malcommode dans ses commentaires à mon égard. Il aime bien me reprocher des erreurs que j'aurais pu facilement éviter s'il m'avait donné l'information nécessaire au préalable. Il me demande aussi de lui apporter son café le matin et me fait sentir la hiérarchie qu'il a fortement installée depuis que je bosse pour lui. Il a l'habitude de me faire travailler dur et de me garder au boulot après la fermeture, mais jamais il ne m'a insultée de cette façon. Et jusqu'ici, ces petits inconforts ne méritaient pas que je quitte mon emploi, à plus forte raison que les moments de gentillesse pesaient dans la balance. D'autant plus que je ne peux m'imaginer quitter mon autre patron, que j'adore.

La conférence est finalement terminée et il passe aux entrevues personnelles qu'il accorde à différents médias. Je suis dispensée de me rendre dans cette salle étouffante, alors je franchis rapidement la porte pour qu'il sorte de ma vue, et je me charge de saluer les convives qui quittent les lieux pour retourner au boulot afin de rédiger leur papier. Je tremble à l'intérieur, gênée et démolie, mais je reste professionnelle, gardant une attitude joviale et positive malgré la boule qui grandit toujours dans ma gorge. Une animatrice de radio avec laquelle j'ai échangé plusieurs fois s'approche de moi. Dans le creux de l'oreille, elle me dit qu'elle n'arrive pas à croire qu'il me traite ainsi, mais, surtout, de ne pas m'en faire. Ses collègues et elle connaissent bien mon patron, et sa réputation le précède. Il n'est pas méchant, juste nerveux, anxieux et éparpillé. Je sais, je le sais bien. La gentillesse de cette dame fait émerger mes larmes, que je ne retiens plus. Je n'ai pas encore acquis les outils nécessaires pour répliquer à mon supérieur ni eu le temps de fleurir à nouveau pour rétablir les épines cassées du passé. Je commence à peine à me relever et, aujourd'hui, cet homme m'achève. Je me faufile jusqu'à la salle de bain de l'hôtel et laisse se déverser mes larmes. Une peine immense me gagne. Une peine que je crains incontrôlable. Je me concentre donc sur ma respiration en inspirant l'air dans mes poumons, dix secondes, je le retiens, cinq secondes, et je souffle, dix secondes. Je compte ainsi pendant de longues minutes, essayant de me calmer, car je sais qu'une crise de panique est à ma portée. Je me hais de ne pas avoir répondu sur-le-champ. J'essaie de faire taire cette violence verbale que je m'inflige. Que lui aurais-je dit pendant qu'il était en direct à la télévision ? De ne pas me parler ainsi ? De me respecter ? De se taire ? J'aurais alors créé un plus grand malaise et j'aurais risqué de perdre cet emploi que j'adore. Oui, j'aurais dû. Car je sais maintenant qu'aucune *job*, aucune amitié, aucune relation ne mérite d'être intoxiquée par quelque manque de respect que ce soit. La peur de perdre nous limite tant… mais on peut tout perdre, sauf le respect qu'on a envers soi-même.

Mon patron termine ses entrevues et me rejoint, fier de lui, de nous, sans faire aucune référence à ses répliques destructrices.

— Beau boulot, me lance-t-il.

J'ose alors. J'ai l'audace de lui demander de retirer ses paroles, qui m'ont immensément blessée.

— Quelles paroles ? demande-t-il.

Alors je laisse tomber. Je n'ai pas les mots ni la force pour me défendre. Me défendre… ça non plus, je n'ai pas encore appris à le faire.

Réparer la vivante

Le printemps est à nos portes. Je suis un mur de glace. Inatteignable. Infranchissable. Paradoxale et contradictoire. M est mort en même temps que moi. Alors que je cherche à renaître, sans le savoir, je me tue à petit feu.

La mutilation et l'autodestruction dans une poche, l'espoir de retrouver la lumière et la normalité dans l'autre, je reprends contact avec une ancienne amie. Celle qui détestait M. Celle qui voyait clair. Celle qui a souffert de mon absence et qui se réjouit à l'idée de me revoir enfin.

Catherine, c'est ma copine complice qui a tenté à maintes reprises de me faire entendre raison à mes débuts avec M, mais que j'ai reniée et délaissée par amour pour lui. Il m'avait fait croire qu'elle ne m'aimait pas réellement et que sa jalousie envers moi était maladive. Il m'avait rentré dans l'esprit que Catherine voulait mettre le grappin sur lui. Ma tête était un chaos à cette époque. Comment ai-je pu le considérer, l'écouter, m'isoler et me voiler le regard à ce point ? Je ferme les yeux et essaie de me répéter d'être douce envers moi-même, mais mon seul désir en ce moment est d'oublier. De planer haut, loin, de fuir cette culpabilité, ce mal, cette solitude et cette souffrance uniques qui me poignardent constamment.

Un abusé devient souvent abuseur. Abuser de moi est désormais une route que je fréquente.

Catherine et moi nous préparons pour une soirée dans un appartement privé. J'ai un regain d'énergie, et le sourire emprunté que je plaque continuellement sur mon visage couvre les affres qui me poursuivent. Je sais qu'il est impossible que M se trouve à cette fête. Je me suis chargée de faire toutes les vérifications au préalable, d'autant plus que les messages qu'il laisse sur mon téléavertisseur s'espacent. Dieu merci, je commençais à me lasser de sa persévérance. Pourtant, je marcherai toujours avec une oreille tendue, à l'affût, sur le qui-vive, prête à l'attaque si celle-ci se présente.

Catherine fréquente un mec qu'elle a rencontré par l'entremise d'une de ses connaissances. Un Latino qui travaille derrière les bars de la populaire rue Crescent. Elle meurt d'envie de me le présenter ce soir et, moi, je meurs d'envie d'échapper à ma vie qui m'étouffe, à mes parents toujours sur leurs gardes, à ma chambre dans la maison familiale qui est trop petite pour mon besoin d'intimité et à mon boulot qui est désormais routinier. Je suis fatiguée de répéter à tout le monde que je suis guérie…

Laissez-moi voler de mes propres ailes.

Les Latinos ne fréquentent pas les Arabes. Les clans ne s'entremêlent pas et ils ne sont pas compatibles. M crachait sur eux comme sur tous ceux qui n'avaient pas comme lieu de naissance son village sablonneux. Hitlérien dans l'âme, il les aurait tous rayés de la terre afin d'être le roi de son peuple unique. J'ose donc, ce soir. J'ose faire volte-face devant les mots de terreur qui me harcèlent lorsque j'enfile mes vêtements, que je brosse mes cheveux ou que je courbe mes cils. Huit mois ont passé depuis la fin du règne de M et ses mots résonnent encore. Ils sont lointains, certes, mais présents. Et quand ils m'assaillent pendant que j'essaie de me rendre jolie, je me frappe au visage à l'aide du revers de ma brosse à cheveux et je hurle à la voix d'arrêter ce mépris. Je me fais violence afin de stopper ces pensées aliénantes.

J'ai repris un peu de poids et mes fesses sont bombées dans mon jean ajusté. Je passe sur mon corps un *top* moulant, tout juste assez échancré pour que les regards s'attardent sur ma poitrine. Je défie ainsi la voix. Celle qui ne m'aime pas. Celle qui me méprise. Celle qui me martyrise. Sur mes lèvres, je pose une teinte un peu plus foncée que ma pigmentation et j'applique un crayon noir autour de mes yeux. Je maquille la pute en moi. *Kahba*. La naufragée, la rescapée. Celle qui fuit doucement dans l'obscurité. Pour réparer la vivante, à ma manière.

La soirée est froide et Catherine s'empresse de prendre place sur la banquette arrière du taxi qui vient nous chercher à l'appartement où elle loge avec ses parents. Je reste figée quelques secondes sur le trottoir avant de me faufiler à ses côtés. L'homme conduisant la voiture me fait étrangement penser à papa M. Alors que le taxi s'engage sur le boulevard, j'observe le chauffeur par le rétroviseur. Mes épaules sont crispées et mon souffle est court.

Ce n'est pas papa M, idiote. Il ne lui ressemble pas du tout, ce n'est que ton imagination qui truque la réalité.

Avec mon arabe approximatif, je le questionne sur son pays d'origine. Le chauffeur est surpris de mon accent emprunté à cette région méconnue de l'Afrique où il a lui-même grandi, mais dont il est parti depuis des lustres. Il habite désormais au Québec, son pays d'adoption, qu'il aime autant qu'il le déteste. Je me fais un plaisir à répondre de façon évasive à ses questionnements sous l'œil ébahi de Catherine. Mon arabe ne m'a pas quittée, contrairement au rituel de la prière qui a fini par me déserter, car il était trop exigeant et de plus en plus loin de moi, et près de M. Pas complètement par contre. Je récite encore une sourate. Une seule et unique prière qui calme mes angoisses et m'apaise le soir, alors que je dois fermer les yeux et retrouver la terreur des cauchemars qui m'accaparent.

Nous arrivons à destination et je sors un billet que je tends au chauffeur, qui refuse que je paie la course.

— En espérant qu'Allah vous protégera, me dit-il. Puis-je avoir votre nom ?

— Sophie… je m'appelle Sophie.

Je sors en claquant la portière, le visage d'une autre calqué sur le mien.

FUIR LA PESANTEUR

Il y a déjà plusieurs convives dans l'appartement du Quartier latin de Montréal. Catherine s'élance vers son copain, me traînant par la main. C'est la toute première fois que je me retrouve avec des inconnus, dans une fête où la musique latine fait rouler les hanches des demoiselles et où les jambes s'entrecroisent dans des mouvements de bassin explicites. Je ne me sens pas bien. Je ne suis ni à ma place ni à la hauteur parmi ces jeunes de mon âge, insouciants et fiers, qui ont vieilli autrement depuis les dernières années. Je longe les murs, la tête basse, fuyant les regards. Je suis timide et j'ai envie de rebrousser chemin.

Je salue rapidement le copain de Catherine et me dirige vers le buffet où des *drinks* sont à notre disposition ainsi que de la nourriture typique de leur coin de pays. J'ai besoin de m'enivrer afin de faire passer mon malaise. Dos au mur, près de la table, je scrute les invités, un verre de blanc à la main, que j'enfile d'un trait, puis un autre que j'ingurgite tout aussi rapidement. Je ne reconnais personne. Mes épaules se relâchent et je respire un peu mieux. Un rictus de dédain sur mon visage, j'observe les danseurs se trémousser. Je les envie et les déteste à la fois. Catherine s'approche de moi.

— Suis-moi, me dit-elle.

Je quitte le pan du mur et nous gravissons l'escalier jusqu'à l'étage du haut. Mon amie m'entraîne jusqu'à la salle de bain et, alors que je referme la porte, une main repousse celle-ci. C'est celle de son copain, qui se faufile précipitamment dans l'embrasure et enclenche le loquet derrière lui. Ses yeux brillent de malice. Mon cœur fait un bond. Je ne supporte pas de me retrouver dans un endroit clos, avec le sentiment d'être prise au piège sans savoir ce qui se trame. De plus, la salle de bain est minuscule et les murs foncés me rappellent celle du sous-sol où j'ai failli mourir. Que me veulent-ils ? Pourquoi m'avoir traînée ici ? Je me retourne brusquement vers Catherine afin de la questionner, mais elle s'affaire déjà, à ma grande stupéfaction, à étaler de la poudre blanche sur le bord du lavabo. Son copain se faufile jusqu'à elle et prend le relais. Alors qu'il divise en quelques lignes fines le contenu du sac transparent, j'interroge mon amie, sentant que ma respiration s'accélère. Catherine me jette un regard complice et me tend farouchement un billet de banque.

— Tu te sentiras mieux, me dit-elle.

Cette drogue, je ne l'ai jamais touchée même si elle a fait, par ricochet, partie de ma vie, alors que, pendant que j'étais couchée dans mon appartement, M et ses abrutis d'amis la réchauffaient pour l'inhaler et délirer. Je m'en tenais loin. Je n'ai jamais risqué d'annihiler mon corps de peur d'être déchiquetée pendant mon vol plané. Aujourd'hui, je veux fuir cette peau trop lourde qui m'invalide. Je veux danser sans songer à mon passé et me libérer.

Ne voulant pas être mise à l'écart, désirant plus que tout retrouver ma jeunesse et me mêler à ceux qui devraient me ressembler, sans réfléchir, j'attrape le billet, me penche sur le comptoir de la salle de bain et, comme dans les films, j'inspire la cocaïne d'un coup sec. Mon nez brûle, un frisson me parcourt les avant-bras et un goût de pétrole remplit ma gorge. Ma tête tombe vers l'arrière et je pince mon nez, qui pique intensément. Je ne laisse pas transparaître mon manque d'expérience dans le domaine et, sans broncher, je tends le billet au prochain. Catherine et son copain s'enfilent chacun deux lignes de cette poussière blanche comme si cette habitude leur était familière, et c'est de nouveau mon tour. J'inspire la dernière portion et nous sortons des toilettes, euphoriques. Mes mains sont légèrement engourdies et une excitation grimpe en moi. Mon cœur bat rapidement. Je tremble un peu et ma mâchoire se serre, faisant ainsi grincer mes dents.

— Tu te sens mieux ? me questionne Catherine.

Ça va… Tout finit par aller. Accompagnée de ma complice, je me dirige vers le buffet et je me sers un autre grand verre de vin. Cette poudre cristalline me donne l'impression d'une confiance en moi que je n'avais pas ressentie depuis… depuis mes dix-huit ans. Et j'ai soif tout à coup. Soif de blesser, de séduire, de me détruire.

Un jeune homme s'approche de nous et la conversation s'entame beaucoup trop intensément pour un regard extérieur. L'effet de la poudre blanche me donne une verve illimitée. Je visse mes yeux de louve dans les siens. Le poison de la séduction coule en moi. Je veux qu'il tombe sous mon charme. Je le soupçonne d'être à peine plus âgé que moi. Il semble si doux et son sourire est franc. J'ai envie de danser. Mon décolleté bien à l'avant-plan, je l'entraîne dans le salon et me mets à me trémousser lascivement, comme je sais si bien le faire. Sans mots me martelant l'esprit, je suis libre enfin de danser, de tournoyer, de virevolter au rythme de cette drogue du plaisir qui me fait oublier qui je suis, le corps engourdi et l'ivresse enivrant mon sang. C'est la première soirée d'une longue série. Une chute nécessaire et des palpitations qui ne me quitteront plus jamais lorsque le soleil se lève.

Aspirée par
un trou noir

Je me réveille avec un mal de tête lancinant, couchée entre Catherine et son copain, dans une chambre que je ne connais pas. Où suis-je? Des draps font office de rideaux et la lumière passe allègrement au travers de ceux-ci, me faisant plisser des yeux. La clarté de ce dimanche après-midi est trop vive pour l'état léthargique dans lequel je me trouve. Deux loques humaines ronflent à mes côtés et c'est en catimini que je me lève pour me diriger vers la salle de bain. Je baisse le regard sur mes vêtements fripés et retrouve mes bottes au pied du lit. J'aurais bien troqué mes talons hauts contre des espadrilles et mon décolleté pour un doux cachemire enveloppant. Je ne sais pas si j'ai dormi vraiment… Les battements de mon cœur ainsi que les fortes palpitations m'ont gardée longtemps éveillée. J'aurais dû prendre un somnifère comme me l'a proposé Catherine, mais il m'est désormais impossible d'ingurgiter des médicaments. Je vomis automatiquement. Le corps a de la mémoire… le mien se souvient du jour où j'ai voulu l'enterrer.

J'enjambe un vivant, qui gît sur le dos au centre du corridor. Si ce n'était son ronflement, j'aurais cru qu'il avait délaissé sa vie. Dans le miroir, je me reconnais à peine. Mon mascara a coulé et mes cheveux sont ébouriffés. J'ai la bouche sèche et le ventre vide. J'ai peine à me souvenir de la fin de la soirée. Je ne veux plus être ici. Je me dégoûte. Je ne veux pas vivre chez mes parents non plus, mais je dois rentrer à la maison et reprendre des forces avant le boulot, demain matin. Sans réveiller Catherine, j'attrape mon manteau et je sors de l'appartement. La pluie de mars me fouette le visage. Je hèle un taxi qui me dépose au logement de ma copine, là où ma voiture est demeurée la veille. Je prends place derrière le volant et démarre le moteur. Il fait si froid. J'ai le vertige, je suis affamée, je ressens un vide et une peine immense. Comme si un trou noir, sans fin, tourbillonnant sur lui-même, aspirant tout au passage, avait volé la place de mon cœur. Je veux une chambre et des draps propres, je veux me blottir dans un coin jusqu'à demain.

La route vers mes montagnes est longue, je n'y arriverai pas.

Heureusement, je me rappelle que, dans ma poche de jean, il reste un peu de cette poudre magique qui me redonnera l'énergie nécessaire pour me rendre à destination. Je n'en ai aucune envie, mais je n'ai pas d'autre option. À l'aide de la clé de la voiture, j'inhale ce qu'il reste et je quitte Montréal, laissant derrière un goût amer et la nuit d'hier.

ADIEU M

Sur mon téléavertisseur gît un message. C'est ma chance ultime. Vendredi, M quitte le pays et il souhaite me revoir, pour une dernière fois, avant son fatal départ. Un long soupir s'échappe de ma bouche et mes épaules s'affaissent. Il m'abandonne enfin. Je détache mon masque et laisse s'évader mes larmes. Mon mur de glace est lourd à porter. Je pleure longuement, accrochée à la rampe d'escalier. Adieu.

Adieu M et ton amour malsain.

Adieu M et ta terreur abominable.

Adieu M et tes sautes d'humeur.

Adieu à l'homme que j'ai aimé.

Adieu à celui qui m'a violée.

Adieu à ta grâce et à ta complexité.

Adieu à ta folie et à ton mépris.

Adieu à ta torture pathologique.

Adieu à tes mots aussi doux que sadiques.

Et à ceux qui m'ont fait périr…

Adieu à tes poings et à ta colère.

Adieu à ma peur de te croiser.

Adieu à ton paradoxe, à ton ombre et à ta lumière.

Adieu mon démon… Abandonne-moi pour de bon.

Je ferme les yeux et inhale un grand coup. Je relève la tête et fixe loin devant. Mon armure en place, je me jure que plus jamais personne n'aura accès à ma vulnérabilité. Je compose le numéro de ma compagnie de téléphone et je ferme le dossier. Mon téléavertisseur brûle dans le feu de foyer.

JE NE SUIS QU'UN GLACIER DANS L'IMMENSITÉ

La semaine, je me tiens tranquille et je m'applique au boulot. Je rayonne, je suis aimée de tous, je travaille sans compter les heures et j'adore ce que je fais. Je ne troquerais pas ma place contre tout l'or du monde. L'un de mes patrons est véritablement comme un deuxième père pour moi. Un sincère, cette fois. Sans trahison ni malaise. Il me louange et m'aide à reprendre confiance en moi. Je suis son bras droit. Je l'accompagne dans les premières et il me fait rencontrer une multitude de gens influents dans le métier. Je suis son petit rayon de soleil, me dit-il. Je m'efforce d'être à la hauteur de ce qu'il pense de moi, une mascarade lumineuse accrochée à mes joues. Je lui raconte les légers malaises que j'éprouve parfois face à son collègue. « Il est comme ça, me confie mon patron, tiens-lui tête et il se calmera. » Je ne sais pas encore comment faire... Mon estime de moi n'a toujours pas ressurgi.

Puis le vendredi soir arrive, en même temps que les palpitations. Je m'échappe alors dans mon nouveau lieu de prédilection. Un bar où je suis accueillie comme une reine. Je connais désormais le barman et le proprio, et je suis protégée par le *dealer* qui fait partie du stratagème installé dans cette boîte de nuit. Le fait d'avoir un vendeur sur place attire les jeunes et fait rouler la clientèle qui afflue le week-end.

Mon salaire est bien investi, car, lorsque je plane, plus rien ne m'atteint. Catherine, qui n'a jamais un rond, profite allègrement de mon labeur, mais me promet que ce sera son tour quand elle aura un boulot. Je n'ai pas encore appris à dire non. J'ai toujours l'idée que, pour être aimée, je dois offrir quelque chose en retour, et mon amie, j'ai besoin qu'elle m'aime. Des séquelles qui me suivront long-temps. Malgré le malaise ressenti, je continue à partager mon avoir avec Catherine, car si au début de leur relation son copain lui offrait la poudre magique, désormais, il lui faut l'acheter. De plus, consommer seule n'a pas la même saveur.

Les hommes, eux, je les tiens loin de mon cœur, mais près de mes griffes. Je ne veux pas les aimer. Je veux qu'ils paient pour toute la violence dont j'ai souffert. Je m'amuse à leurs dépens et j'adore user de mon pouvoir de séduction pour les faire tomber amoureux de moi, puis les jeter lorsque j'ai fini de me distraire. Mais rares sont les fois où je laisse quelqu'un dénuder mon corps. Par contre, ce soir, il y a cet homme que je trouve séduisant. C'est le cousin d'un ami de Catherine. Il est magnifique avec ses yeux bleus perçants, sa chevelure châ-taine et ses épaules larges. Il est petit, mais son allure désinvolte me plaît. Je suis persuadée qu'il ne tardera pas à m'aborder. Je suis accoudée au bar, m'amusant à compter les secondes avant qu'il s'ap-proche pour m'offrir un verre. Cinq, quatre, trois, deux, un. Je sens la présence de son bras près du mien. Il me frôle presque. Zéro palpitation. Aucun frétillement. Je suis un glacier voguant dans l'immensité. Comme je l'ai prévu, l'inconnu me paie un verre et se présente gentiment. Je me lance dans une sérénade de charme, désirant le faire sombrer dans mes filets.

Nous dansons depuis un bon moment déjà. Moi, je flotte dans un monde lucide où je suis éveillée, alerte, grâce à la drogue logeant dans mes artères. Je sens que le jeune homme meurt d'envie de m'embrasser. Alors tranquillement, langoureusement, j'agrippe sa main et l'entraîne dans un coin sombre du bar. Je l'appuie contre le mur et j'approche mes lèvres des siennes pour l'embrasser à pleine bouche. Elle est soyeuse et goûte bon. Je ne laisse pas mon pantin me prendre par la taille et repousse ses bras. Mon bassin se colle au sien et je poursuis mon massacre. Je sais qu'il mangera dans ma main.

Nous terminons la fête chez lui au petit matin. Catherine nous suit avec la bande habituelle. Alors que tous continuent la soirée dans le salon, je commande au jeune homme de m'accompagner dans la chambre, puis je me donne le pouvoir de chevaucher cet inconnu. Un moment digne des geishas les plus expérimentées, pendant lequel j'oublie ma propre satisfaction pour mieux séduire et rendre dépendant mon pantin, sans plaisir, le regard absent et la tête tout autant. Blesser mon corps comme il a été meurtri afin de renaître forte et intouchable. Je ne sens pas sa chair dans la mienne. Je suis de givre malgré ma chaleur transcendante.

Une fois ce moment terminé, j'abandonne mon prétendant comme on jette une ordure et je quitte les lieux, dégoûtée, sale et blessée. Je sais que je ne le rappellerai jamais. Je suis devenue marionnettiste à mon tour. Tenir les ficelles est enivrant et me fait oublier que j'ai mal en dedans. Je n'ai plus peur des hommes si je peux les contrôler, mais je n'en laisse aucun avoir accès à ma vulnérabilité. Aimer n'est plus un mot que je convoite. Et que peut-il m'arriver de pire que d'avoir été prisonnière d'un gourou malsain? Rien. De plus, ces magiciens tordus, je peux à l'avenir les détecter comme un chien repère les malfaiteurs.

D'autant plus que l'ultime ensorceleur a vraisemblablement quitté le pays, du moins c'est ce qu'il me laisse croire. Vais-je retomber dans un gouffre à cause des hommes? Jamais. Si je chute, c'est que je m'y serai lancée moi-même. Le précipice est tout près, il n'attend que moi.

ÉCORCHÉE

J'observe le vide. *Pute. Sale pute.* Armée, je me fissure. La pointe du couteau tourne et virevolte sur ma peau. Elle valse, la marquant de minces filets rouges, aux trousses de la lame. J'aimerais que celle-ci tombe et m'entaille un peu trop. J'appuie plus fort. À la limite du supportable. Puis je ferme les yeux, pour suivre le rythme de la pulsation de ma peau écorchée.

Putain. J'ai toujours su que tu étais une putain, une traînée. Tu as même laissé mes amis te chevaucher. Salope.

Mon pays libre

Cet après-midi, j'ai besoin de faire du ménage, de vider ma penderie des vêtements que je ne porte plus et de me départir de certains objets qui me remémorent M. Je classe dans des boîtes mes écrits, mes journaux intimes, les cassettes remplies de chansons qu'il m'a enregistrées et les lettres qu'il m'a envoyées par télécopieur lors de nos premiers moments. J'enfouis dans un sac-poubelle les vêtements que nous avons achetés ensemble et qu'une autre portera, ce qui me protégera des *flashbacks* qui surgissent et me blessent. Une odeur, une chanson ou une parole peuvent me ramener instantanément en Afrique, dans le sous-sol de l'arrondissement Saint-Laurent ou à ces lunes de miel lorsque, enlaçant M, je protégeais nos rares moments heureux.

Je veux donner le moins de chances possible à ces scènes d'avant de faire surface et de me remémorer d'où je viens. Pourtant, le simple fait de poser mon regard sur mes tibias me rappelle la douleur des coups reçus.

Je descends au sous-sol de la maison familiale, là où un ordinateur est à notre disposition, et j'active mon ancienne boîte de courriels. Les mains tremblantes, je classe dans un dossier caché tous les messages provenant de M, sans les ouvrir, pour ne pas m'infliger ce tourment qu'aurait pu causer ma curiosité. Je ne les effacerai pas, car ils pourraient me servir, m'avait prévenu le détective pervers. Tout en haut de la liste, je constate que j'ai récemment reçu un courriel de la part de Zied. Mon cœur fait un bond. Que me veut-il ? Mon émotion vacille entre le désir d'avoir de ses nouvelles et la peur de lire ce qu'il m'a écrit. L'objet ne m'aiguille guère, car un simple « Bonjour » y figure. Zied, mon tendre sauveur. Je souhaite de tout mon cœur que M ne lui ait pas raconté de bêtises à mon sujet. Après plusieurs minutes d'ambivalence, j'ouvre le message.

C'est ton anniversaire bientôt. Je pense à toi. J'ai eu vent que M est de retour au pays. Certains ragots se sont rendus jusqu'à moi, en France… Je ne les écoute pas. Je t'écris simplement pour te dire que je suis disponible si tu as besoin de moi. Je viendrai te voir bientôt et te tiendrai la main. Tu me manques terriblement.
Zied

Zied. Mon protecteur, mon ange, mon jumeau spirituel. Je n'oublierai jamais sa main tendue alors que j'étais prisonnière du pays du sable. Il est désormais en France… Si près et si loin. Ce que j'aimerais le revoir !

Zied,
Tu me manques terriblement aussi. Ton courriel est un baume de douceur sur ma journée maussade. Merci

d'avoir toujours été présent pour moi et d'avoir été un
fidèle ami. N'écoute pas les ragots, non. Tu sais bien
qu'ils sont faux. Viens me voir quand tu veux.

Un vigoureux vertige m'envahit instantanément.
M a bel et bien quitté le pays. Ce courriel me le
confirme totalement. Zied ne me mentirait jamais.

CRAQUÉE
PAR LES SAISONS

Les journées se succèdent et je vieillis. Mai. C'est mon anniversaire aujourd'hui. Celui que je n'ai pas fêté avec ma famille depuis mes dix-huit ans. Alors que j'ouvre les yeux tranquillement, maman, dans son peignoir vert, entre dans ma chambre tout en chantonnant le classique *Joyeux anniversaire* dans sa langue maternelle. Elle tient un plateau sur lequel se trouvent une assiette de crêpes, des cartes de souhaits provenant de la Suède et une bougie sur laquelle danse le feu. Je me sens comme si nous voulions tous retourner là où le temps s'est arrêté et retrouver la routine d'antan. Effacer le passé. Mais mon corps fracassé, ma tête martyrisée et les années de réclusion m'ont changée. Rien ne sera plus jamais comme avant. *Je suis désolée, maman...*

À la maison, la joie se fait rare sur mon visage. Mes yeux sont tristes constamment et mon énergie vole bas. Ici, dans mon nid, je laisse tomber le masque ainsi que le sourire plaqué sur ma figure. Je survis. Ma réhabilitation est tordue. Mes crises d'angoisse et de panique, mon automutilation cachée, ma déchéance secrète et mon état qui me fait chavirer des pleurs à la colère perturbent les miens. *Je suis désolée, maman. Mes ailes repousse-ront peut-être un jour. En ce moment, elles demeurent déplumées.*

Pourtant, en regardant ma maman glisser vers moi avec sa douceur, un sourire s'esquisse sur mon visage. Un vrai. Tendre, aimant, reconnaissant. Une larme jaillit sur ma joue. C'est ma maman à moi, qui s'accroche à ses traditions pour me montrer que tout est normal. Ma maman qui ne connaît pas la profondeur de mes cicatrices, mais qui constate ma douleur et qui se brise de l'intérieur lorsqu'elle me voit souffrir. Ma maman, qui a vu des rides se creuser sous ses yeux en raison des nuits passées sans dormir à cause de moi. Ma maman, qui s'efforce de garder en place la muraille entourant notre château fort.

Je l'observe alors que la chandelle éclaire son visage autrement, comme si son aura était visible à mes yeux. Ce qu'elle est belle ! Son amour transcende. Dire que j'ai logé dans son ventre… Jamais je ne me pardonnerai de lui avoir fait du mal, elle qui m'a donné la vie. Je n'aurai jamais d'enfant. Je me le suis juré malgré la difficulté que j'aurai à tenir cette promesse. Je ne survivrais pas au fait d'être prise en otage… Un corps étranger ne pourra plus jamais prendre possession de ma chair balafrée.

Maman s'assoit à mes côtés. Sa paume craquée par les saisons me caresse le visage. Ses yeux doux se posent dans les miens. « Bon anniversaire », me dit-elle en étouffant une émotion qu'elle cache à peine.

Je l'enlace tendrement, puis, en silence, je colle ma tête près de son cœur. *Maman. J'essaierai de ne plus te tenir loin.* Je me jette sur les crêpes les plus délicieuses du monde et, sentant l'excitation grimper en moi, comme auparavant, je déchire les enveloppes cachetées et je dévore les mots qui me sont destinés. L'amour de maman a l'effet escompté. Sa lumière combat ma noirceur.

LE VIDE REMPLI D'AMOUR

Victoria, ma sœur aînée, est à la maison aussi. Alors que je termine de me préparer, elle me demande, à ma grande surprise, de l'accompagner faire du lèche-vitrines. J'acquiesce d'emblée, heureuse de cette sollicitation inattendue et de cette occasion de renouer avec mon aînée. Je n'ai eu que des prises de bec avec elle depuis mon retour à la maison. Je comprends qu'elle m'en veut terriblement d'être repartie au printemps ; elle s'est sentie coupable de mon sort alors que, par ma faute, elle m'a reconduite vers les mains du diable. Je sais aussi que mes états d'âme chancelants sont difficiles à suivre. Mais ma sœur semble vouloir faire une trêve et je compte bien en profiter.

Nous dévalons la montagne, en route vers le centre commercial. Victoria conduit alors que je laisse mes yeux capter la beauté du paysage. En mai, la nature semble complice de ma renaissance. Tout s'éveille : les plantes reprennent leur pouvoir, les arbres fruitiers bourgeonnent. Mon coin de pays est vivant et, aujourd'hui, je le suis aussi.

Ma grande sœur entame la discussion, légèrement et facilement. Puis elle enchaîne les blagues les unes après les autres, usant de jeux de mots que seules elle et moi comprenons. J'éclate de rire. Elle m'observe du coin de l'œil alors que, nonchalamment, de la malice dans le regard, elle lance le nom du chien des voisins, ce qui me fait crouler de rire. Je me souviens de ce pauvre animal touffu qui était la risée du quartier à cause de son nom farfelu. Nous avions inventé une comptine ridicule à son sujet et elle ne se gêne pas pour me la réciter. Puis elle continue sur sa lancée en chantant du Kashtin, à notre manière, alors qu'enfants nous avions revisité chacune des paroles afin de leur donner une connotation québécoise. Elle se souvient de tout, dans les moindres détails. Je me joins à elle et nous y allons de notre version d'un succès de ce groupe que mon père adorait.

J'éclate à nouveau. Je ris à me tordre en deux. Je n'ai pas ri ainsi depuis plus de deux ans. Les larmes coulent abondamment, mais, cette fois, ce sont des pleurs dus à une joie immense qui parcourent mon visage.

Aujourd'hui est une bonne journée.

Nous passons quelques heures dans les magasins à essayer des vêtements. D'ailleurs, pour mon anniversaire, Victoria m'offre de me choisir un morceau qui me fera plaisir. Un cadeau… Sa proposition me touche énormément. J'opte pour un chandail avec un col en V, ajusté, simple et efficace. Il est blanc. Blanc comme l'énergie qui m'entoure en ce moment.

Nous rentrons tranquillement à la maison avec nos paquets, juste à temps pour le lunch, comme maman nous l'a demandé. Il fait chaud et, dès les premiers rayons lumineux, maman s'organise afin que nous mangions à l'extérieur dans la grande cour arrière. Nous passons donc par le côté de la maison, moi devant et Victoria derrière.

Nous tournons le coin et je m'arrête sec. Des gens… Des gens tous tournés vers moi me regardent, un verre à la main levé dans les airs, hurlant un mot que je n'entends pas. Je recule de deux pas, la main sur le cœur et le souffle coupé, sous le choc. Ébahie, je vois ces gens rigoler et applaudir. Un chapiteau est érigé au milieu de la cour, tout près de la piscine.

Je m'avance finalement au centre de la mêlée et j'observe les invités, un à un. Ils se rapprochent autour de moi pour me souhaiter un bon anniversaire. Ils sont tous là. Les personnes auxquelles je tiens le plus sur cette terre. Même mon parrain, sa femme et ses enfants que je n'ai pas vus depuis des années sont présents. Ma *gang* de *boys* du secondaire : Simon, Antoine, François et Charles, mon filleul, mes oncles et mes tantes, mes cousins et mes cousines, mon amie Catherine. Mais Martine n'y est pas… elle est toujours à Cuba, enfin, je crois. Mon patron que j'aime énormément est dans ma cour accompagné de son épouse, que je rencontre pour la première fois. Il doit y avoir une vingtaine d'invités.

Qui a orchestré tout cela ? Que me vaut cet honneur ? J'ai une fête surprise, moi ? Jamais je n'aurais cru cela possible. D'ailleurs, l'effet est totalement réussi. Je suis heureuse, éblouie, stupéfaite et ravie. Mon authentique sourire ne me quitte pas. Mon papa s'approche de moi et m'embrasse sur les deux joues avant de m'enlacer longuement.

— Pour tous les anniversaires que nous avons manqués, me chuchote-t-il tendrement à l'oreille.

Je me fonds dans son regard. *Merci, papa…*

Il y a de la nourriture en abondance, Simon s'occupe de la musique et le barbecue est en marche. Maman me sert un verre de vin et, sous la demande pressante de mes amis, je dois faire un discours… Un brin gênée, je me plie à leur requête et brandis mon verre vers le ciel en remerciant tout un chacun de cette surprise vraiment… surprenante.

— À ton retour de voyage ! clame François, tout en me faisant un *tchin* et en m'entourant de son bras.

Mon retour de voyage, effectivement… Si seulement ils savaient quel genre de voyage ce fut. Personne ne sait. Ils se doutent peut-être que je vis une rupture difficile, mais les détails demeurent bien gardés dans mon jardin secret et mes parents n'ont pas ébruité le peu qu'ils connaissent de mes années ardues. Par pudeur et par respect pour moi, j'imagine. Je suis donc « normale » aux yeux de tous, ce qui me permet de respirer mieux et de ne pas me sentir humiliée. L'humiliation demeurera ma plus grande blessure.

La soirée se poursuit sur des notes cocasses. Mes amis artistes dans l'âme m'ont préparé un spectacle loufoque. J'avais oublié à quel point je suis aimée de ma *gang* de vrais, d'inconditionnels, d'inséparables amis. Ils m'ont tant manqué. Antoine, Charles et François sortent des buissons habillés en Télétubbies : ils portent un imperméable jaune à capuchon et leurs oreilles sont mises bien en évidence par une corde contournant ces dernières.

Mes yeux s'arrondissent de stupéfaction et j'éclate de rire. Ces trois jeunes hommes, beaux comme des dieux grecs, se font aller dans une danse rythmée qu'ils ont chorégraphiée hier soir, me glisse Simon à l'oreille avec fierté et ruse. Ils sont ridiculement drôles. Pour la finale, ils décident de former une pyramide humaine qui menace de s'écrouler. Sous les applaudissements, mes trois amis tirent leur révérence, ne pouvant s'empêcher d'être fiers de leur coup.

Je suis sans mots. Spectatrice d'autant d'amour, je retiens ma lèvre de trembler. Il y a longtemps que je n'ai pas ressenti une joie si profonde. J'avais oublié à quel point c'est bon de se sentir libre d'aimer, de rire et d'être entourée. Nous avons fêté jusque tard et, une fois les derniers invités partis, j'ai aidé mes parents à ramasser les restants du buffet, à ranger les chaises et à nettoyer la table.

Nous nous sommes ensuite assis dehors, une couverture sur les épaules, et nous avons observé les étoiles en famille. L'infini m'a toujours obsédée. Petite, je questionnais mon père à ce sujet.

— Qu'y a-t-il après l'infini, papa ?

— Rien.

— Oui, mais c'est quoi, rien ?

— Rien, c'est soit le néant, soit peu de chose, soit quelque chose…

Et nous pouvions laisser libre cours à notre imaginaire pendant des heures.

Cette nuit, au coucher, j'ai fait le vide dans ma tête et je me suis connectée à ce rien que je perçois dans le ciel. Puis j'ai dormi sans me réveiller, apaisée par cet infini gigantesque.

SANS FAUX PAS
NI DÉFAITE

Comme cadeau, je m'offre de renouer avec mon agente d'artistes, celle qui me représentait à ce moment-là. Nous avons rendez-vous à l'heure du midi aujourd'hui et c'est fébrilement que je cogne à la porte de son bureau de Laval. Elle m'accueille les bras ouverts. Elle m'enlace longuement. Je suis sa protégée depuis mes onze ans et elle savait que je reviendrais, me dit-elle. Elle n'a jamais perdu espoir. Suzanne est une des seules ne faisant pas partie de ma famille immédiate à avoir été informée de ma disparition et de la ténacité de mes parents à vouloir me retrouver. Elle ne m'en veut pas de l'avoir abandonnée, mais me fait promettre de ne plus jamais faire faux bond à une audition. D'ailleurs, elle ne sait pas comment reconquérir ma place auprès de la directrice de *casting* devant laquelle je ne me suis jamais présentée l'année dernière.

— Il y a peu d'appelés dans ce métier et, pour l'instant, je suis probablement rayée de la liste de cette directrice réputée dans l'industrie, m'annonce Suzanne.

J'ai honte. Comment expliquer l'inexplicable ? Comment faire comprendre à mon entourage que ce sont les stratagèmes de M qui m'ont amenée à m'oublier ? Je suis moi-même incertaine de saisir comment il est parvenu à m'écraser à ce point. *Idiote. Nullité. Boulet.* Il m'a tout enlevé, même ça : ma carrière, ma passion, ma chance de réussir mes auditions dans les grandes écoles. Il a tout saboté. Je le déteste, je le méprise. Je tremble de haine pour lui. L'amour a totalement disparu. Je ne porte que regret et amertume.

Même si M a fui le pays, je ne respire pas mieux. Une hargne grandit à l'intérieur de moi, et la seule et unique chose qui me fait réellement vibrer est le désir de jouer. Jouer un personnage et, à travers lui, laisser libre cours à mes émotions. C'est primordial et nécessaire à ma survie. Je bous à l'intérieur de mon corps. Sans cela, je sais ma descente aux enfers imminente. Heureusement, mon agente m'a attendue et mon portrait figure toujours sur son site. Je n'ai pas à retourner à la case départ, d'autant plus que se trouver un agent n'est pas chose facile dans le milieu. Elle me conseille de rafraîchir mon jeu et de suivre quelques cours pour me délier un peu. D'ailleurs, il y a une possibilité d'audition pour laquelle elle aimerait me proposer et elle attendait de me voir aujourd'hui afin de sentir mon enthousiasme et de vérifier par elle-même ma capacité à reprendre le travail.

— Es-tu prête ? me demande-t-elle. Sans faux pas ni défaite ?

J'acquiesce fermement. Je n'ai jamais été aussi prête. Le film en question devrait être tourné en septembre prochain. *Elles étaient cinq.* Quel titre fabuleux ! Une chair de poule chatouille ma peau.

Il y a déjà eu deux séries d'auditions, mais quatre des cinq personnages principaux n'ont toujours pas été trouvés. Un troisième *casting* sera donc planifié d'ici quelques semaines. Mon agente n'a aucun scénario, aucun texte d'audition, mais elle me tend la fiche explicative. Alors que mes yeux se posent sur le synopsis, mon cœur se met à battre de plus en plus rapidement. Un spasme me fait frémir.

Il n'y a pas de texte attaché au document, mais je m'attarde sur la description des personnages. Celui d'Isa plus particulièrement.

«Isa a dix-sept ans. Tout souriait à cette jeune fille heureuse et confiante. Mannequin, elle devait partir pour New York avec sa copine, mais un événement tragique fera bifurquer son destin. La mort de sa meilleure amie, Sophie. Poignardée, violée.»

Sophie... j'ai toujours voulu m'appeler Sophie.

Je continue ma lecture.

«Isa partira quand même pour les États-Unis, mais elle ne supportera pas la pression et abandonnera ses rêves de gloire. Quand on la retrouve, à trente-deux ans, elle est devenue professeure de judo. Fermée, bardée de murs et en colère. Elle n'est toujours pas remise de la perte de son amie.»

— Ils cherchent une jeune femme pouvant être mannequin et qui est une vraie actrice, me lance Suzanne. Une actrice qui aura assez de profondeur pour nous faire ressentir la fureur et l'immense chagrin d'une Isa adulte.

Ce rôle me colle à la peau. Isa, le volcan tranquille. Je sais que j'ai tous les outils nécessaires pour rendre vivant ce personnage. Ma petite voix me dit que les astres conspirent déjà. J'ai rarement désiré autant quelque chose. Je dois jouer Isa et laisser s'évader le feu qui brûle en moi. Je lève les yeux vers mon agente, qui s'affaire sur son ordinateur, et d'un ton ferme je lui dis:

— Je veux jouer Isa, Suzanne. Je t'en prie, fais tout en ton pouvoir pour me décrocher une audition. Fais bouger des montagnes pour moi, tu ne le regretteras pas.

— OK, me répond-elle, un sourire en coin. Ingrid est de retour ! me lance Suzanne avec complicité, de sa voix rauque et usée.

Nous terminons notre entretien et je quitte son bureau de Laval pour retourner au boulot avec une tout autre énergie. Celle de la détermination, de la fougue et de la rage. Je respire rapidement, les dents serrées et les mains crispées sur le volant. Je roule vers le sud, voyant dans ma tête le visage de M m'interdisant de me rendre à mon audition, me faisant sentir coupable d'exister, comparant mon métier à celui des prostituées. Lui. Mon mari *pimp* sans scrupule. Je veux divorcer. Une voiture klaxonne, ce qui me ramène à la réalité. À cause de mon moment d'évasion, je me trompe de sortie et je me retrouve sur l'autoroute, sur ce chemin que j'évite, car ce dernier me fait passer tout juste à côté de l'appartement fatidique de l'arrondissement Saint-Laurent. Jusqu'à aujourd'hui, j'avais réussi à contourner ce secteur pourtant très fréquenté. Mais aujourd'hui, la vie en décide autrement.

Je ne veux plus de souvenirs. Je ne veux plus de *flashbacks*. Je ne veux pas passer près de cet immeuble de torture. J'appuie sur l'accélérateur. L'aiguille frôle les cent vingt kilomètres à l'heure.

Je continue d'enfoncer la pédale. Cent trente kilomètres à l'heure. Je roule à près de cent cinquante kilomètres à l'heure alors que mon véhicule dépasse le lieu bien visible si je tourne ma tête vers la gauche. La rage au ventre, je poursuis mon accélération. Cent soixante kilomètres à l'heure. Je ne tourne pas ma tête en direction du taudis maudit. Je passe devant comme une flèche, tenant le volant à deux mains et défiant la terre entière de m'arrêter. Les larmes ruissellent abondamment alors que je décélère tranquillement. Un jour… Un jour, il paiera pour sa cruauté.

Escortés par les maux

Je veux divorcer, mais pas au prix de ma vie. Je tiens entre mes mains un document en arabe que je reçois à la maison familiale. Les lettres noires et indéchiffrables sont si belles sur ce papier blanc, mais ce qu'elles cachent est probablement vil et laid. Notre date de mariage y est inscrite en chiffres. Je frémis. Ce document est assurément une demande de divorce provenant de M. En haut, à droite, je peux lire l'adresse de son village. Le même lieu où il m'a passé la bague au doigt. Puis je chancelle lorsque mes yeux se posent à l'endroit où se trouve la signature de M. Une ultime preuve qu'il n'est plus ici, dans mon pays. Il est là-bas, loin de moi, et j'en ai la confirmation sous les yeux. Enfin, il a quitté ma terre… Je ne sais toujours pas comment il est parti du Canada. S'est-il caché clandestinement dans la cale d'un navire, puis a-t-il voyagé pendant des jours entiers sans être découvert ? La seule autre option est l'avion. Et, selon la logique, pour y entrer, il a dû se présenter aux douanes, avec pour conséquence de dévoiler son statut illégal. La déportation a sûrement été son sort, comme pour plusieurs sans-papiers qui se font prendre au piège. Ma vengeance au bord des lèvres, je souhaite secrètement mais ardemment que son honneur ait été entaché et qu'il ait été menotté, questionné et déporté honteusement.

Papa m'accompagne dans un centre linguistique de Montréal afin que nous déchiffrions ce papier infect. La secrétaire nous fait patienter dans un bureau adjacent au sien pour attendre le document en version française que nous devrions recevoir par télécopieur : comme aucun agent parlant arabe n'est disponible aujourd'hui, il a fallu communiquer avec un agent de l'extérieur, qui devrait nous faire parvenir la traduction d'ici quelques minutes.

Je patiente donc, angoissée, agitée et nerveuse, dans le fauteuil. J'ai la manie de me ronger l'intérieur des joues lorsque l'anxiété me gagne dans un endroit public. Les bras croisés et la jambe qui ballotte, je compte les minutes qui passent au compte-gouttes. Papa, lui, fait les cent pas. Son visage se tourne vers le mien et il me sourit tendrement. Nous mettrons fin sous peu au dernier lien qui me rattache à M.

À vingt et un ans, je dois divorcer. Pourquoi n'ai-je pas écouté la voix qui me criait de refuser de l'épouser, pendant que des larmes révélatrices désiraient jaillir de mes yeux, alors que j'étais sur le point de dire oui au Monstre ? *Parce que tu étais sous son joug, petite Ingrid.* L'isolement, la manipulation insidieuse et l'escalade de tension avaient déjà brimé qui tu étais.

Le son annonçant l'arrivée d'une télécopie se fait entendre dans le couloir, ce qui me fait sursauter. J'ai l'habitude de fuir dans mes pensées et de quitter l'instant présent vers un *nowhere*. La secrétaire se dirige vers la machine puis entre dans le bureau. Elle me tend le papier que je prends, tremblotante. Papa s'assoit à mes côtés et j'entame la lecture à voix basse, lentement, afin que chaque mot résonne dans mon esprit.

Grâce à Dieu, À la demande de Monsieur M par l'entremise de son avocat, Me Tlili, et vu que Madame Falaise demeure au Canada, nous nous voyons dans l'obligation de vous envoyer cette lettre recommandée ordonnant à Madame Falaise de se présenter à la cour afin de rencontrer le président du tribunal de la première instance primaire, et ce, le 20 juillet 2003 prochain à 8 h 30. Elle y connaîtra sa sentence.

Le directeur du tribunal et son bureau ont déclaré ceci à la suite de la déposition de Monsieur M :

– Madame Falaise s'est mariée le 25 avril 2001 avec Monsieur M.

– Depuis cette date, Madame Falaise n'a pas pu concevoir d'enfant.

– La relation s'est inévitablement dégradée.

– Madame Falaise a quitté la résidence familiale et a décidé de rentrer dans son pays, le Canada.

– Pour ces raisons, Monsieur M demande de mettre fin à la relation de mariage suivant l'article 3 de la loi et réclame que la fin du mariage soit prononcée en sa faveur suivant la loi 3.1 f. 3. n.

Une claque au visage m'aurait causé moins de mal. Je suis estomaquée par ces mensonges ignobles. Quoi ?! Je dois me rendre en Afrique, sinon le divorce sera accordé en sa faveur ? J'ai quitté son pays parce que je n'arrivais pas à concevoir d'enfant ? Je ravale mon envie de vomir sur le parquet usé du bureau. La lionne en moi rugit devant cet amas de mensonges tout en suffoquant sous l'amoncellement d'horreurs. Il est hors de question qu'il s'en tire ainsi, d'autant plus que jamais je ne remettrai les pieds dans son village natal. Je ne suis ni dupe ni pantin. Le jeu est terminé. Les ficelles sont brûlées.

En détresse, je me tourne vers papa, qui me fait signe d'attendre un instant alors qu'il ferme les yeux pour mieux se contenir et respirer un grand coup. Je regarde ses mains se serrer et ses dents également. Prestement, il prend son téléphone cellulaire, compose le numéro de son avocat, Me Savoie, et lui laisse un message lui demandant de le rappeler aussi vite que possible.

Je suis sans voix devant cet étau de choix qui m'a menée jusqu'ici. Des choix dictés par l'amour... le faux, le fourbe, le vilain.

— Sortons d'ici, me dit papa.

Après avoir payé la traduction, nous quittons le bâtiment, escortés par les maux se creusant une place de plus dans nos cœurs écorchés.

ZIED

É tonnamment, un message est laissé sur le répondeur de la maison. C'est Zied qui me demande
de le rappeler. Malheureusement, papa l'a entendu
avant moi et il est dans tous ses états. Les questions
fusent et je bafouille une explication approximative,
essayant tant bien que mal de justifier cet appel.
Papa est certain que ce coup de fil a pour but de
connaître mes intentions quant à la lettre de divorce.
Je n'y crois pas. Zied a simplement senti mon cœur
battre à tout rompre de l'autre côté de l'océan. Il est
le pendant clair de mon côté obscur. Il est la douceur
incarnée, mon sauveur et l'unique témoin de ce que
j'ai subi là-bas. Il connaît les odeurs, le paysage, les
gens et mon quotidien vécu entre les quatre murs
du studio. J'ai besoin de ne pas perdre ce repère, ce
lien avec ce pays. Mon histoire me définit, du moins
c'est ce que je croyais à l'époque. Zied apaisait mon
M et je sais qu'il m'a toujours aimée secrètement.
Personne ne pourra m'enlever le droit de demeurer
en contact avec lui. Nous avons une fraternité spirituelle intouchable. On me le confirmera plus tard.

Papa ne comprend pas, mais il a les mains liées. Je
suis majeure et incontrôlable. D'ailleurs, quiconque

essaie de me contrôler est injurié sur-le-champ. « Laissez-moi tranquille », ai-je besoin de hurler. Avec les membres de ma famille, je me laisse parfois aller à cette frustration grandissante. Cette rage crépite et veut s'expulser. Ils sont les seuls témoins de ces crises de colère injustifiables suivies de pleurs et d'excuses interminables. Les émotions butent les unes contre les autres dans mon corps fragile et, parfois, je ne me comprends plus.

Je claque la porte de ma chambre et je prends le combiné. Je compose le numéro que Zied m'a laissé. Sa voix. Sa voix basse et feutrée m'apaise alors que j'entends son murmure à l'autre bout du fil. Je n'ai que rarement rencontré quelqu'un d'aussi doux. Je me cache sous les couvertures et colle le combiné à mon oreille afin d'écouter son sourire lointain briller au travers de ses paroles. Ce qu'il est ému d'entendre le timbre de ma voix, m'avoue-t-il. Zied ne veut pas parler de lui et me questionne plutôt sur l'état de mon cœur. Il ne sait rien. Simplement que M et moi ne sommes plus ensemble et que les ragots humiliants à mon égard, il ne les croit pas. Il connaît son frère de lait et, d'ailleurs, Zied a décidé de couper entièrement les ponts avec ce dernier.

Notre conversation ne dure guère longtemps, car le coût de cet appel outre-mer est faramineux. Nous raccrochons en nous promettant de nous écrire par courriel de temps à autre. Zied termine notre entretien en me mentionnant que je resterai toujours son « bébé d'amour ». C'est vrai, il m'avait donné ce surnom quand il avait attrapé ma main au bord d'un lac… Je me souviens de ce jour, alors que

M et moi logions chez Zied pour une de mes nombreuses visites à l'ambassade. Ce dernier m'avait emmenée faire les courses, tactique qu'il utilisait de temps en temps afin de me faire oublier, une mince heure tout au plus, les griffes de M et les éternels quatre murs qui m'emprisonnaient. Nous avions donc fait le marché rapidement, presque à la course, et sur le chemin du retour, à mon grand étonnement, Zied s'était arrêté pour admirer le paysage, le temps que je lui raconte mon désespoir, ma peine et les humiliations constantes que me faisait subir mon Monstre. Je voyais sa compassion dans le fond de ses yeux et sa main s'était glissée dans la mienne. Nous avions continué notre brève escapade, main dans la main, comme des amoureux incognito. J'ai su à ce moment que Zied, du haut de ses seize ans, était amoureux de moi, la femme en devenir de son meilleur ami.

J'aurais dû m'enfuir avec lui à cette époque, mais j'avais jeté mon dévolu sur le diable. J'aimerais redevenir l'insouciante enfant qui ne traîne pas le fardeau d'avoir vécu.

BRISER LE SILENCE

Me Savoie entre dans la salle de conférences. C'est la première fois que je le vois. Il semble pressé quand il prend place en face de papa et de moi. C'est peut-être son hyperactivité due à son poste stressant qui me donne cette impression. Ses mains se posent rapidement sur son ordinateur. Je le scrute du regard. Sa chemise blanche doit valoir une fortune, et son veston, coupé à la perfection, tout autant. Mais alors qu'il baisse ses yeux sur moi, je sens la douceur d'un père qui s'y loge aussi. Sa bienveillance m'émeut. Papa l'a consulté à quelques reprises auparavant, alors que je fuyais ma vie, afin de savoir s'il y avait des lois pour me faire demeurer à la maison. Ma majorité a mis fin à la discussion. « Il n'y a aucun recours possible » a été la réponse de Me Savoie. Il est donc déjà au parfum de l'endroit d'où je viens, ce qui me gêne terriblement. Je n'ai aucune envie d'être ici et de devoir me confier à un inconnu. Mais je dois raconter ma version. Exposer à ma façon les mois de captivité, de blessures, de violence maladive et de trahison. Je dois faire ma déposition et briser ce silence afin de regagner mon pouvoir sur M.

JE VEUX CHUTER

Papa demeure à mes côtés pendant que j'évoque les détails de ces années humiliantes et dégradantes. Dépeindre les brutalités, la sauvagerie et la barbarie violente n'est pas glorifiant. Je termine la dernière phrase de ma déposition alors que les larmes coulent abondamment sur mon visage blême. Papa est déconstruit et ça me détruit. J'aurais aimé vivre avec mon secret et épargner ceux que j'aime. La douleur aurait été moins vivante. J'aurais aimé revenir dans le passé et n'avoir jamais franchi les portes de ce club branché. J'aurais souhaité de ne pas être tombée amoureuse, jamais. J'aurais voulu que mon chemin de vie m'épargne cette obscurité.

On dit que les âmes les plus fortes choisissent les pires combats. J'aurais aimé ne pas avoir l'âme aussi robuste pour voguer tranquillement dans une vie sans heurts ni secousses. Papa se tourne vers moi et me serre longuement dans ses bras. Je laisse ma tête reposer sur son épaule, des soubresauts secouant les miennes. Me Savoie éteint son ordinateur. Il est demeuré un instant silencieux, la mine basse et rivée sur le portable fermé, puis il a relevé la tête, les yeux humides derrière ses lunettes rondes.

— Je rédigerai la déposition et m'assurerai qu'elle sera acheminée à toutes les ambassades pouvant accorder un visa d'entrée à ce... M. Je l'enverrai aussi à l'avocat de ce dernier ainsi qu'au juge en question. Au tribunal de la première instance du village et à la douane canadienne aussi. Un divorce n'est pas nécessaire. Ici, on ne reconnaît pas l'achat d'une femme pour un dollar.

Je hoche la tête, fatiguée, lasse et éprouvée à la suite de ce long entretien. J'ai honte face à mon père qui, je le crains, ne me regardera plus jamais de la même manière. Je suis indigne d'être sa fille. Jamais je ne me pardonnerai d'avoir fait souffrir mes parents. Je me sens sale et je me dégoûte.

Sur le chemin du retour, le silence règne dans le véhicule. J'observe le vide par la fenêtre. Je veux être ce vide et cesser d'occuper mon corps pour taire enfin ce passé qui ne s'endort pas. Je veux chuter. Ressentir l'air sous mon corps m'aspirer vers le bas. Sentir mes os se fracasser sur l'asphalte. Me briser en mille morceaux, puis me regarder d'en haut, légère comme l'air.

Tu le mérites, ya kahba. Arrête de te plaindre, sale pute. Tu n'avais qu'à ne pas me quitter.

CAUCHEMAR

L'odeur du diesel se fraie un chemin jusqu'à mes narines et, petit à petit, je vois les murs blancs s'ériger autour de moi, puis le soleil brûler ma peau. Je suis seule dans le jardin intérieur et, dans ma *djellaba* bleue ornée de fils dorés, j'observe le figuier qui grandit à mes côtés. J'entends l'appel à la prière qui résonne dans les haut-parleurs. Sereine, je souris, la tête renversée vers l'arrière et le visage vers le ciel. J'ouvre les bras, vulnérable, et laisse mon corps à la merci du vent qui fait doucement bouger la tunique. Une première pierre heurte mon ventre. Je me plie en deux sous la violence de ce coup. Puis une deuxième atteint ma joue. Je suis assaillie par les roches brisant mes os tout en ouvrant ma peau. Je m'écroule sur le sol du jardin alors que ma tête se fracasse contre le sol.

C'est ce que tu mérites. Lapidée pour avoir déshonoré mon nom et sali ma famille.

J'entrouvre les yeux alors que papa stationne la voiture devant la maison familiale. Déboussolée, en sueur, je regarde avidement tout autour. Je me suis assoupie, brûlée, vidée. La déposition d'aujourd'hui a volé ce qu'il me restait d'énergie. J'appréhende le jour où mon Monstre décidera que l'heure de sa vengeance a sonné. Mon geste de cet après-midi me secoue terriblement. Je crains les répercussions. Mon Monstre a tant envahi mon esprit que j'ai l'impression que tout est constamment ma faute. Encore une fois, j'ai péché, et si son empire est démantelé, ce sera à cause de moi. Il voudra m'anéantir. Je suis coupable, toujours et encore coupable.

Je remercie mon tendre papa pour son soutien sans fin et file vers ma chambre. Recroquevillée sur moi-même, me berçant doucement, je ravale les idées noires qui m'éclaboussent.

Tirer un trait

À partir de cet instant, un trait est tiré. Un long crayon noir délimite ce moment précis où je bloque toute évocation du passé. M ne fait plus partie de mon paysage. Loin, très loin dans un casier fermé à double tour, pourrira cette histoire, ensevelie sous un amas de roches noires calcinées.

LES NUITS SANS FIN

Ce soir, Catherine et moi sortons faire la fête. Je me défonce jusqu'au petit matin. Laissant la drogue et l'alcool m'écorcher au passage. Je danse sur la piste, confiante entre les mains de ce personnage que je me suis créé pour mes sorties nocturnes. Ce rôle de la grande blonde mystérieuse à l'attitude frondeuse et au mépris facile, qui m'horripile le lendemain alors que je refais surface en même temps que le soleil. Je vois des loups qui rôdent autour et je les repousse un à un, m'amusant de ce privilège qui m'est accordé. Le comportement de Catherine commence à me rebuter un peu. Alors que j'arrive sans difficulté à stopper ma dépendance pour me chercher un lit lorsqu'il ne reste plus rien à inhaler dans le sac transparent, Catherine, elle, s'envenime et devient une hyène scrutant les alentours, désirant en avoir davantage. En sa compagnie, les nuits sont sans fin et ça m'exaspère. C'est ainsi depuis les dernières semaines et je suis lasse de cette attitude. D'autant plus que, dorénavant, nous avons besoin d'en prendre beaucoup plus qu'avant afin de geler nos corps, et mon amie n'a pas plus d'argent. Catherine n'en a jamais assez. À la sortie des bars, elle réussit à me convaincre de me rendre dans un endroit qu'elle connaît pour nous ravitailler. J'essaie de la dissuader, car le soleil se lèvera sous peu et j'ai une aversion pour la rosée du matin et les premiers rayons. En vain. Elle me supplie et je vois la détresse dans son regard.

— Juste un petit *quart* que nous consommerons à deux. Simplement pour bien finir la soirée, m'implore-t-elle.

Malgré l'alcool que j'ai ingurgité, je conduis jusqu'à une station de métro bien connue et me gare en face de la porte principale. Nos fenêtres sont baissées, car la nuit est chaude en cette fin du mois de juin, et je peux sentir l'odeur des sans-abris, des mendiants et des jeunes fêtards chatouiller mon nez. Ça sent mauvais… La drogue qui habituellement aliène mes sens et me permet d'affronter le danger s'efface de mon corps. Je tremble un peu, de fatigue et de manque. Il fait nuit et le lieu crade me fait changer d'idée.

— C'est assez, Catherine, rentrons.

Je ne la laisse pas sortir de la voiture et, derrière le volant, j'appuie sur l'accélérateur. À ma gauche, je dépasse une bande de mecs éclairés par le lampadaire et je reconnais l'un d'entre eux. Un de ceux dont je n'oublierai jamais le parfum trop fort ni la folie perçante du regard noir. Il ne m'a pas vue. D'ailleurs, je ne suis même pas certaine qu'il me reconnaîtrait, moi, déchet de ce monde à ses yeux.

Un rôle, des mots, une certitude

Lundi matin, au bureau, je suis fébrile. Suzanne, mon agente, me laisse sous-entendre qu'on veut me faire passer l'audition pour le personnage d'Isa dans ce fameux film au titre parfait. Bien que la prière ne fasse plus partie de mon rituel, je parle à Dieu pratiquement tous les soirs pour qu'on m'offre la chance de jouer ce rôle. J'en ai besoin, c'est viscéral. J'attends impatiemment la confirmation finale alors que j'essaie de me concentrer sur ma tâche qui, comme tous les lundis, consiste à envoyer aux différents journaux l'horaire des films qui prendront l'affiche dès vendredi au cinéma.

Il est 11 h 30 lorsque le téléphone sonne et que je vois apparaître sur l'afficheur le numéro de l'agence. Mon cœur tambourine dans ma poitrine. Je réponds nerveusement en me raclant la gorge. Un refus serait une défaite et raviverait le sentiment de rejet qui se trimbale constamment à mes côtés.

— C'est confirmé, me dit gaiement Suzanne. Je te faxe les textes avant 17 heures ce soir, je devrais les recevoir sous peu.

Sur mon visage s'esquisse un sourire. Je suis choisie, moi, Ingrid, pour une audition d'envergure.

Mon agente travaille fort pour me faire valoir, moi, une inconnue du public. Je suis d'ailleurs l'unique candidate retenue dans son agence. Elle m'explique qu'elle a poussé fort afin de me faire passer et elle est tout aussi fière que je le suis. J'inscris l'heure et la journée dans mon agenda. Ce vendredi, je devrai me rendre dans les bureaux de *casting* du Vieux-Montréal et jouer… Dès que nous raccrochons, je me précipite vers le cabinet de mon patron et lui annonce la bonne nouvelle. Il est heureux pour moi et m'emmène manger un bagel au saumon fumé dans notre *diner* préféré afin d'en discuter plus longuement. Pendant une seconde, le temps est en suspens. J'ai le sentiment de n'avoir que des sourires qui m'entourent, des rayons lumineux provenant de cet entourage qui ne désire qu'une chose : que je fasse briller mon pur potentiel. La gratitude m'inonde. Je suis profondément touchée par l'amour sincère qui gravite autour de moi.

L'après-midi se déroule rapidement et, vers 16 heures, les fameux textes d'audition arrivent par le télécopieur situé à côté de mon bureau. Je prends les feuilles et, mon excitation à son comble, j'entame ma lecture à voix basse. Il y a des années que je n'ai pas posé mes yeux sur ce type de document et, vraisemblablement, la passion de ce métier ne m'a pas quittée. J'ai été forcée de m'en détacher. Là se trouve la vérité.

Un vigoureux étourdissement me surprend alors que ma bouche prononce cette phrase, comme si c'était la mienne et qu'elle avait été écrite pour moi.

«Je rêve que je le tue. Il n'y a pas une seule nuit où je ne rêve pas que je le tue. Je ne le fais pas souffrir, ça ne me soulagerait même pas. Je rentre dans la prison, je me rends jusqu'à sa cellule et, bang, une balle dans la tête, merci bonsoir. »

Il y a de ces instants où la certitude s'incarne dans le corps et l'esprit. Une vérité absolue qui ne vacille plus. C'est ce que je ressens précisément à ce moment.

JOUER POUR
EXTIRPER LE MAL

Vendredi. Je suis la première à passer. Aucune autre fille ne patiente nerveusement dans la salle d'attente. Il n'y a que moi, assise sur un banc d'église qui fait office de sofa, dans ce bureau aux couleurs sombres et profondes. Un vert forêt orne les murs et de vieilles draperies en velours pourpre tombent du plafond. Des abat-jour rétro tamisent l'ambiance. L'aspect théâtral de cet endroit me plaît. Je me sens emmitouflée et apaisée par la lourdeur des tissus. La secrétaire sort de la cuisine.

— Vous êtes en avance, me dit-elle.

J'acquiesce. J'ai éternellement dix minutes d'avance à chacun de mes rendez-vous. C'est plus fort que moi. Sinon l'anxiété me gagne, car j'ai peur de ne pouvoir choisir l'endroit où m'asseoir ni d'avoir la liberté de changer d'idée si, pour une quelconque raison, le lieu me semble dangereux ou si je n'ai pas assez de temps pour étudier et analyser l'emplacement où je me trouve. Le fait d'être en avance élimine aussi le risque de reproches et de commentaires désobligeants. Mon coussin de minutes me protège, il me permet de me détendre et de faire descendre mon rythme cardiaque.

— Je ne sais pas qui vous êtes, me lance-t-elle avec un clin d'œil, mais la réalisatrice vous attend impatiemment.

Je ne comprends pas son allusion, mais je suis flattée par son commentaire à mon égard. Une porte au fond de la salle s'entrouvre et la lumière crue provenant de l'extérieur me saisit. On scande mon nom. Je me lève, prête, sereine et emballée à l'idée d'extraire les émotions qui logent en moi. Le trac me fait un peu vaciller, mais je garde le cap en essayant de ne pas douter de mes choix d'actrice et de me connecter avec cet instinct qui vibre en moi.

J'entre dans la pièce blanche, lumineuse et éclairée par l'immense fenêtre du fond. Le contraste avec la salle d'attente est frappant. J'analyse rapidement les gens s'y trouvant, et mes épaules se détendent alors que la réalisatrice m'accueille chaleureusement. Elle se lève et me tend la main.

— Je suis très heureuse de te rencontrer, me dit-elle en vissant ses yeux dans les miens.

Je le suis également. La tension se relâche et on me présente celle qui me donnera la réplique. C'est une actrice que j'ai côtoyée dans le passé alors que, dans mon jeune temps, elle faisait partie de la même agence que moi. Je me sens à ma place, entourée de personnes que je connais. La réalisatrice aussi, je la connais. Quand j'avais quatorze ou quinze ans, elle m'a enseigné dans un atelier de jeu. Elle ne semble pas s'en souvenir, donc je me tais, ne voulant pas créer de malaise. Il y a une camérawoman qui s'affaire à préparer son matériel. Vraisemblablement, ils commencent leur journée d'auditions avec moi. Je me sens en sécurité entourée de ces femmes.

Une table se trouve au milieu de la pièce. Par naïveté ou par manque d'expérience, j'ai apporté, dans un sac de paille, une multitude d'accessoires pour simuler une des deux scènes qu'on m'a demandé de préparer : le fameux souper que toutes doivent appréhender. Un moment du scénario intense, dramatique, complexe et empreint d'une émotion brute. Je dépose donc sur la table un couteau, une fourchette, une assiette et un verre de vin. Ce n'est que plus tard que j'ai appris qu'il est inhabituel, voire inacceptable, qu'une actrice accessoirise son audition.

Alors que j'installe mon matériel, la réalisatrice me passe effectivement le commentaire.

— Tu es la toute première à apporter des accessoires.

Saisie, je lui demande si elle préfère que je range le tout.

— Non, c'est amusant. Nous allons commencer par la scène du souper alors, celle où tu parles de ta meilleure amie Sophie. As-tu des questions ?

Je n'en ai pas. J'ai aussi appris plus tard qu'il est bien vu d'en poser au réalisateur afin de lui démontrer notre intérêt et de lui faire savoir que nous avons étudié notre personnage.

Je prends place derrière la table, sur une chaise droite, comme celles que nous avions à l'école, puis le décompte débute. Je me concentre. Trois, deux, un, action. Je ne m'appartiens plus.

J'échange des répliques avec ma comparse. Je lui raconte l'anecdote de Sophie, ma meilleure amie, qui avait gaffé en faisant cuire un poisson en entier sans le vider. J'éclate de rire. Puis je me souviens que les M de ce monde n'acceptent pas les erreurs. Je deviens de glace. Où est Sophie, cette petite fille joviale qui a disparu entre les mains d'un monstre ?

Elle me manque terriblement. Un vide s'installe dans le centre de ma poitrine.

— J'aimerais tellement ça qu'elle soit là. Il n'y a pas une journée où je ne pense pas à elle. Mais j'aboutis toujours à lui. Je rêve que je le tue. Il n'y a pas une seule nuit où je ne rêve pas que je le tue. Je ne le fais pas souffrir, ça ne me soulagerait même pas. Je rentre dans la prison. Je me rends jusqu'à sa cellule et, bang, une balle dans la tête, merci bonsoir.

La personne en face de moi me réplique que le tuer ne changerait rien à ce qui s'est passé… Un coup direct dans le ventre. Je ne supporte pas qu'on diminue ou qu'on juge mes émotions.

— Cet homme-là n'a pas le droit de vivre. C'est ça ? Je n'ai pas le droit de dire que je veux le tuer, mais, lui, il a le droit de se promener librement dans les rues. Lui, il est libre. Lui, il en a eu une, deuxième chance. Mais Sophie, elle ? Est-ce qu'elle en a eu, une deuxième chance, elle ? Est-ce qu'il y en a une de vous qui peut me dire qu'elle a oublié ? Qu'elle fait spontanément confiance à n'importe qui ? Qu'elle n'a pas envie de tuer des fois ?

Je joue les mots comme s'ils étaient les miens. Comme si je parlais de ma Sophie, mon *alter ego*, celle qui m'a permis de survivre aux atrocités. Sophie fantôme, Sophie morte. Celle qui a subi les affres d'un malade. Je rage, je pleure, je cogne sur la table contre ce M qui l'a martyrisée. Sophie, c'est moi. Je défends la petite Sophie qui n'avait pas les armes pour le faire.

— Coupé, souffle la réalisatrice.

Les larmes forment d'abondantes coulisses sur mon visage, que j'essuie rapidement. Je reviens tranquillement à la réalité, haletante, les poings toujours serrés le long de mon corps. La réalisatrice relâche une expiration, moi aussi.

— Donne-moi un instant, me dit-elle, une émotion entravant sa gorge.

Alors qu'elle s'éponge les yeux, ce petit bout de femme se lève du fauteuil en tissu bleu et se dirige vers moi.

— Ça sort d'où, ça? me demande-t-elle, émue. Il y a quelque chose dans ton regard qui happe mon attention. Tu es si mature et profonde pour ton âge. Tes yeux cachent mille et une histoires.

Oui. Mes pupilles conservent tant de secrets, je ne saurais par où commencer. Par la bosse qui fait courber mon nez et qui me remémore la nuit où mon corps fut enseveli sous mon sang? Par mon sexe qui ne ressent plus rien, car il s'est coupé du monde? Par mon visage prisonnier de la neige, glacé de froid, abdiquant alors que le dernier souffle tardait à venir?

Mon expiration finale n'a jamais vu le jour. Je suis une battante, une guerrière, une féroce lionne. Tout cela, je l'ai joué aujourd'hui. J'ai laissé mon volcan entrer en éruption et couler à travers les mots butant contre ma partenaire.

J'ai joué la scène une deuxième fois avec un peu plus de retenue, à la demande de la réalisatrice, tout en gardant la même colère, l'indignation et l'infinie tristesse. Nous avons aussi répété la scène plus légère. Puis je suis sortie de la salle pour atterrir dans la pénombre de la réception peuplée de nombreuses jeunes femmes fébriles, attendant leur tour. J'ai croisé le regard de l'une d'entre elles.

— Bravo, m'a-t-elle gentiment lancé.

Je lui ai souri subtilement. Elles ont entendu ma douleur de l'autre côté et j'en suis gênée.

Ce rôle est pour moi, je le sais dans mon for intérieur. Je dois trouver un canalisateur pour extirper les amas de souffrances figés dans mes cellules. Mes anges m'envoient ce personnage pour m'aider à ne pas m'asphyxier dans un volcan effervescent. On me fait revenir pour trois autres auditions avec les actrices pressenties pour jouer mes meilleures amies. Chaque fois, je libère un peu de mon passé, que je laisse s'échapper à travers les mots du scénario. Lors de la dernière rencontre, les producteurs sont présents. Ils nous mentionnent qu'ils nous donneront sous peu des nouvelles pour la suite des choses. C'est bien connu dans le milieu : tant que rien n'est signé, tout peut changer. L'attente. Je dois attendre, les doigts croisés en permanence. Je ne peux concevoir de laisser partir ce personnage qui m'habite déjà.

NUIT D'ÉPOUVANTE

La semaine a eu pour thème le faux-semblant. Je sors de plus en plus, prétextant un besoin de liberté, afin de ne ressurgir à la maison qu'à l'occasion. Mes parents ont si peur que je les raye de nouveau de ma vie qu'ils me laissent toute la latitude possible, sans me poser de questions. D'autant plus que je suis une adulte et que mon retour n'est que temporaire, le temps de me refaire une santé psychologique et financière avant de reprendre mon envol. Je leur suis si reconnaissante de toute l'aide qu'ils m'apportent.

Je sens toutefois qu'ils sont moins nerveux qu'auparavant puisque nous savons désormais que M n'est plus au Canada et que son entrée y est interdite. Je suis tout de même constamment en état d'hypervigilance, ce qui garde mon degré de stress bien élevé et actif. Heureusement, le *free base* que je consomme avec parcimonie les week-ends avec Catherine et ses fréquentations m'aide à faire taire momentanément les *flashs* qui hantent ma tête, tout en me procurant une sensation de légèreté et d'euphorie. Je plane quelques secondes. La cocaïne ingérée en plus grande quantité me donne le pouvoir et le sentiment d'avoir une estime de moi haut perchée. Un leurre qui fait mon bonheur. Pourtant, j'achève tranquillement ce qu'il me reste d'amour-propre.

En ce jeudi soir, nous avons envie de nous éclater plus que d'habitude. Je travaille demain, mais je m'en fous. *Mon corps est jeune, je dormirai lorsque je serai vieille*, pensé-je. Armées de nos sacs transparents, nous finissons notre course contre le temps chez un copain. Puis vient l'heure de partir, car Catherine m'a promis que nous serions rentrées avant l'aube. Je suis la chauffeuse désignée de la vieille Honda couleur sable que mes parents me prêtent lorsque j'en ai besoin et nous filons vers l'appartement de Montréal où la famille de mon amie loge temporairement.

La chambre de Catherine est à l'avant. Silencieuses afin de ne pas réveiller son jeune frère et le reste de la famille, qui dorment paisiblement, nous nous échappons sur le balcon, car Catherine a envie de s'allumer un joint pour faciliter son sommeil. Je ne touche pas à la marijuana. J'en déteste l'odeur et les effets. Alors que Catherine prend des bouffées, elle sort de son sac à main des pilules rondes.

— Pour dormir, me dit-elle.

Elle en prend deux d'emblée et, pour la toute première fois, j'abdique et j'en avale une. Nous rentrons pour enfiler nos pyjamas et je m'affale sur le lit, car les battements de mon cœur ralentissent et les effets de la granule magique se font sentir. Catherine est allongée à mes côtés. Alors que je sombre dans les vapes, sa tête atterrit lourdement sur mon épaule et son corps s'écrase contre le mien.

— Catherine, pousse-toi, lui lancé-je de peine et de misère, car ma bouche est molle et fatiguée, tout en essayant de la tasser.

Elle est si lourde. Je réussis à la tourner sur le côté. Je suis tout de même encore lucide et je ne trouve pas normal qu'elle ne me réponde pas. J'essaie de la secouer, mais elle reste inerte. La panique tasse mon état d'extrême fatigue et je brasse mon amie de plus belle. Rien. Dans le noir, je me lève et je me rends jusqu'à la lumière. C'est alors que je la vois, blême, la peau verdâtre, les bras mous pendouillant hors du lit, les lèvres entrouvertes et les yeux fermés.

— Catherine !

À ses côtés, je chuchote fortement son nom et la remue de plus belle. Elle se met alors à vomir sur le parquet de la chambre. Son jeune frère, éveillé par ces bruits, passe la tête dans l'embrasure de la porte. Assise sur le bord du lit, tenant la tête de Catherine qui régurgite encore et essayant de lui faire reprendre conscience, j'empresse le petit frère d'alerter ses parents.

Ces derniers arrivent dans la chambre et le papa de mon amie se précipite à ses côtés, tentant à son tour de la réveiller. Il la gifle. Rien. Il la pousse fortement, toujours rien.

— Appelle le 911 ! crie-t-il à sa femme.

Alors qu'on attend l'arrivée des ambulanciers, tout en tentant de ranimer Catherine, je me fais questionner. Les parents de ma copine sont durs, ils l'ont toujours été. Fervents catholiques, ils l'ont élevée sévèrement. Catherine respire et gémit, mais n'ouvre pas les yeux. Je suis atterrée.

— Qu'avez-vous fait ? me hurle sa mère.

Leurs regards réprobateurs sont tournés vers moi, alors je n'ose dire toute la vérité.

— Elle a fumé un joint, leur avoué-je, cachant ce qu'il s'est réellement passé.

Les questions fusent. Leur fille est une droguée.

— Devons-nous l'expédier dans un centre de désintoxication ? s'enquiert sa mère en larmes. Est-elle dépendante ? Était-ce la première fois ? C'est tes artistes et toi qui l'avez traînée là-dedans ?

Elle est hors d'elle. Si seulement elle savait. Mais je suis prête à prendre le blâme s'il le faut, je m'en fous. Tout ce que je souhaite, c'est que mon amie retrouve sa santé.

Les ambulanciers arrivent à l'étage et embarquent Catherine sur la civière tout en me questionnant sur notre soirée et sur ce qu'elle a ingurgité. Je tiens mordicus à mon histoire, ne voulant pas que ma copine soit réprimandée ni envoyée dans un centre de désintox. Les secouristes ne sont pas dupes et, pendant qu'un d'entre eux s'affaire à attacher mon amie sur le lit amovible, l'autre se penche vers moi et me demande en catimini s'il y a autre chose. Je fais oui de la tête. Ils ordonnent aux parents de les suivre avec leur voiture. « Toi, me disent-ils, tu embarques avec nous. »

Dans le véhicule d'urgence, je pleure à chaudes larmes, m'imaginant le pire, alors que je leur raconte notre soirée et la débauche s'y rattachant. Tremblotante dans mon pyjama, je questionne les messieurs pour savoir si elle survivra.

Vingt-deux ans. Catherine ne peut mourir à vingt-deux ans.

Alors qu'ils lui administrent des soins, nous arrivons à l'hôpital et je vois mon amie partir sur sa civière, agonisante, livide. Je me retrouve seule avec ses parents et son petit frère, tous affolés, à l'urgence. Les parents nous commandent, à leur fils et à moi, de rester assis dans la salle d'attente. Je suis si inquiète pour mon amie que je ne peux contenir les larmes déferlant abondamment sur mon visage. La pilule ingurgitée plus tôt recommence à faire effet et je m'acharne contre moi-même afin de rester éveillée. Mes yeux se ferment, puis s'ouvrent, et je me bats ainsi pendant l'heure qui suit.

Ils font un lavement à Catherine et enrayent l'*overdose*. Elle est saine et sauve et se repose sur une civière dans le corridor adjacent à la salle d'attente de l'urgence. Elle s'en sortira sans séquelles. Je peux relaxer enfin et cesser d'avoir peur pour elle. Une nuit d'horreur.

Je mets une croix sur la drogue et sur mon amitié avec Catherine. Nous nous reparlons à quelques reprises, mais, comme ses parents croient que c'est ma faute si mon amie est tombée dans «l'enfer» de la drogue, nous fréquenter est désormais interdit. De plus, les souvenirs de cette nuit d'angoisse ressurgissent instantanément lorsque nous entendons nos voix. Pour nous épargner, nous nous sevrons l'une de l'autre.

Malgré ma peine, je suis soulagée par cette rupture, car notre relation m'avait fait bifurquer dans un dédale d'autodestructions. Le sage dit que rien n'arrive pour rien. Dans ce cas, nous avons testé nos limites jusqu'à atteindre le pire. Comme nos copains qui traînent désormais dans les ruelles, s'injectant de l'héroïne dans les veines, nous aurions pu tomber aussi bas. La vie en a décidé autrement. Je devrai trouver un autre moyen de fuir mes blessures.

Nul désir ne nous est donné sans que nous ayons le pouvoir de le réaliser

Rayer les vermines de mon corps me libère du négatif. Ma peau brille et une énergie plus saine qu'auparavant émane de mon être. L'été bat son plein, la piscine est chaude et mes parents préparent leur voyage annuel en Suède. J'aime ce temps de l'année où ça sent les vacances dans les rues de mon quartier. D'autant plus que je reçois une confirmation : je serai Isa dans le film *Elles étaient cinq*. Je l'ai su alors que nous mangions en famille sur la terrasse de la maison au pied de la montagne. La réalisatrice m'a appelée personnellement pour m'annoncer la grande nouvelle. J'ai sauté, crié, pleuré de joie. J'ai réussi, moi, la petite vaurienne, à décrocher ce grand rôle au cinéma. Personne ne peut faire taire ma passion. Sur les écrans géants, j'estropierai les boules d'émotion. Une à une. Nous tournerons en septembre. D'ici là, je dois perdre du poids, me demande la réalisatrice. Moi qui viens finalement d'atteindre un poids santé, je dois retrouver le pointu de mes os et être frêle de nouveau. Mon personnage, un mannequin en ascension, ne peut avoir une once de gras sur son jeune corps.

Je n'ai jamais été aussi emballée de toute mon existence. Ce sentiment d'épanouissement et de réussite me rend ivre de bonheur. Mes parents et mes sœurs partagent ma joie. Ils sont si heureux et fiers de me voir m'extasier devant ce nouveau défi qui m'attend. Ils sont enchantés de voir que je n'ai pas abandonné mon rêve et que ce dernier n'a pas été anéanti malgré les tentatives de M pour y arriver. On dit que nul désir ne nous est donné sans que nous ayons le pouvoir de le réaliser. Le mien est profondément ancré en moi. Il m'a attendue… patiemment et ardemment.

SE JETER À L'EAU

Une de mes nouvelles fuites, c'est le boulot. Je travaille sans relâche afin de prendre des vacances pour le tournage du film, qui devrait durer un mois. Je tournerai vingt-deux jours sur trente, ce qui est énorme. Je perds aussi vingt livres grâce à un régime protéiné. De côté, je ressemble à une feuille de papier.

Cette demande de la part de la production n'aide pas à atténuer mon désordre nutritionnel. J'en serai éternellement marquée.

Avant mon départ, mon patron me donne une carte et un bouquet de fleurs. Rond et blanc, comme je les aime. Contrairement aux fleurs du détective, la couleur de ce bouquet n'a aucune connotation. Il y a un mot accroché à ce dernier : « Jette-toi à l'eau. » Oui, je me jetterai à l'eau, misant le tout pour le tout, alors que la caméra captera ce que j'ai à lui offrir. Je n'ai pas peur. Ni des scènes de viol ni de la violence. Tout ce que je veux, c'est jouer ces émotions qui trépignent à l'idée de sortir leur venin et de dénoncer ce que j'ai tu.

Ya kahba. J'ai reçu ta déposition, sale pute. Un jour, je te le ferai payer. Tu me supplieras d'arrêter de te déchiqueter le visage.

Le deuil des finalités

Le film est terminé, je suis exténuée. Près du lac des Deux Montagnes, tout juste avant de rentrer à la maison, je me gare pour assister au coucher du soleil et me remplir de ce fort sentiment d'accomplissement qui m'embrase en même temps que les rayons. Seule dans ma voiture, derrière le volant, je dévore une barre de chocolat au fondant au caramel. J'attendais cette dernière journée pour manger mes émotions et compenser des semaines de privations. Je mange comme si je n'avais jamais mangé auparavant. Je gruge ce deuil qui prend place doucement.

Demain, je ne me lèverai pas à 5 heures du matin. Je ne filerai pas vers l'ouest en chantant à tue-tête les mots de Charles Aznavour. Je ne m'arrêterai pas au service à l'auto pour me prendre un café et je ne sillonnerai pas les routes de campagne dans la noirceur matinale pour arriver au lieu de tournage.

Demain, je serai seule à nouveau.

Après avoir été si longtemps sous l'adrénaline, entourée constamment de gens, à jouer des sentiments survoltés et inhumains, j'ai peur de la chute.

J'en ai parlé avec mes compagnes. Elle est inévitable, paraît-il, avant de retrouver l'équilibre de
l'ordinaire. Mais aucun funambule ne pourrait
marcher sur le fil de mon quotidien. Il était déjà
désaxé. Maintenant, il est renversé.

MON NID SACRÉ

Le moment est venu de retrouver mon indépendance. J'étouffe chez mes parents, d'autant plus que le trafic matinal m'agresse. Grâce à l'argent du film et à mon emploi à temps plein, je suis totalement autonome financièrement. D'ailleurs, je refuse toute aide provenant de l'extérieur. C'est ma fierté. Je m'achète un cellulaire ainsi que ma toute première voiture : une Nissan Sentra noire, flambant neuve. Je me déniche également un loft au cœur du Plateau-Mont-Royal. Le genre d'appartement qui avale ma paie au complet. Avec un plafond de seize pieds et doté d'une mezzanine juchée au-dessus de la cuisine. Le genre de loft qui me donne l'impression de flotter dans un énorme carré. Je ne pourrai jamais vivre dans une maison avec des plafonds bas, ni dormir sur le dos, d'ailleurs. Mes couvertures doivent être pesantes et je dois tenir l'oreiller de mes deux mains pour m'assoupir. Il se passe rarement une nuit sans que mon sommeil soit perturbé par un cauchemar qui me semble si réel.

La première soirée seule dans mon logis est difficile. Je suis à l'affût de tous les nouveaux bruits, du piéton qui parle fort dans le parc de l'autre côté de la rue aux portes qui claquent dans le couloir, en passant par le grincement du vieux plancher lorsqu'un voisin rentre chez lui. Mais je m'acclimate tranquillement, au même rythme que les nouveaux meubles qui s'installent sur mon parquet, lesquels je choisis minutieusement. Je bâtis mon nid et rares sont ceux qui ont accès à mon chez-moi, à mon havre de paix, à mon territoire sacré. Cela m'a pris des années à ouvrir la porte aux gens. Lorsque notre espace a tant été piétiné, je crois qu'il est normal de garder le passage fermé.

LE SORCIER DÉLABRÉ

Avant de me voir dans les yeux d'un autre, j'apprends à me regarder à travers les miens. À m'aimer surtout, afin d'avoir la possibilité de défaire les nœuds et de laisser mon cœur libre de tomber amoureux à nouveau. Je suis encore aveugle, mais la lumière ne tardera point. Je le sais, je le sens.

Un autre sorcier a croisé mon chemin. Un sorcier nébuleux, sombre et taciturne cette fois-ci. C'est un voisin qui donne des cours de voix artisanale avec sa technique à lui. La mienne est si haut perchée. Maintenant, elle est bien ancrée, mais dans le passé c'était comme si une constante sphère électrique entravait ma gorge, ne permettant pas à mon souffle de rejoindre adéquatement mes poumons. Nous nous croisons parfois dans le corridor, puis sa femme et moi échangeons un peu. Nous devenons amies. Elle est comédienne aussi et m'invite aux séances de groupe. Bon nombre d'artistes connus y participent, des femmes surtout, alors j'ose. D'autant plus que le sorcier en question me convainc que ma voix n'est pas la mienne et qu'il peut m'aider à récupérer celle qui m'appartient.

Après le cours, il m'emmène dans un coin. Tout bas, il me prescrit des leçons particulières. J'en ai grandement besoin, selon lui. Je me sens humiliée d'avoir participé au cours de groupe sans avoir été réellement prête. Pourtant, je me trouve sur le même pied que certains. Pourquoi suivre ces cours supplémentaires ? Malgré tout, j'accepte et paie ces derniers sans broncher. Je suis incapable de dire non ou de mettre des limites en amitié, au boulot ou devant l'autorité. Mais je me convaincs qu'il y a longtemps que je veux travailler ma voix afin d'ajouter une corde à mon arc pour intégrer ce secteur du milieu artistique qui emploie bon nombre d'artistes. D'autant plus que le professeur doit savoir de quoi il parle.

Ce soi-disant enseignant est beaucoup plus vieux que moi, alors que son épouse a sensiblement mon âge. C'est une belle femme aux cheveux bruns frisés, au rire contagieux et éclatant. Et lui, il a un charisme difficile à saisir vu son apparence physique délabrée. Une aura d'autorité émane de lui. Je n'ai pas confiance et, pourtant, je vais tout de même au rendez-vous.

Lors de mon premier cours, il me fait asseoir devant un immense miroir. Nous sommes seuls, lui et moi. Il est debout à mes côtés, je suis agenouillée sur le parquet. Il me demande d'observer mon reflet et de me regarder droit dans les yeux. Alors que je me fixe dans cette glace, l'effroi m'attaque. J'ai soudainement peur du regard que me lance la fille devant moi. Ses yeux sont troublés, profonds et immensément tristes. Comme si cette personne était prisonnière de l'autre côté du miroir, glacé dans le temps. Figée, j'entends le sorcier aux longs cheveux gris et aux dents cariées m'ordonner de dire mon prénom suivi de mon nom. Je suis sans voix. Il me répète de me nommer. J'en suis incapable. Il me le crie alors de son français pointu.

— Allez, vas-y. Ne sois pas lâche. Dis ton nom !

Sale pute. Bonne à rien. Kahba.

Je me mets à trembler sous cette autorité. Personne ne m'a parlé ainsi depuis… Depuis celui dont je ne prononce jamais le nom. J'éclate de douleur, retenant la pluie qui veut s'égoutter sous mes paupières et, dans un chuchotement à peine audible, je dis le prénom de cette fille dans la glace. Cette identité qui appartient au vide.

— Plus fort ! clame-t-il.

Idiote !

Saisie, je secoue frénétiquement la tête en plongeant mon regard vers le sol.

Il me prend l'épaule d'une main et relève mon menton de l'autre. Son geste n'est pas brusque, mais la présence de ses doigts sur moi me fait frissonner de tout mon corps. Il me force à m'observer et à répéter inlassablement ces mots jusqu'à ce que je me mette à les hurler, hors de moi, en larmes, à genoux sur les lattes de bois. À ce moment, le sorcier est satisfait. Le cours est terminé. Nous nous reverrons la semaine prochaine.

Je le remercie, la tête basse, gênée et humiliée. Moi et ma politesse. Moi et mes bonnes manières. Moi qui marche au pas comme une chienne bien dressée. Moi qui donne ma confiance à l'autorité de peur d'avoir l'air d'une fille stupide qui ne comprend rien. D'une idiote inintelligente.

Je rentre à mon appartement, je verrouille frénétiquement les nombreuses serrures et je file vers le garde-manger, vidant son contenu et pleurant sans possibilité d'arrêter.

Aujourd'hui, si une telle situation se présentait à moi, je me lèverais en redressant la tête et je dirais :

— Ceci ne me convient pas. Merci, bonsoir.

Mais dans cette phase de mon existence, je ne savais pas que dire non lorsque le creux de notre poitrine le dicte, c'est se respecter. Et se respecter, c'est s'aimer. « Le monde ne vous donnera jamais que la valeur que vous vous donnez vous-même », a dit Joseph Murphy. Je le sais maintenant.

LE BOULET DU PASSÉ

J'ai rendez-vous avec ma médecin de famille cet après-midi. Une rencontre que j'appréhende depuis que je l'ai notée dans mon agenda, il y a quelques semaines déjà.

Je sais que je devrai me faire peser, je m'y prépare depuis plusieurs jours en ne mangeant que des légumes et mes protéines liquides. Depuis la fin du tournage, j'ai repris tout le poids perdu et je renouvelle éternellement mon abonnement à la nourriture chimique, espérant retrouver mon estomac vide et asséché. Puis les chiffres rebondissent sur le pèse-personne, effaçant du coup tous mes efforts. L'éternel yo-yo des régimes miraculeux. Je sais aussi que je devrai me coucher sur sa table, le visage vers le ciel, et poser mes pieds dans les étriers métalliques. Je sais que je serai vulnérable, attendant qu'une main décide de plonger en moi un corps étranger que je sentirai me transpercer, et que l'inconfort me fera plisser des yeux. Puis la douleur des instruments me grattant l'intérieur me fera grincer des dents et suffoquer. Mes mains se crisperont et froisseront le papier inconfortable sous mon corps nu. Je n'aurai le contrôle ni des gestes ni du temps. Je serai à la merci de ce docteur. Lorsque tout sera terminé, je me sentirai sale.

Son bureau est tout près de la montagne de mon enfance et je dois rouler sur la longue route droite pendant quarante-cinq minutes avant d'arriver à destination. Il y a plus de trois ans que je n'ai pas vu cette médecin, qui me suit depuis le jour de ma naissance.

Dans ma voiture, la sueur se met à perler sur mon front alors que les pensées s'entremêlent dans ma tête. Tout à coup, ma vision est troublée et ma respiration s'accélère. Ma mâchoire se serre et mes dents grincent les unes contre les autres. Mon pied se fait de moins en moins pesant sur l'accélérateur. Mon véhicule décélère, je respire de plus en plus vite, me sentant suffoquer en raison du manque d'air. Une automobile passe à une vitesse fulgurante, suivie d'un long klaxon qui se perd dans l'espace-temps. Je suis pratiquement immobile sur cette route achalandée, ne sachant plus où je suis. Réalisant le danger qui me guette, je me range sur le côté, essayant de permettre à l'air de se rendre jusqu'à mes poumons. En vain. J'attrape mon cellulaire et compose le numéro de ma maman. Mes mains tremblent et mon corps tout autant. Ma gorge se serre comme si quelqu'un avait le pouvoir de m'étrangler.

Elle répond.

— Maman ! lui dis-je avec empressement, cherchant de plus en plus ma respiration, alors que les mots tentent de se rendre jusqu'à elle avec difficulté. Je m'en vais chez le docteur et je panique… Je ne sais plus si son bureau est devant ou derrière moi. Je ne sais plus où je suis.

Je suis totalement déboussolée. Maman reste calme et me demande de me concentrer sur sa voix, ce que je fais pendant de longues minutes. Elle veut ensuite que je lui décrive ce que je vois autour. Les bâtiments, la voie ferrée, la montagne, les arbres, les voitures qui passent, leurs couleurs. Au loin, je crois apercevoir un feu de circulation qui vire au rouge.

Tranquillement, à l'aide de la voix douce de ma mère, je reprends possession de mes sens et ma crise d'angoisse se rétracte. J'arrive à me situer sur le chemin me menant chez ma médecin et je sais qu'à la lumière, au loin, je dois tourner à gauche pour me rendre à destination.

Je demeure ainsi quelques minutes, avec maman au bout du fil, attendant que le vertige diminue, jusqu'à ce que je sois assez solide pour reprendre la route. Je vois apparaître la pancarte du centre médical et, lentement, j'arrive à bon port. Il n'y a personne dans la salle d'attente. Alors que je tends ma carte d'assurance maladie à la secrétaire, Dre Deschamps laisse sortir de son bureau la patiente qui me précédait. C'est à mon tour. Une deuxième attaque de panique est à ma portée et, dans le bureau de ma docteure, je réussis à lui décrire l'état dans lequel je me trouve.

Nommer les sentiments et les émotions leur font perdre de leur ampleur, de leur force. Briser le silence est l'arme contre l'intensité de la douleur.

Dre Deschamps prend le temps de me recevoir, de m'écouter et de me réconforter. Elle n'insiste ni pour que je lui raconte l'épouvante du passé, ni pour me faire monter sur le pèse-personne. Par contre, elle doit m'ausculter, puis m'examiner, et je sais qu'il est nécessaire de m'y soumettre.

Voyant mon corps se contracter et les larmes rouler sur mon visage alors que, vulnérable, j'essaie de contrôler ma respiration, couchée sur l'inconfortable table d'examen, la docteure, une fois mes vêtements remis en place, me pose les fatidiques questions sur les agressions. Je mens. Elle hoche la tête : elle n'est pas dupe, mais elle respecte mon silence. Puis elle me prescrit des antidépresseurs qui m'aideront à trouver une stabilité émotionnelle ainsi que le sommeil. Elle me conseille aussi de retourner consulter un thérapeute. Je ne suis pas fermée à l'idée, mais je sais que les pilules, elles, ne se dissoudront jamais dans mon sang.

Alors que je quitte son bureau, je prends conscience que les pierres posées à l'entrée de ma grotte aux mille et un secrets commencent à être lourdes à porter. Comme si, avec le temps, elles s'aggloméraient, formant un boulet enchaîné à mes os. Je ne pourrai traîner mon histoire encore longtemps. L'enterrer ne m'a pas libérée.

LES GOUROUS MALSAINS

J'ai ma deuxième leçon particulière avec le sorcier en ce samedi après-midi. À reculons, je me rends à la porte de son loft, situé à quelques mètres de chez moi, au même étage. Il m'accueille en pantalon de yoga, ample et bleu, et en camisole blanche. Il est pieds nus et ses cheveux longs, gris et mouillés tombent sur ses épaules picotées de taches de rousseur. Je n'ai pas envie d'être ici, alors pourquoi n'ai-je tout simplement pas annulé ? Pourquoi ne me suis-je pas choisie ? Parce que le doute est toujours constant dans ma tête.

Folle, paranoïaque, hypersensible. Tu t'inventes des histoires.

Ça sent le patchouli et les immenses fenêtres qui ornent le mur du fond laissent entrer une puissante lumière dans l'appartement. Comme si le mois de juin avait chassé décembre le temps d'une journée.

Dans ma poitrine, il y a quelque chose qui me dit de partir, mais j'ignore ce pressentiment alors que je suis invitée à prendre place au centre de la pièce. Je n'ai pas confiance… en mon jugement, malheureusement. Il a tant été remis en question. Il a tant été piétiné, écrasé et lapidé au courant des dernières années que mes relations interpersonnelles en subissent les conséquences. Je suis une handicapée « sociale » même si en apparence je suis, la plupart du temps, la fille la plus aimable, serviable et gentille qui soit. Je suis douce, aimante et attentionnée.

— Aujourd'hui, nous allons faire entrer ta voix dans ton corps, m'annonce le professeur. Tu enlèves tes chaussures. D'ailleurs, j'aurais préféré que tu sois vêtue d'un pantalon de sport et non d'un jean. Tu le sauras pour la prochaine fois.

Quelque chose cloche chez cet homme. Je n'aime pas la façon dont il me parle. J'ai l'impression qu'il me donne des ordres au lieu de demander ou de suggérer en m'incluant dans la conversation. Les monstres ont ce comportement. Et ça passe, car leur désinvolture et leur sourire sèment le doute dans notre esprit. *Ceci fait peut-être partie de son enseignement*, pensé-je. Il veut probablement me faire sortir de mes gonds et me faire rugir…

Je me déchausse alors qu'il me demande d'écarter les bras. Je me sens comme le Christ accroché à sa croix. Il se place derrière moi, puis m'ordonne de fermer les yeux et de ne pas les ouvrir jusqu'à son commandement.

— Laisse-toi tomber, m'ordonne-t-il.

— Me laisser tomber ?

— Fais confiance au processus. Laisse-toi tomber, me répète le maître gentiment.

Je ne suis pas à l'aise, mais, la bouche crispée et les yeux solidement fermés, je me laisse aller vers l'arrière en retenant un petit cri. Le sorcier m'attrape. Ses bras passent sous les miens, ma tête se couche sur son torse et mes jambes restent raides, mes pieds demeurant dans leur position initiale. Il me fait virevolter de tous bords tous côtés, m'entraînant dans une danse corps à corps, entremêlant ses muscles aux miens. Sa respiration s'accélère au même rythme qu'il me ballotte comme une poupée de chiffon.

Essoufflé, il continue à me mouler à lui, à sa guise, renversant ma tête contre son épaule, me faisant rouler sur son dos, me rattrapant sur ses genoux.

— C'est bien, me dit-il.

JE ne suis pas bien. Quand est-ce que cette mascarade va cesser?

Alors que je suis collée contre lui, le dos penché vers l'avant, me faisant balancer au rythme de ses pulsions, je sens son érection contre ma cuisse. Suis-je folle? Ai-je bien senti? Rapidement, il me ballotte d'un autre sens. Puis il me couche sur le sol.

— Souffle, dit-il, agenouillé à mes côtés, haletant après m'avoir fait tant tourbillonner.

Je souffle, toujours en me questionnant sur ce qui vient de se produire. C'est ridicule. Je n'arrive pas à croire que ce professeur manque de déontologie à ce point. Peut-être a-t-il un objet dans sa poche qui aurait pu me confondre? Non. Impossible. Je tente de trouver une explication au malaise que je ressens, mais aucune réponse n'efface la marque qu'ont laissée ses parties intimes sur ma peau. Je suis gênée. Immensément gênée.

— Couche-toi sur le dos maintenant et entre en fusion avec chaque partie de ton corps. Ressens tes pieds qui touchent le parquet. Respire et fais passer l'air à travers tes orteils jusqu'à tes tibias.

Je n'ai aucune envie de me coucher sur le dos. Je ne me couche jamais sur le dos. Je me sens trop vulnérable et atteignable dans cette position. Je me tourne tout de même, inconfortable et dérangée. Alors que le sorcier parle, je n'arrive ni à me concentrer sur sa voix, ni à ressentir ma respiration. Je désire que le cours se termine pour retourner dans la sécurité de mon nid douillet. Mais la leçon est interminable. Je ne suis peut-être pas assez ouverte d'esprit. Je ne suis peut-être pas une actrice comme celles assistant aux séances de groupe. Je ne suis peut-être pas assez poète dans l'âme. Peut-être qu'ils agissent ainsi à l'École nationale de théâtre ? C'est moi, la folle qui ne fait pas partie de ce clan et qui n'a pas réussi à me laisser tomber en toute confiance dans les bras du sorcier vénéré.

Au contraire. Je me suis totalement laissée tomber. J'ai abandonné la main de la petite fille en moi que je tenais fermement depuis quelque temps. J'ai fait confiance à un individu faisant montre d'autorité, mais j'aurais dû être loyale à ma voix intérieure. Je retiens ma respiration alors que ses deux mains se posent entre mes seins, « là où c'est bloqué », me dit-il. Je ne respire plus quand il frotte cet endroit pour libérer mon souffle et ma voix. Je suis figée. Ses doigts sont trop près de ma poitrine. Ses mains se déplacent vers le creux de mes reins, puis il pose l'une d'entre elles sur mon ventre. Personne ne touche mon estomac. Je suis immobile, la bouche crispée, priant pour que ça se termine incessamment. Le gourou navigue vers mes pieds et il les secoue.

— Respire !

Je n'y arrive pas. Je suis une bonne à rien qui s'imagine des histoires et qui n'arrive même pas à suivre une leçon particulière.

— Nous reprendrons la prochaine fois, c'est difficile pour moi de travailler sur un corps tendu comme le tien.

Ce fut ma dernière visite. Le temps m'a manqué par la suite... Je m'en veux de ne pas m'être ouvert les yeux et de ne pas l'avoir repoussé dès que j'ai senti son abus de pouvoir. Le doute... Cette infecte et abominable incertitude, arrimée à la peur de l'humiliation, qui fait taire la raison et l'instinct qui ne se trompent que rarement. Je sais qu'un jour je retrouverai la solidité de mes convictions et que je ne remettrai plus en question mes sentiments. Je dois réapprivoiser ma confiance, pas à pas, en validant mes sentiments.

Mon troisième œil avait raison. De nombreuses années plus tard, des histoires au sujet de l'ignoble sorcier ont fait leur apparition au grand jour. Il s'est séparé de sa femme aussi... celle que j'avais cessé de voir à cause de lui. Mon instinct me trahit rarement.

La magie de l'amitié

Dans un train pour le nord, je prends place dans ma cabine. Il s'agit d'une minuscule pièce pour une personne, munie d'une chaise se transformant en lit. J'ai une toilette privée, me dit-on. En réalité, la couchette recouvre la cuvette lorsqu'elle est déployée.

Le sifflet de départ de la locomotive se fera entendre dans moins de quinze minutes et j'étouffe déjà. Je ne pourrai rester ici bien longtemps, je le crains. Un long voyage se dessine devant moi et j'ai peur de la crise de panique que je sens s'installer subtilement. Je suis invitée dans le cadre de la tournée des Rendez-vous du cinéma québécois afin de présenter le film *Elles étaient cinq* dans le nord du Québec. Depuis sa sortie en salles, nous connaissons un vif succès. Le voir pour la première fois m'a fait mal. J'ai vu ma souffrance au travers de ce personnage. J'ai vu la douleur dans mes yeux et mon chagrin face à cette vie qui m'a été arrachée. La détresse d'Isa est la mienne. En être témoin sur un écran géant est une expérience éprouvante. Je suis loin d'être guérie.

Aujourd'hui, je dois faire le trajet avec la prolifique auteure du film, mais elle n'est toujours pas arrivée. Peut-être n'a-t-elle plus envie de se retrouver seule avec moi pour ce long voyage ? Peut-être est-elle déçue de savoir que c'est moi qui ai été choisie pour l'accompagner ?

Je n'ai pas une tonne d'amis. Peut-être suis-je trop bizarre, troublée et cicatrisée pour être aimée ? J'ai passé la dernière année isolée, cherchant dans les livres des réponses à ma souffrance. J'ai eu des relations futiles, mais je ne voulais m'ouvrir davantage de peur d'être blessée. Catherine s'est éclipsée et Martine est toujours à Cuba, où elle a refait sa vie. J'ai tenté de communiquer avec elle depuis que j'ai quitté M, mais elle ne me rappelle pas. Je ne comprends pas son silence à mon égard. Nous nous étions pourtant vues à Cuba lorsque j'ai fui M pour un court instant. M'en veut-elle d'être retournée dans ses filets par la suite ? Est-ce que mon histoire fut trop rocambolesque à ses yeux ? Je sais que les détectives ont discuté avec elle afin d'essayer de me retrouver, mais elle n'a pas donné d'information. Une amie loyale jusqu'au bout et désormais silencieuse. Elle me manque tant. Mes amis du secondaire se sont éparpillés depuis mon déménagement à Montréal. Simon m'a annoncé récemment qu'il partait vivre à Québec. Il est venu souper au loft. Nous avons terminé la soirée sous les étoiles, assis sur la terrasse nichée sur le toit. Nous nous sommes embrassés sur la bouche comme nous le faisions de temps à autre. Un au revoir en quelque sorte. Antoine, lui, travaille à Montréal et s'est acheté son premier condo avec sa copine. Sa nouvelle vie le tient occupé. François, pour sa part, a décidé de voyager. Nous nous perdons de vue tranquillement même si nous savons que nous serons toujours liés par nos souvenirs. Charles, de son côté, est nouvellement papa. Sa vie de famille accapare tout son temps.

Et il y a mon Zied. Ma lointaine âme sœur qui m'écrit de temps à autre. Le reverrai-je un jour ? Je crains que nos chemins n'arrivent jamais à la même destination, malgré ce qu'il laisse présager dans les courts messages qu'il me fait parvenir par courriel.

J'ai l'impression qu'un ménage naturel se fait contre mon gré afin de couper tous les liens qui me rappellent ma vie d'avant. Comme si, pour avancer, je devais entamer une nouvelle vie. Je me sens seule. Si seule. Comme si j'appartenais au vide et que même lui me laissait tomber. Les gens que je côtoie ne sont pas mes racines. Mes fréquentations du cours de salsa ne sont que des connaissances qui ne savent rien de moi. Le fils de mon patron avec qui j'ai une affinité particulière ne m'invite que pour faire la fête ou pour un lunch lorsqu'il est de passage à Montréal afin de me raconter ses derniers rancards. Je vagabonde entre les groupes, errant dans cette solitude.

Et aujourd'hui, je voyage avec une inconnue qui ne m'aimera peut-être pas. Une étrangère qui, sans le savoir, a posé sur papier mes sentiments les plus fragiles et délicats. Je ne l'ai rencontrée que furtivement à deux reprises et, même si nous n'avons pas beaucoup échangé, j'ai instantanément aimé son énergie. Un amalgame de douceur, de calme et de force émane de cette femme magnifique, aux cheveux longs et bruns et à la peau parfaite. De son regard jaillit une tendresse touchante. Je me souviens de m'être fait la réflexion qu'elle avait la légèreté d'un ange. Oui, elle est sûrement entourée de divinités pour avoir écrit un tel scénario et élaboré des personnages si près de la réalité des émotions que nous ressentons lorsque nous sommes prisonniers d'un drame.

La première fois que je l'ai vue, c'est sur le plateau, alors qu'elle était venue visiter les lieux du tournage de ce film qu'elle a écrit et imaginé. Je n'étais pas disposée à discuter, d'autant plus que les scènes de cette journée s'avéraient des plus intenses et dramatiques. Je devais me concentrer. Puis, la deuxième fois, ce fut lors de la première, à l'ouverture du Festival des films du monde. Mais la frénésie était si vive et j'étais si excitée que c'est à peine si je me souviens de cette soirée. Les photographes, les entrevues, le tapis rouge, les gens faisant la file pour nous saluer... Je m'étais étourdie d'un peu de bulles afin de calmer l'angoisse de cette foule qui me faisait peur et pour pouvoir vivre cette expérience plus légèrement. Je me rappelle aussi avoir fait un doigt d'honneur à mon passé en montant les marches dans ma robe faite sur mesure.

La sale pute a fait son boulot. Tu es sur les écrans et tu penses rayonner avec ton chignon tressé et ton semblant d'élégance. Quelle allure médiocre tu te donnes dans ta robe à mille dollars ! Tu me dégoûtes.

Je commence à regretter d'avoir accepté de me rendre dans le nord ce soir. Je ne supporterai pas de passer neuf heures dans ce train, seule de surcroît. De l'alcool... Il me faut un désinhibiteur afin de calmer mon angoisse. *Il doit bien y avoir un restaurant dans ces wagons exigus*, pensé-je.

Alors que je me lève pour essayer de trouver le restaurant du train, ma compagne de voyage arrive en catastrophe, les bras trop chargés pour le petit couloir. Avec sa valise dans une main, son étui d'ordinateur sur son épaule, un sac à main en bandoulière, son manteau par-dessus celui-ci et un sac supplémentaire dans l'autre main, elle peine pour se rendre jusqu'à moi. Ça me fait sourire.

— Allô ! me lance-t-elle joyeusement et un tantinet essoufflée. Je suis arrivée. Ouf, j'ai failli manquer le train !

Puis elle se met à me raconter ses péripéties tout en déposant ses effets personnels dans sa minuscule cabine se trouvant juste en face de la mienne. Ma présence ne la rebute pas. Dieu merci.

Pourquoi est-ce que ce que les autres pensent de moi est-il si important ? Pourquoi est-ce que je continue à me valider à travers le regard d'autrui ? Je n'ai donc pas de colonne ? Non... elle a été écrasée, ne t'en souviens-tu pas, petite Ingrid ?

Le train annonce son départ en donnant une secousse afin de faire bouger les wagons, ce qui me sort de mes pensées. Je dois tenir le cadre de la porte pour ne pas perdre pied. Sous moi, je sens les roues du train commencer à rouler. C'est parti, je ne peux reculer.

— On va prendre un verre ? me demande ma compagne.

Elle a lu dans mes pensées. Oui, je le veux. Un, deux, trois, quatre verres s'il le faut. Pourvu que je trouve un espace moins anxiogène que celui-ci et qu'un peu de bulles aident mon cerveau à se détendre.

Nous marchons dans les couloirs étroits afin de trouver le lieu de prédilection et nous nous esclaffons comme deux adolescentes lorsque le train nous bouscule d'un côté à l'autre. Une connexion spontanée s'établit entre nous, dans ce moyen de transport abritant deux célibataires en cavale. Nous dénichons le bar de la place et commandons d'emblée deux verres de champagne. Puis nous nous racontons nos vies des heures durant, jusqu'à ce que le train s'arrête à bon port. Je lui parle de M et de mes blessures. Elle se confie sur une relation difficile qu'elle a eue dans un passé pas si lointain. Alors que les mots défilent aussi vite que les wagons, nous nous reconnaissons. Et malgré la diversité de nos sagas respectives, nous nous comprenons.

Nous convenons que les monstres refont surface. Sous différentes formes, sous d'autres visages. Ils sont partout et sèment la terreur malicieusement, à plus ou moins grande échelle. Leur ego démesuré a soif de contrôle, de possession et d'avoir raison. Ils cherchent constamment de la chair fraîche afin de nourrir leurs besoins. Ils manipulent jusqu'à l'obtention de ce qu'ils désirent et utilisent nos faiblesses pour y parvenir. Que ce soit un ami, un collègue, un parent ou un patron, ils existent partout et nous font balbutier, douter, baisser la tête, ils font augmenter notre rythme cardiaque, ils nous font dire ce qu'on ne dit pas, nous obligeant à nous justifier constamment. Savoir les déjouer est un long apprentissage.

Pour la toute première fois, je rencontre une femme qui possède l'intelligence émotive dont j'ai tant besoin. Un être qui comprend ce que je raconte. Une âme sœur avec qui je peux échanger et qui connaît la connotation du mot «destructeur». Nous avons tous, au moins à un moment dans notre vie, fait la connaissance d'un monstre. Et ma nouvelle amie est la première à me confirmer que je ne suis ni dupe, ni folle, ni idiote. Que ce que j'ai vécu n'est pas ma faute.

Le sifflet du train se fait entendre de nouveau et nous devons courir ramasser nos effets personnels afin de ne pas manquer notre arrêt. Sans le savoir, je tisse un lien unique avec ma première nouvelle amie.

Comme quoi on ne sait jamais ce qui se trouve dans le tournant... Il faut sortir de sa zone de confort pour avoir accès à la magie. Celle de l'amitié opère en ce jeudi soir et ne fera que grandir au fil des années.

OUVRIR
LE CERCLE CLOS

L e mot « ami » n'est ni volatil ni futile. Même si
mon sevrage a assez duré, rares sont ceux qui
ont l'honneur de recevoir ce badge de ma part. Ce
n'est pas que mes critères soient prétentieux, mais je
ne laisse dorénavant entrer dans mon château fort
que les relations dans lesquelles règnent la loyauté,
l'authenticité et la confiance absolue. Une amitié
sincère est celle où les réussites sont célébrées, où la
compétition n'a pas sa place, et où l'envie, la jalousie,
le contrôle et le mépris n'existent pas. Une amie
aime et s'inquiète lorsque le mauvais temps s'abat
sur nous et nous applaudit quand le soleil nous fait
briller à nouveau. Une amitié n'est ni à sens unique
ni vampirique. Les alliances solides sont unifiées
par une histoire, une anecdote.

L'auteure prolifique et moi sommes liées par
une telle amitié, et ce voyage en train est le premier d'une longue série de pas vers le désir de faire
confiance à de nouveaux humains. Féminins. Les
hommes, eux, je les tiens toujours aussi loin.

Les hommes... Mes adversaires, mes ennemis

J'extériorise encore ma rage en croquant les hommes qui osent s'aventurer sur ma route. Je n'ai pas fini de m'autodétruire. C'est l'ultime moyen que j'ai trouvé pour ne plus rien ressentir et, ainsi, calmer le mal silencieux qui me gruge continuellement à l'intérieur. Celui que j'ai enfoui sous des milliers de pierres, mais qui poursuit ses insidieux ravages. Au grand dam de mon entourage, je fais perpétuellement semblant d'être celle que je ne suis pas pour ne pas rencontrer celui qui pourrait me faire du bien, mais aussi pour me protéger contre celui qui pourrait me blesser.

C'est inévitable et plus fort que moi. Toutes les fois que je fais connaissance avec un homme physiquement de mon goût, un parfait *prospect* et un amoureux potentiel selon le monde extérieur, j'érige mon personnage empreint de mystère, de folie, d'infidélité et de mensonges. Je n'aime pas, jamais. Je me lance dans des idylles impossibles pour m'assurer de demeurer célibataire, que ce soit avec un homme de vingt ans mon aîné, assis sur ses millions, un réalisateur un peu bohème à l'ego survolté, un masochiste qui aime la fessée, un acteur passionné que je rends dingue d'amour pour moi ou un policier *undercover* qui infiltre des gangs de rue. Chaque fois, mon cœur reste clos, prisonnier sous l'armure que j'ai forgée. Je les laisse cogner à ma porte des heures durant, je les rends fous lorsque, spontanément, je pars en voyage sans les avertir ou que, sans crier gare, je mets fin à la relation tordue que j'entretiens avec eux. Je les fais parler pour ne rien devoir raconter sur moi. Je ne me dévoile pas, jamais. J'écoute, je questionne et je confronte. Ainsi, mon intimité et ma vulnérabilité sont protégées.

J'accumule aussi les numéros, que je jette à la poubelle après une nuit passée à danser. Il existe d'ailleurs une dualité dans les chorégraphies à deux: elles me permettent de m'éclipser dans un pays chaud l'instant d'une soirée, mais m'obligent à toucher les mains d'étrangers qui m'invitent à bouger. Certains aiment appuyer leur bassin contre le mien, un peu trop fort. C'est une proximité que je ne choisis pas. Je stoppe alors brusquement la chorégraphie latine. Perdre le contrôle et me sentir piégée me révolte. Ces hommes me répugnent.

Les hommes… Mes adversaires, mes ennemis. Je dois les tenir proches et les rendre fragiles afin d'être constamment en position de force. Avec eux, je suis une erronée, car mon amour-propre n'a pas encore atteint son apogée. Au contraire, je ne l'ai toujours pas solidifié. Il est aussi bas qu'il l'était. Je ne sais pas comment faire pour le retrouver. Je souffre d'être ainsi piégée dans mon propre jeu. Je ne me supporte plus, et celle que je me suis inventée, je ne la supporte pas non plus. J'aimerais que mes *alter ego* me fuient et m'abandonnent.

Devant les gens qui ne cherchent pas à me séduire, je tremble. Je me sens continuellement en position inférieure lorsque quelqu'un avec un fort caractère se présente à moi. Je balbutie, je ne sais pas prendre ma place, je suis continuellement frappée par le syndrome de l'imposteur. J'essaie d'être la plus gentille, la plus aimable, d'être à l'écoute et de devenir un caméléon pour faire en sorte qu'on m'aime. Pourtant, je ne m'aime toujours pas et c'est là que le bât blesse.

TENTER DE FAIRE
TAIRE M

Est-ce que le film s'est rendu jusqu'à M ? L'a-t-il regardé en me crachant au visage ?

A-t-il brisé le téléviseur alors que ma figure apparaissait à l'écran ? D'un instant à l'autre, il me fera peut-être parvenir un message d'une quelconque façon. Ces pensées s'entremêlent pendant un court instant dans mon esprit avant que je les bloque, hurlant à ma tête de se taire. Pourquoi est-ce que les chaînes me ramènent à lui alors qu'il n'existe plus dans mon univers ? N'étaient-elles pas brisées ?

À BOUT DE FORCE

J e suis épuisée. Fatiguée d'être moi. Je fais semblant depuis si longtemps, mais mon mal-être
me trahit lorsque je me retrouve seule à me taillader
les poignets ou à ingurgiter, puis à régurgiter, tout
ce qui se trouve dans mon garde-manger. J'ajoute
cette maladie à la liste de mes autodestructions.
La boulimie m'apporte une immense satisfaction.
Personne n'est impliqué, sauf moi. Je peux la pratiquer partout, à tout moment, c'est mon secret.
Cet instant lorsque je vide mon estomac m'appartient. J'expulse les mots qui me heurtent en même
temps que la nourriture interdite.

Grosse, laide, vache. Salope.

Puis, les yeux ronds, rouges et perlés de larmes
après avoir trop forcé, j'essuie le coin de ma bouche,
satisfaite d'avoir réparé la situation que j'ai moi-
même engendrée. Pour moi, ce n'est pas un trouble,
mais une simple habitude qui ne fait de mal à personne et à moi non plus. Pourtant…

Mais ce soir, être dans mon corps est lourd à
porter. Ma peau est pesante et j'ai envie de me
débarrasser du fardeau de mon existence sans
avoir à mettre fin à celle-ci. J'ai le goût de vivre

autrement et j'ai besoin de changement. J'ai des invitations pour sortir, m'étourdir, mais je les balaie du revers de la main. Ma solitude trouve une échappatoire dans un sac de chips et non dans les bras de la saveur du moment. J'en ai marre de faire semblant. Assise sur le sofa blanc trônant en plein milieu de mon immense loft, une bouteille de vin déjà pratiquement vide sur la table à café, j'observe mes avant-bras, toujours lacérés, maculés de sang séché. Ces marques rougeâtres me font aussi mal que honte. Comment en suis-je arrivée là ? Je les cache des yeux curieux, mais je ne peux fermer les miens alors que je me coupe la peau. Je suis lasse du masque qui effrite mon visage, mais je ne sais pas où se trouve la case départ pour remettre le compteur à zéro. Je suis prise dans cet engrenage qu'est cette vie tachée des affres du passé que je ne peux oublier. Je n'en peux plus de me détester. Je suis exténuée de me revoir d'en haut alors que les vautours lacéraient ma chair. Je n'en peux plus de retrouver les mains de M briser mes os en plein milieu de la nuit pendant que la ville dort et que, moi, je crie. *Maman… pourquoi m'as-tu mise au monde ? Pourquoi m'as-tu désirée ?* Alors que j'attrape le couteau pointu et que je stigmatise mon corps, je prie mes guides, mes anges et les dieux de me porter secours et de souffler un baume de douceur sur mon cœur. Je hurle au vent de m'insuffler un changement. Je pleure à mes mains d'arrêter de me taillader.

Camoufler
les rechutes

Un choix s'impose. Demeurer une victime toute ma vie ou décider d'être heureuse. Je veux toucher les rayons lumineux et, de nouveau, j'enfouis dans une lointaine case cette rechute qui me fait reculer vers mes abominables pensées.

Mon gentil patron m'offre six séances chez un psychologue spécialiste en hypnose. Je le vois à raison d'une fois par semaine. Lors de nos rendez-vous, je lui fais un survol de mon mal de vivre sans entrer dans les détails. Je lui épargne la boulimie, les stigmates et le douloureux passé. Nous travaillons surtout mon estime de moi. Cet amour-propre qui me fait défaut à cause de mes parents, selon lui. Mais guérir sans effleurer le mal est impossible. Vers la fin, je me rends à son bureau, dans l'est de la métropole, surtout pour bénéficier des traitements qui m'endorment et pallient le manque de sommeil que j'éprouve en raison de mes nuits cauchemardesques. Je ne fais pas de suivi par la suite. Ce ne sont pas toutes les méthodes qui nous siéent. Je trouverai bien un jour chaussure à mon pied.

TENDRE LA MAIN
À L'IMMENSITÉ

Je commence à prier autrement. Cette connexion avec l'immensité me manquait terriblement. Dieu fut mon seul allié alors qu'isolée je cherchais une oreille, une épaule, un confident. Mais même si je m'ennuie de ce rituel, je ne peux concevoir de me soumettre à un dieu ou à une religion imposant des règles et des obligations. J'en suis incapable. La réalisatrice avec laquelle j'ai tourné l'automne dernier m'a initiée au bouddhisme un midi, face au lac et au soleil, alors que j'avais besoin d'une pause et de me ressourcer après l'intensité du tournage. Mais les rencontres fortement suggérées et les prières à réciter encore une fois dans une langue étrangère me font paniquer, et je peux sentir les fourmis grimper dans mes jambes et attaquer mon corps en entier. Ça me donne l'impression d'être prisonnière, contrôlée et endoctrinée.

Je commence donc à faire mes prières à ma manière. J'écris des lettres que je brûle par la suite ou des correspondances destinées à plus grand que moi. À l'étendue de l'immensité. À l'infini du rien. Pour m'aider à me pardonner. Mon lecteur, je l'imagine comme un vieux sage, assis sur un nuage et portant une toge argentée brodée de cheveux d'ange. Sa barbe est longue et blanche comme sa chevelure. Il tient un long bâton de bois doré et dans ses yeux brillent des millions de pupilles. Les nôtres. Il observe la terre et notre quotidien. Il lit mes lettres et m'envoie des réponses. Parfois, ce ne sont pas celles que j'attendais. Quelquefois, je ne comprends pas son écriture. Mais lorsque je regarde le fil de ses missives, je constate qu'il a raison. Tout est parfait, toujours.

Papa... mon doux papa. J'écris aux étoiles, tu sais? À celles que nous avons observées alors que, petite, je te laissais me protéger. Papa... Il y a si longtemps que j'ai posé ma tête sur ton épaule. Depuis Mathusalem que je ne me suis pas assoupie dans la quiétude de l'innocence. Maman... Ériger mon mur de béton m'a affaiblie. Il craque et se fissure tranquillement. Maman... Bientôt, tu auras accès à moi comme jadis et je te laisserai caresser mon visage sans avoir peur que ta main me brûle. Je sens que j'atteins le fond du puits. Il sera bientôt temps de remonter vers la surface. Je suis très occupée dernièrement à me braquer contre les possibilités; le danger du bonheur et celui de la peur. J'oublie de prendre soin de moi ainsi que de la petite fille intérieure qui aimerait tant être aimée. Je lui tiens la main, certes, mais j'oublie de la serrer fort pour ne pas qu'elle glisse. Papa, maman... Je cherche mon essence. Je cherche à me redéfinir. Je ne sais pas encore qui je suis, mais je sais que j'ai envie de me retrouver.

PIERRE PAR PIERRE

On ne perd pas nos démons. On apprend à vivre au-dessus de ceux-ci. Je n'ai plus envie de croquer le vice. J'aspire à délaisser la fourberie et à me recentrer sur l'essentiel. Du fond de mon puits, j'agrippe une pierre pour tenter de me hisser vers le haut. Un pas à la fois.

Je lis sur la spiritualité, sur le synchronisme et les coïncidences. Je dévore *Le Guerrier pacifique*, *La Prophétie des Andes*, Bernard Werber et son cycle sur les anges ainsi que tous les bouquins de Sylvia Browne qui me tombent sous la main. Je médite et j'assiste à différents ateliers, certains frisant le charlatanisme, mais d'autres réellement surprenants. Mais je ne termine que rarement les sessions, préférant prendre ce qui me sied et laisser aux autres ce qui ne me plaît pas.

J'ai déménagé aussi. Mon nouveau quatre et demie est lumineux, coquet et moins cher surtout. Changer d'endroit m'a fait du bien, d'autant plus que je n'ai plus à croiser le voisin gourou, sa voix grave et ses pantalons cachant mal son intimité.

J'aime mon nouveau nid. L'absence de hauts plafonds et d'espace ouvert n'augmente pas mes crises d'anxiété. Au contraire, ça m'enveloppe, et mes courtes méditations me permettent de respirer mieux et le manque d'argent se fait moins ressentir. Un vent de changement souffle dans ma direction et l'air est bon.

L'ÉCUME DU TEMPS

J e vieillis. Trois étés se sont écoulés depuis la fin
du massacre de mon identité, et ressentir des
bras aimants commence à me manquer. Autant
je repousse l'idée d'aimer l'odeur d'un homme, de
m'ennuyer lorsqu'il est absent, d'apercevoir l'amour
réciproque dans nos regards respectifs, autant la
rareté du bonheur à deux commence à me peser.

Je travaille toujours au même endroit, je joue de
temps à autre dans quelques publicités, je décroche
des rôles épisodiques dans certains téléromans et...
je danse. Mes fréquents cours de salsa m'amènent à
m'impliquer dans une formation de huit danseurs
visant les concours. Ma professeure me convainc
de rejoindre la troupe et je me lance. D'autant plus
qu'il y a cet énergumène dans la cohorte qui me
plaît... Victor, qu'il se nomme. Ce que j'aime ce
prénom. Pour la toute première fois, je n'ai pas
envie de croquer son cœur ni de déchirer son honneur. Il me plaît réellement. Je l'observe de loin
depuis un moment déjà et je me surprends à me
sentir vibrer. Ses cheveux ondulés foncés tombent
parfois sur ses épaules lorsqu'il ne les attache pas.
Son visage long et ses énormes lèvres m'attirent. Il

a un style particulier, une douceur prenante et une nonchalance séduisante. Il se classe peut-être dans la catégorie des artistes nébuleux, vu le soupçon de mystère qui augmente l'intensité de son charisme. Il est bon, profondément gentil, respectueux et attentionné. Quand il danse, sa grâce s'agence avec son style de rue moins étudié et plus saccadé. Il est beau à mes yeux et probablement étrange à ceux d'une autre. Mais ce soir, alors que nous répétons, la professeure, que je qualifie de « dictatrice tranchante et exigeante », glisse sa main dans la sienne lorsque nous sommes assis en cercle sur le sol de la salle de répétition pour un temps d'arrêt et une gorgée d'eau. En silence, je pressens l'énergie qui circule entre eux. J'espérais que mon énergumène serait libre et qu'il me remarquerait, mais il ne l'est pas. Une voix me dit que nous nous rencontrerons différemment plus tard. Nous retournons à nos pas de danse et je me concentre sur mon partenaire et sur la chorégraphie que nous répétons, mais ma tête n'y est pas.

Tu ne mérites pas d'être aimée, ya kahba. Si je ne t'ai pas, personne ne t'aura.

L'AMOUR S'EFFRITE, CHAVIRE, SE FANE

Je termine ma journée de boulot et je rentre à la maison. Il se fait tard. Je travaille de nombreuses heures supplémentaires et je n'ose pas faire autrement. J'ai l'impression que de m'en aller à 17 heures tapant est mal vu. Alors je pianote à mon poste d'ordinateur, attendant que mon patron se lève et me demande si nous partons. Mon échine n'est pas redressée entièrement. Je ne connais pas ma valeur. Pourtant, les humains qui ont la capacité de dire non et de mettre leurs limites sont épanouis, ai-je déjà lu dans le journal. Malheureusement, il n'y avait pas de mode d'emploi rattaché à l'article.

Toute la journée, j'ai le sentiment que le vent est sur le point de tourner. Que je possède la clé afin de mobiliser les astres et d'aligner les étoiles. Que je suis la détentrice de mon chemin vers la lumière. Je rentre à la maison pour méditer sur cette impression qui grandit à l'intérieur de moi.

Alors que j'éteins le moteur de mon véhicule tout près de ma maison, le vent se lève et souffle les feuilles mortes sur mon pare-brise. Un amas tourbillonne devant moi, formant un cylindre s'élevant vers le ciel. Je le regarde virevolter encore, puis s'écraser sur la vitre en constituant une forme qui s'apparente à un cœur. Aimer. J'ai besoin d'aimer. Ne sommes-nous pas ici pour vivre en tandem et marcher à deux ? Ne sommes-nous pas construits pour partager avec autrui les aléas de la vie ? Ma solitude doit mourir et se transformer, comme ces feuilles qui retourneront à la terre.

Tandis que la brise se lève de plus belle, je sors de mon véhicule et je referme systématiquement mon imperméable afin de ne pas laisser la rafale s'infiltrer sous mon manteau. La tête baissée, j'affronte la bourrasque qui me pousse vers l'arrière et je marche vers mon domicile d'un pas ferme, comme si mes pieds, à l'image des racines de l'arbre, étaient ancrés au sol.

Je referme la porte derrière moi et je verrouille les multiples serrures que j'ai fait ajouter à mon arrivée. Je monte l'escalier, enjambant mes nombreuses bottes et chaussures posées méthodiquement le long du mur, pour finalement déverrouiller la porte du haut qui, elle aussi, est munie de plusieurs serrures. Je ne me sentirai jamais assez en sécurité.

Il fait déjà nuit dehors et le minuteur installé sur mes lampes ne s'est pas enclenché. Un frisson m'accapare. Je ne sais pas si c'est parce qu'il fait froid à cause de mon habitude de baisser la température avant de partir pour le boulot le matin ou si c'est le manque de lumière qui me fait peur. J'écoute attentivement pour m'assurer que le danger ne s'est pas immiscé dans mon logis.

La sonnette retentit. Je sursaute. Mon cœur cesse de fonctionner un instant. Depuis mon déménagement, personne n'arrive à ma porte à l'improviste.

Lentement, je redescends les marches et j'ouvre la porte d'entrée sans enlever la chaîne qui me sécurise. Pendant un instant, je regrette de ne pas avoir fait percer un œil magique afin d'avoir une vue sur l'extérieur. Je penche ma tête sur le côté, dans l'embrasure, tenant la porte fermement.

Papa se tient debout sur la galerie, une valise à la main, l'air déconfit, blême, sa cravate claquant au vent. Précipitamment, je déverrouille et j'ouvre ma maison à mon papa, qui ne m'a pas prévenue de sa venue. Je suis inquiète. Que fait-il ici à cette heure tardive ? Pourquoi ne m'a-t-il pas appelée ? Pourquoi a-t-il ce regard si triste ?

— Je peux entrer ? me demande-t-il d'une petite voix que je ne lui connais pas.

— Papa ? Qu'est-ce qui se passe ? Entre !

Nous nous frayons un chemin jusqu'en haut, puis papa sort un scotch de son sac. Papa et son amour pour le *single malt*… Sa collection doit certainement compter une vingtaine de bouteilles. Je remarque qu'il y a des vêtements entassés dans sa besace, mais je garde le silence malgré les battements dans ma poitrine, lui laissant le soin de m'expliquer sa visite impromptue à son rythme. Je suis soulagée de ne pas être seule ce soir. J'avais un pressentiment que la noirceur s'était établie chez moi. Je n'avais peut-être pas tort. Nous nous dirigeons vers la cuisine et je me sers un verre de vin, n'ayant pas encore développé mon goût pour la boisson de prédilection de mon père. Nous prenons place dans la salle à manger, celle qu'il a lui-même peinturée, puis ses mots, comme une bombe qui tombe, écrasent mon univers.

— J'ai quitté maman.

Ses paroles entrent en collision avec mes émotions. Alors qu'il m'explique qu'il est parti de notre maison familiale depuis deux nuits maintenant et qu'il loge depuis à l'hôtel, les larmes roulent sur ses joues. Rares sont les fois où j'ai vu mon père pleurer. Mon papa est l'homme que j'aime le plus sur cette terre et, s'il souffre, je souffre. J'ai toujours voulu le protéger, prendre soin de lui et affronter quiconque pourrait le blesser. J'aimerais prendre sa douleur et la faire mienne pour ne plus qu'il ressente cette peine immense. Je ne veux pas le questionner et il ne me raconte que le minimum. Cette histoire concerne un homme et une femme, un couple qui ne fonctionnait plus, et il se doit de protéger ses enfants à travers cette rupture.

— Je suis ton papa, mais aussi un homme. Et ta maman est une femme, pas uniquement une mère.

Je suis abasourdie par ce qu'il me dévoile, mais je reste respectueuse. Il ne parlera jamais en mal de maman, m'affirme-t-il. Il l'aimera pour toujours, car il s'agit de la mère de ses enfants, mais, au-delà du fait qu'ils sont nos parents, ils formaient un couple, et ceci leur appartient.

— Qu'est-ce que je peux faire pour toi, papa ? Mon papa d'amour...

Il ne sait pas. Il ne sait rien. Il est déboussolé. Mais tout ce qui lui importe ce soir, me confie-t-il, est de se retrouver avec sa fille et de ressentir l'amour inconditionnel qu'elle lui porte dans ce moment le plus difficile de sa vie. Il ne me demande rien. Uniquement d'être présente, de partager un verre de vin avec lui et de lui parler de moi. Puis de lui permettre de dormir ici, rajoute-t-il. Le vertige, l'angoisse et la panique le font suffoquer à l'hôtel.

— Oui, papa. Mon papa d'amour. Je suis là et ferai tout pour t'apaiser. Ma chambre est à toi.

Je mets un CD de Leonard Cohen et je prends papa par la main afin qu'il se lève.

— Dansons, lui dis-je. Chantons et dansons pour faire taire le mal et extirper la douleur.

Chacun de notre côté, nous nous enivrons de cette musique et laissons nos gestes se perdre dans l'air. Comme deux hippies autour d'un feu de camp.

— Ferme les yeux, papa, et danse. Laisse tes émotions naviguer dans l'espace.

Dans la cuisine, nos voix s'harmonisent à celle, grave et riche, de Leonard.

First we take Manhattan, then we take Berlin.[2]

Oui. La vie, il faut l'agripper et aller chercher ce qui nous importe.

Deux bouteilles de rouge plus tard, nous dansons toujours dans la cuisine, tournant sur nous-mêmes dans cette liberté absolue, laissant les larmes, les rires et les cris de douleur venir se fracasser dans l'intemporel moment. *Alegría* du Cirque du Soleil vole la place de Leonard et nous profitons de la musique pour guérir un instant nos maux.

Papa demeure deux nuits chez moi. Il n'est jamais retourné chez maman. Ils ont divorcé et mon cœur s'est brisé. L'amour s'effrite parfois.

---

2. Leonard Cohen, *First we take Manhattan*, 1986.

L'amour fait mal. L'amour chavire, confronte et bouscule. L'amour est incertain. L'amour n'est jamais acquis. Alors que j'ai cette envie d'aimer à nouveau, mon modèle s'écroule devant mes yeux. Papa n'aime plus maman. Une fatalité, ou plutôt une finalité existe. J'ai longtemps pensé que mon histoire avec le psychopathe avait grugé et entaché l'union de mes parents. J'ai pensé que c'était de ma faute s'ils avaient pris des chemins différents. Que j'étais malheureusement l'élément déclencheur. Je le crois toujours, malgré le fait qu'un seul événement entraîne rarement la séparation.

À partir de ce jour, une certitude s'ancre en moi et elle est particulièrement difficile à faire taire : un couple ne dure pas. Si je parviens à trouver le bon, je finirai par le quitter.

BRISER LES FRONTIÈRES

Pour que je le quitte, je dois tout d'abord lui ouvrir ma porte. Une lettre.

Un an est passé. Je compose des paroles décrivant celui qui erre quelque part sur cette terre et qui ne sait pas encore que nous nous aimerons. Maintenant que mes parents ont divorcé et que je connais le sort que me réserve une union, je suis prête à marcher en duo pour plus longtemps qu'une soirée ou deux. J'ai connu le pire, alors je ne crains plus rien. Je finirai seule de toute façon, alors pourquoi ne pas essayer un ménage à deux, question de souffler un peu? Je le veux vraiment. Pendant que ma famille se détériore, j'ai besoin d'une ancre, tout de suite, maintenant.

Ciel, je t'écris mes simples demandes, parce qu'il est l'heure que je pose ma tête sur une épaule forte, solide, aimante. Je t'écris au présent, comme s'il y était déjà. Parce que j'ai besoin d'y croire. À mes côtés, je marche désormais avec un homme qui me fait passer en premier. Celui pour qui je suis la priorité. Il m'aime comme il n'a jamais aimé. Je l'aime aussi. Cet homme est disponible émotivement et physiquement. Nous nous ferons grandir mutuellement. Il est fidèle,

doux, aimant, gentil, attentionné et respectueux. Il
me défend et me protège. Jamais il ne me fera pleurer.
Jamais il n'élèvera la voix contre moi. Nous vivons en
harmonie. Il atterrit dans ma vie facilement et divi-
nement… maintenant.

Je signe et, sous ma griffe, j'inscris l'heure et
l'endroit où j'émets cette demande. Je dépose mon
crayon et je m'installe sur le balcon arrière de mon
logement, donnant sur la ruelle calme. Je sors un
briquet de la poche de mon jean et je brûle le papier,
laissant le soin à la fumée de se rendre jusqu'au sage,
assis sur son nuage. Ensuite, je m'allume une cigarette et je m'installe sur l'unique chaise qui meuble
mon petit balcon. Le vent emportera ma demande
à bon port et, qui sait, peut-être trouverai-je une
âme sœur qui fera battre mon cœur…

J'aurais aimé voir les étoiles ce soir, mais les
lumières de la ville m'en empêchent. Je termine
ma clope, regardant tout de même vers ce néant
qu'est l'infini et je prie à ma manière. Je le fais
pour que les astres s'alignent et que ma demande
soit reçue rapidement. Ma solitude me pèse et j'ai
besoin de stabilité dans mon quotidien.

Je referme la porte, je la verrouille et je remets le
bout de bois que papa m'a confectionné afin que la
porte coulissante soit impossible à ouvrir. Je m'installe dans mon salon, emmitouflée dans ma grosse
doudou, devant un vieux film, un bol de *popcorn* à
ma portée et un verre de vin rouge sur la table à
café. J'oublie ma lettre au ciel et je me concentre
sur Julia Roberts qui se trémousse devant le millionnaire blasé, sans savoir que dans ma boîte de
courriels un message venait d'entrer.

ZIED, MON DOUX SOUVENIR

On ne sait jamais sous quelles formes nos demandes seront exaucées.

Je n'ai pas d'ordinateur à la maison. Ce n'est donc qu'au boulot, lundi matin, que j'ouvre ma messagerie personnelle après avoir accompli mes tâches matinales, dont celle de servir le café à mon deuxième patron. Je n'aurais jamais dû commencer cette gentillesse, car maintenant elle est tenue pour acquise. Ce que je faisais tout d'abord par plaisir est maintenant une véritable obligation. Et quand je suis contrainte à faire un geste contre ma volonté, l'angoisse m'attrape et un blocage entrave ma gorge. Des palpitations font frétiller mon troisième œil et mon souffle devient court. C'est pareil avec l'injustice ou lorsqu'on me prête de fausses intentions. Aujourd'hui, je suis une lionne et j'ai une capacité de me défendre qui est hors du commun, mais chaque chose en son temps. Je n'avais pas acquis cette aptitude à cette époque.

Zied m'écrit et me mentionne pour la énième fois qu'il viendra sous peu faire un saut à Montréal. Cette fois-ci, ce qui diffère de ses précédents messages, c'est qu'il me demande mon adresse exacte advenant qu'il n'ait pas le temps de m'avertir de son arrivée. Jusqu'à maintenant, je n'ai jamais cru qu'il le ferait réellement. Zied demeure pour moi un lointain et doux souvenir. Un jeune homme qui restera à tout jamais un petit frère à la stature svelte qui, de ses yeux si gentils, calmait ma peine. Je me souviens du sourire qui illuminait mon visage lorsqu'il apparaissait dans le cadre de la porte du minable studio quand j'étais prisonnière des quatre murs de béton en Afrique. Je me remémore sa tête frisée et ses éternelles lunettes fumées cachant ses yeux soyeux, son sourire timide et sincère de même que ses vêtements à la mode européenne. Sa famille étant la plus riche du village, Zied étudiait dans la capitale et ne venait me visiter que de temps à autre. Je me rappelle sa douce voix, à peine audible, qui me murmurait dans le creux de l'oreille : « Suis-moi. » Puis, m'attrapant par la main, il me faisait passer le grillage en fer de la cour intérieure sans attendre l'approbation de M, qui était de toute façon occupé à jouer aux cartes avec sa bande. Zied m'avait ouvert la portière de sa toute nouvelle Peugeot et m'avait donné les clés. « Tu conduis », m'avait-il dit en me faisant son fameux clin d'œil. Il m'apportait l'illusion de la liberté et me kidnappait pour m'emmener loin de la folie de son ami. Il ne savait pas ce qui se tramait quand la porte était close et il n'a jamais rien su de l'escalade fulgurante de violence qui s'est amorcée lorsque nous avons quitté le pays. Il a été témoin par contre de l'horreur des mots, de l'humiliation et des crises. Il a vu des objets lancés à quelques centimètres de mon visage et il s'est braqué quelques fois contre M, me sortant de la pièce en attendant que la tempête passe. À d'autres moments, il me gâtait de présents pour me faire oublier la crise qui venait de surgir. Zied, mon protecteur.

Pourtant, j'hésite à lui donner mon adresse. Je ne l'ai pas vu depuis de nombreuses années et, malgré la confiance aveugle que je lui octroie, je ne suis pas à l'aise d'inscrire le lieu de mon nid ni de laisser cette information traverser l'océan. Je lui concocte une réponse floue, laissant entendre que je ne sais pas si je demeurerai au même endroit encore bien longtemps, mais que je suis joignable facilement sur mon cellulaire. Revoir Zied serait pour moi un immense bonheur, mais j'apprends à ne pas me réjouir des bonnes nouvelles avant qu'elles soient bel et bien réelles. Quand il n'y a pas d'attentes, il n'y a pas de déceptions.

La journée file à la vitesse de l'éclair. Je termine de gros dossiers et les réunions s'enchaînent. Nous avons un nouveau conseil d'administration pour un festival à venir et je dois finir les rapports avant notre dîner d'affaires qui aura lieu demain chez Milos, ce restaurant réputé où nous allons de temps à autre. La carte du midi est à couper le souffle. Les serveurs aussi, d'ailleurs. Mon salaire n'est pas faramineux, mais mes deux patrons me gâtent autrement en m'invitant au restaurant le midi. Encore une fois, je travaille tard ce soir et je rentre à la maison épuisée.

Atterrir dans ma vie

J'ai une fois de plus cette obsession de perdre du poids rapidement et je préfère avoir recours à un régime protéiné proposant de la nourriture fabriquée que ne rien manger du tout, puis me gaver après plusieurs journées de restrictions. Je crois que c'est mieux pour ma santé. Je prends un rendez-vous à la clinique de la Rive-Sud qui m'a aidée à atteindre le poids rachitique d'un mannequin pour mon rôle dans *Elles étaient cinq*. Jouer me manque terriblement. J'ai pourtant fait une demande à l'univers il y a quelque temps déjà, que j'avais formulée ainsi : « J'obtiens un premier rôle en continuité dans la série la plus populaire au Québec. Un personnage qui touche l'âme des gens. » Puis j'ai signé et brûlé le petit bout de papier, comme le rituel le demande. Je crois en la magie et, un jour, ce sera mon tour.

Pute. Sale pute, tu ne mérites rien.

J'arrive à la clinique, un peu honteuse de ma reprise de poids et de mon retour à cet endroit pour la deuxième fois. Je suis toujours mince et élancée, mais, dans mes yeux à moi, je ne serai jamais assez maigre. J'invente des excuses à l'employée, prétextant un tournage imminent afin qu'on me prenne en charge, sinon je crois bien qu'on refuserait de me vendre les boîtes de nourriture en poudre. Mon agente doit d'ailleurs me téléphoner afin de me confirmer un contrat de publicité. Un rôle muet pour lequel j'ai tout de même auditionné. Toutes les victoires ont bon goût. Les petites et les grandes.

À la clinique, je subis chaque fois le même rituel. Après avoir patienté dans la salle d'attente, la conseillère appelle mon nom en saluant la dame en surpoids qui quitte son bureau avec des sacs en plastique remplis de fausse bouffe à la main. Je me lève, les joues rouges, en espérant ne pas m'être fait reconnaître et j'entre dans la petite salle bleue où des tablettes regorgent de produits. Par chance, la dame qui m'a suivie durant l'été où plus de vingt livres m'ont quittée est d'une douceur et d'une gentillesse hors norme. Puis c'est l'heure de la traditionnelle pesée, laquelle me jette en plein visage tout le poids repris depuis mon dernier régime. J'enlève mes chaussures et mon jean, et j'embarque sur la machine en fer. Je déteste les pèse-personnes. Un chiffre peut me faire sombrer dans une spirale dangereuse d'anorexie maladive, mais, cette fois-ci, je n'ai pas le temps de m'attarder au nombre inscrit devant moi. Mon cellulaire sonne. Comme j'avais averti la conseillère que j'attendais un appel important, je quitte le pèse-personne sans regarder le chiffre fatidique et je réponds malgré le numéro sur l'afficheur qui n'indique pas celui de l'agence. Parfois, les costumières communiquent avec les acteurs avant même que la confirmation se soit rendue jusqu'à eux. Ça déboule si vite dans ce milieu.

— Allô ?

— Ingrid ? C'est toi ?

Une voix masculine, grave, feutrée et à l'accent français, prononce mon nom à l'autre bout du fil. Je tends l'oreille, les tambours entamant leurs rythmes frénétiques dans ma cage thoracique.

— Oui, c'est moi.

J'écoute, attentive et concentrée.

— C'est Zied. Je suis à l'aéroport de Montréal. Tu as envie de venir me chercher ?

Mes jambes flanchent sous le poids de mon corps qui se relâche. Je m'assois sur la chaise en face de moi.

— Zied ? Tu es à Montréal ?

— Oui, je suis venu te voir, comme promis.

Je suis abasourdie par cet appel impromptu et je n'arrive pas à rassembler mes pensées. Mon cœur bat la chamade et une bouffée de chaleur m'envahit. Jamais je n'aurais cru qu'il débarquerait à l'improviste après tant d'années sans contact réel.

— Tu es sérieux ? Tu es vraiment à Montréal ?

Zied pousse un rire nerveux en acquiesçant.

— J'arrive. Donne-moi une heure tout au plus. Je suis chez le docteur, sur la Rive-Sud.

Nous nous disons : « À tout de suite ! » Puis je raccroche, stupéfaite par cet appel. La conseillère l'est tout autant que moi.

— Je dois partir, mentionné-je, le souffle court.

Elle me retient affectueusement en m'indiquant qu'elle ne me laissera pas prendre ma voiture dans cet état. Je la rassure et lui explique qu'un ami de longue date vient de m'annoncer qu'il est à Montréal et qu'il veut que j'aille le chercher à l'aéroport.

Que je suis simplement surprise de cet appel inattendu. Suspicieuse, elle me demande tout de même de respirer un peu. Malgré la frénésie qui s'empare de mon corps, je me calme afin de démontrer à la femme en face de moi que je peux partir en toute sécurité. Je prends le temps de finir mes achats et de fixer un rendez-vous pour la semaine prochaine. Je paie mon épicerie coûteuse et je démarre la voiture, quittant en trombe la clinique. Les palpitations s'accentuent autant que mes sentiments contradictoires. Un sourire me fend le visage et la peur me gruge le ventre. Zied est à Montréal. Mon Zied d'amour. Il a tenu sa promesse. J'accélère une fois sur l'autoroute, filant à toute allure vers l'aéroport, qui se situe à quarante-cinq minutes de l'endroit où je me trouve. De quoi ai-je l'air ? Nous ne nous sommes pas vus depuis tant d'années, me reconnaîtra-t-il ? Pourquoi est-il ici ? A-t-il des nouvelles de M ? Est-ce que M l'accompagne ? Tout à coup, la frousse s'empare de moi et je décélère. Non, impossible ! Zied est mon âme sœur. Je sais que ma sécurité et mon bonheur l'emportent sur tout. Il tuerait pour moi.

Mes pensées s'entrechoquent de plus belle alors que l'aiguille sur le cadran de vitesse m'indique que j'ai atteint les cent trente kilomètres à l'heure. Ne voulant risquer de me faire arrêter, je redescends à cent vingt kilomètres à l'heure, tout juste à la limite acceptable pour les policiers à cette époque. J'actionne le lecteur CD et je tente de me détendre sur la musique d'Aznavour, celle qui aide à apaiser mes peurs et mes angoisses.

Comme si c'était hier

L'aéroport de Montréal est bondé. Je me faufile dans les rangées du stationnement intérieur pour me trouver une place entre deux camions. Je jette un coup d'œil à mon image dans le rétroviseur et j'applique rapidement un trait de crayon sous mes yeux pour en rehausser le vert. Je replace une mèche rebelle derrière mon oreille et j'éponge mon front à l'aide d'un mouchoir. J'ai chaud. L'adrénaline me donne probablement ce coup de chaleur duquel je me serais bien passée.

Je ramasse les quelques déchets qui traînent, dont deux vieux gobelets de café, des sacs de papier brun de commandes à l'auto ainsi que quelques magazines à potins piétinés. Tout cela n'embellit pas ma voiture, mais je tiens tout de même à accueillir Zied dans un endroit salubre.

Je sors de mon auto et j'entame ma marche vers celui qui changera ma vie.

Il est près de 14 heures et le soleil brille aujourd'hui. À la sortie du stationnement, les rayons me touchent brièvement le visage alors que je me faufile entre les portes tournantes. J'atterris dans un bain de foule, les uns se ruant vers l'extérieur, les autres bloquant le passage, préoccupés par leurs accolades émotives. Des chariots exempts de bagages traînent un peu partout et je cherche du regard celui qui a sûrement bien changé depuis notre dernière rencontre.

Mon regard se pose sur un jeune homme d'environ vingt-cinq ans qui se dirige vers moi, affichant un doux sourire tout en retenue. Je peux sentir l'émotion sur son visage un peu blême malgré son teint basané, probablement en raison de ce long voyage. Je plisse les yeux. C'est lui. Je suis immobile dans la foule, stoïque, sous le choc de ces retrouvailles. Il s'approche de plus en plus et je reconnais sa dégaine nonchalante. Ce n'est plus un petit frère frêle qui marche vers moi, mais un homme à la carrure athlétique. Il est stylisé, magnifique, et sa chevelure est maintenant longue et semi-frisée. Ce qu'il a grandi ! Je n'avais que dix-huit ans à l'époque et lui en avait seize. L'adolescence l'a quitté pour laisser sa place à cet être rayonnant. Son sourire ne peut s'empêcher d'exploser lorsqu'il arrive à ma hauteur.

— Zied ? Que fais-tu là ? lui dis-je avec un rire stupéfait, lui ouvrant mes bras aussi grands que possible.

Je note que mon accent reprend immédiatement ses allures d'antan, se moulant aux intonations du pays du sable. Zied se lance dans mes bras et camoufle sa tête dans mon cou, comme il le faisait lorsque nous nous retrouvions en Afrique. Il n'a pas changé. Son odeur non plus. Des images en rafales s'introduisent dans ma tête. Je revois Zied m'empoigner doucement par la main alors que nous étions en visite chez lui, dans la capitale, et crier par-dessus son épaule en direction de M : «Je vais faire les courses avec ta femme !» avant de claquer la porte de la villa. Il calmait ma nervosité et, tout en me faisant jurer de lui faire confiance, il m'enlevait pour une escapade que nous gardions pour nous. Zied m'emmenait rapidement faire les courses au supermarché et je retrouvais un semblant de liberté. Par la suite, nous errions dans les boutiques chics de la métropole, où je croisais quelques touristes qui n'avaient alors aucune idée de ma condition. Je me souviens d'une fois où, après une crise de M, Zied m'avait emmenée manger de la crème glacée, puis il m'avait acheté des cigarettes More. «De longues et fines cigarettes brunes, parfaites pour les femmes élégantes et distinguées comme toi», m'avait-il dit. Du haut de ses seize ans, il rendait mon existence plus agréable par moments, alors que, sous le joug de M, ma vie ne valait rien de plus que celle d'une coquerelle logeant sous les tapis.

Nous nous dirigeons vers ma voiture et je m'acclimate tranquillement à la présence surprenante de mon ami venu de loin. Je le scrute du coin de l'œil, n'arrivant pas encore à concevoir qu'il est à mes côtés. Nous glissons son unique valise dans le coffre de l'automobile, puis je m'installe derrière le volant.

Je roule vers Montréal, amusée par les yeux curieux de Zied qui découvre l'Amérique pour la première fois. Sa main gauche est posée sur la mienne et, de temps en temps, il la serre délicatement, me faisant ainsi part de son bonheur d'être à mes côtés. Mon cœur bat toujours aussi vite. Au fil de notre discussion, je comprends que Zied n'a pas réservé de chambre d'hôtel. Il préfère de loin mon sofa. Son séjour ne durera que dix jours et il veut profiter de ma présence à chaque instant.

Avant d'arriver chez moi, je bifurque vers le supermarché afin de nous procurer quelques aliments pour au moins préparer un souper. *Zied ne mange probablement pas de protéines liquides*, me dis-je sarcastiquement. J'achète aussi du vin et du cognac à la SAQ. Je me rappelle qu'il aimait particulièrement cette boisson forte. Puis, nous arrivons à la maison. Le soleil entame sa descente et je vois la fatigue dans le regard de Zied. Il n'a pas faim, mais un verre de cognac l'enchanterait. Il dépose sa valise dans le salon et saute dans la douche, alors que je lui prépare des couvertures et un oreiller, que je laisse sur le sofa. Je nous verse deux verres de vin rouge et un d'alcool fort. Zied se joint à moi, habillé d'un vêtement de sport confortable, et nous nous installons au salon afin de discuter un peu.

Son regard est le même que celui qu'il me lançait lorsque, adolescent, il me scrutait longuement de ses yeux brun clair, brillant d'un amour inconditionnel. Il est tendre, aimant, solide.

Nous discutons de nos vies respectives et je lui demande ce qu'il est devenu après mon départ de l'Afrique. Je le dispute d'ailleurs gentiment... Zied ne m'a jamais dit au revoir en septembre 2001, alors qu'il savait que je retournais dans mon pays.

— Je sais... me dit-il en me fixant droit dans les yeux. Cette journée-là, j'ai garé ma voiture dans le stationnement de l'aéroport, mais je ne suis jamais sorti de mon véhicule. Te voir physiquement partir m'aurait trop fait souffrir. Tu sais, les quelques fois où nous nous sommes parlé après ton départ, alors que tu vivais toujours avec M, j'ai senti que quelque chose n'allait pas. Je ne voulais pas te voir t'en aller avec lui, je savais bien que la situation s'envenimerait. Tu m'en parleras?

Abasourdie par la franchise et l'authenticité de mon camarade, je hoche la tête. Même s'il est encore trop tôt pour aborder le sujet, à lui, je lui confierai tout. Mais laissons d'abord le temps faire son œuvre et demeurons joyeux…

Peu après mon départ de l'Afrique, Zied est allé vivre en France et a fait ses cours à l'École des hautes études commerciales de Paris. Il y repart d'ailleurs après son court séjour ici. Il a gardé très peu contact avec les gens du village et ne retourne là-bas qu'une fois par été, lors de ses vacances, afin de voir sa famille.

Tout au long de la discussion, je m'efforce de ne pas laisser mon accent du passé prendre le dessus et effacer ma personnalité. M m'a tant critiquée sur mon langage québécois et il m'a convaincue que notre société ne savait pas s'exprimer. J'étais trop élégante et intelligente selon lui pour utiliser les formules grossières des gens d'ici. Sa femme se devait de bien communiquer. Me glorifier au détriment de ceux que j'aimais était une des manigances qu'il utilisait pour me manipuler et faire taire qui j'étais.

Il n'est que 22 heures, mais je sens la fatigue l'emporter sur Zied. Il peine pour garder la tête droite, mais sa fierté l'empêche de me mentionner qu'il a besoin de dormir. Je lui propose donc de regarder un film et nous nous blottissons l'un contre l'autre sur le sofa, comme deux enfants qui ne se sont jamais quittés, emmitouflés sous les couvertures. Quelques minutes plus tard, Zied dort fermement. Je me lève et ferme les lumières sans faire de bruit. J'éteins la télévision et je retrouve ma chambre, mon livre et mon intimité, toujours sous le choc de la présence de cet ami dans mon nid.

Les fantômes du passé

J'ai si mal dormi que mon cadran crie longtemps avant que mon corps astral rejoigne mon corps physique. Sur mon plafond, j'ai peint une phrase qui m'aide à bien commencer ma journée. Même si je ne m'endors que couchée sur le ventre en tenant fermement mon oreiller additionnel, je me réveille systématiquement sur le dos, les bras au-dessus de ma tête et les poignets croisés, comme s'ils étaient attachés. Je n'aime pas la sensation de me retrouver dans cette position et je ne comprends toujours pas pourquoi mon corps s'obstine à s'immobiliser ainsi.

Cette nuit, les cauchemars ont agrippé mon sommeil et m'ont gardée prisonnière dans une toile d'araignée. Impossible de m'enfuir de ces mains menaçantes qui m'ont étranglée jusqu'à ce que je me réveille ce matin, essayant de chasser l'empreinte des doigts sur mon cou et les fils de soie que je sens encore présents autour de mon corps.

« Ne t'écarte pas des futurs possibles avant d'être certain que tu n'as rien à apprendre d'eux. » Richard Bach.

Je lis cette phrase inscrite au plafond et je la laisse m'imprégner. Chaque matin, je respire ces mots qui m'aident à ne pas fuir et à m'ancrer dans mon corps, ma chair, ma vie. Je dois faire face aux possibles qui se présentent et les cueillir sans leur offrir mon dos.

Je me lève sur la pointe des pieds et j'enfile mon peignoir par-dessus ma robe de nuit. Je sors de ma chambre et me dirige vers la salle de bain. La porte est verrouillée. C'est vrai, j'héberge un visiteur dans ma maison. Ça me frappe tout à coup. Zied est bel et bien présent, et je n'ai pas pris congé du boulot. Que va-t-il faire durant mon absence ? Je retourne à ma chambre et je m'habille rapidement. Je ne veux pas être en retard, moi qui suis d'une ponctualité exemplaire. Je prendrai ma douche plus tard. Je me fais un café à emporter et je retourne en catimini vers ma salle d'eau, mais j'entends toujours la douche couler. Mon visiteur a pris possession de ma salle de bain. Mince alors ! Je me débarbouille donc le visage dans l'évier de la cuisine et je gribouille un mot sur une vieille enveloppe que je glisse sous la porte des toilettes : « Je pars pour le boulot ! Je prendrai une demi-journée de congé aujourd'hui. Fais comme chez toi ! Un double des clés se trouve sur la table de la salle à manger. »

Au bureau, j'explique à mon patron l'arrivée surprise de mon ami Zied et je lui demande si je peux prendre mes après-midi pour les dix prochains jours. Étant donné que je ne prends jamais congé, il accepte sans protester. Je travaille donc jusqu'à midi, la tête dans les nuages et le cœur léger.

De retour à la maison, je dîne avec Zied, puis nous décidons d'aller nous balader dans les rues de Montréal. Tant pis pour le régime, je me laisse aller ! Ces dix jours seront festifs et agréables.

Nous discutons de tout et de rien. Le soir venu, nous nous arrêtons prendre un verre dans un endroit branché de la métropole. L'ambiance est décontractée et l'endroit est moins bondé que d'habitude en ce lundi de grisaille.

Nous prenons place au bar et Zied commande deux flûtes de champagne. Alors que mon attitude est légère et joviale, je sens son énergie s'assombrir un peu. J'ai le pressentiment que les sujets que nous aborderons ce soir seront plus sérieux. Il se racle la gorge et plonge ses yeux gentils dans les miens.

— Je me demandais… M… l'aimes-tu encore ?

Sa question me prend de court. Je détourne le regard et mon sourire s'éteint. J'avale d'un trait ce qu'il reste dans mon verre de bulles et je baisse le regard vers mes doigts qui s'entrelacent. Il y a si longtemps que je ne pense à cet homme que pour le détester. Il y a des lustres que je ne prends plus le temps de me questionner véritablement sur mon amour pour lui. Il y a belle lurette que je ne m'enfuis plus lorsque des réminiscences ressurgissent.

— Non. Oh que non ! M, je ne l'aime plus, je le hais. Bien évidemment, il demeurera toujours mon premier grand amour, mais mes souvenirs de lui sont malsains, hideux, ignobles, cruels. M est d'une infâme bassesse et m'a laissé des marques irréparables, Zied. J'ai réussi à le fuir et j'espère de tout mon cœur qu'il ne croisera plus jamais ma route.

Zied me prend les mains. Il est désolé d'avoir éveillé ces pensées qui ont assombri mon visage.

— Tu dois savoir, me dit-il, que je ne l'ai jamais revu non plus. On m'a informé qu'il était revenu brièvement au village après votre rupture et que vous aviez divorcé. Mais selon les dernières nouvelles, il se serait installé en Égypte.

Je ne veux plus parler de lui. Je tiens à ce qu'il disparaisse de mon paysage pour ne pas avoir à me remémorer son existence. Je suis ailleurs dans ma vie, mais je comprends que Zied a voulu tester ma position afin de voir où se trouvait la sienne.

Embrasser l'interdit

Troisième jour. Nous sommes affalés devant le film que nous venons de louer : *Tristan et Yseult*. Leur amour impossible défile sous nos yeux. Zied est à ma gauche sur mon divan blanc. Nos bras se frôlent et je sens nos énergies frétiller. J'aime éprouver ce sentiment d'excitation, alors que les lèvres n'ont pas encore fait communion, mais que la tentation est irrésistible. Les palpitations grimpent le long de mes cuisses et je me colle contre mon ami, qui passe son bras autour de mes épaules. Nous avons toujours eu cette proximité amicale, mais, cette fois, c'est différent. La tension est tangible et j'entends Zied déglutir difficilement alors que les acteurs s'embrassent langoureusement à l'écran. Ma salive s'accumule aussi dans ma gorge et je toussote pour la faire passer sans que ça paraisse. J'ai chaud. Le film se termine et nous demeurons dans cette position pendant que le générique défile. Je tourne mon visage vers celui de Zied et, ne pouvant se retenir, il colle ses lèvres aux miennes. Je ferme les yeux. J'embrasse mon frère, mon complice, mon ami, mon ange gardien. Celui qui, je le sais, peut me protéger envers et contre tous. Celui qui n'a jamais cessé de penser à moi et qui m'aime secrètement depuis tant d'années.

Lorsque nos lèvres se décollent, une larme surgit dans le coin de l'œil de Zied. Il me prend dans ses bras et pousse un long soupir, puis il me regarde intensément.

— Je t'aime depuis toujours. Je n'en peux plus de vivre avec ce secret. Depuis mes seize ans que je rêve de ce moment. J'ai essayé de t'oublier, mais en vain. Alors… je suis ici. Pour t'ouvrir mon cœur.

Je souris à celui qui a fait tout ce voyage pour tenter ultimement de me conquérir. À celui qui m'apportait de la lumière lorsque mon ciel trop gris menaçait de s'effondrer. À celui qui vient de me confier son amour sans retenue. Je prends sa main et l'emmène dans mon lit. Ce soir-là, il me fait l'amour tendrement, m'avouant que c'est la première fois qu'il le fait en aimant réellement. J'essaie de me perdre dans son corps, mais je ne réussis pas à m'abandonner totalement. Je demeure captive de ma tête, n'arrivant toujours pas à la quitter. Nous nous endormons collés l'un à l'autre. Je me réveille en sursaut au courant de la nuit. J'ai chaud et les bras autour de mon corps me font suffoquer. Je me détache un peu et j'observe Zied, calme et paisible dans le noir. Je ressens une profonde tendresse envers lui. Pourtant, je ne suis ni épanouie ni comblée. L'immense vide loge toujours à l'intérieur de moi. Peut-être est-ce cela, l'amour? Peut-être ne pourrai-je jamais aimer différemment? Je repose ma tête sur l'oreiller et me rendors difficilement.

Kahba. Tu couches avec mon frère de lait. Sale pute. Je vais le tuer et t'égorger par la suite.

M'ÉCHAPPER DANS
UNE VALSE

C'est l'heure du départ. Zied est dans tous ses états. Il essaie de reporter son vol de quelques jours, mais en vain. Les avions sont bondés et même en première classe il ne réussit pas à trouver une place. Nous sommes donc contraints à nous séparer, comme prévu. Nous nous enlaçons une dernière fois à l'aéroport et, ne pouvant plus étirer le temps, nous arrachons nos mains l'une de l'autre. Il part, le cœur en miettes, me promettant qu'il reviendra bientôt. Je le regarde passer les portes, puis je tourne les talons, la mine tout de même un peu basse. Je regagne ma voiture et, alors que je m'installe derrière le volant, mes épaules se relâchent et un soupir s'échappe de ma bouche. Les déclarations d'amour, la présence de cet homme arrivé par surprise, les souvenirs, les confidences et l'intensité de ces retrouvailles m'ont épuisée. Je ne suis pas soulagée de son départ, mais ma vie peut enfin reprendre son cours normal et c'est ce dont j'ai besoin après dix jours de bouleversements. Je ne sais pas si je reverrai Zied un jour, si sa venue ici sert à clore une boucle dans sa vie ou si sa dernière promesse était sincère, mais je sais que, pour l'instant, j'ai envie de danser et, ainsi, de laisser sortir les tensions. Comme je traîne toujours une paire de souliers de salsa dans ma voiture, je me rends directement à l'école de danse, où se tient une répétition libre ce soir. En montant les marches, j'arrive face à face avec l'énergumène de ma cohorte. Il discute avec la professeure. Ce qu'il est beau dans son simple t-shirt blanc et son jean un peu long ! Il se tourne vers moi pour me saluer et je baisse rapidement les yeux pour cacher ma gêne. J'espère qu'il ne remarque pas que je rougis.

— Génial ! me lance-t-il. Une personne que je connais. Tu m'accompagnes pour la prochaine chanson ?

J'acquiesce promptement et lui demande de m'attendre une seconde afin que j'enfile mes chaussures.

Sur la piste, il fait tournoyer mon cœur pendant quelques chansons. Il sent le frais, comme si son être entier venait de sortir de la sécheuse. Son sourire éclatant brille et son énergie lumineuse teinte la mienne. Il a attaché ses cheveux, ce qui met en avant-plan son visage, sa barbe longue de quelques jours et ses lèvres délicieusement pulpeuses. Je reste saisie un instant alors que la salsa laisse place à une bachata langoureuse. Il a les mêmes lèvres que Zied. Est-ce que mes pensées sont malhonnêtes ? Pourtant, nous ne nous sommes rien promis, Zied et moi. Je ne sais toujours pas s'il recroisera ma route. Je secoue la tête, essayant de chasser ces idées, et je me concentre sur l'instant présent.

Nous changeons de partenaire et je remercie Victor de m'avoir accordé ce beau moment. Il danse si bien.

— À jeudi, lui dis-je, faisant référence à la répétition que nous tenons de façon hebdomadaire.

— Absolument, réplique-t-il.

Je n'ai pas envie de laisser les empreintes d'un autre effacer celles que Victor a posées dans mes mains. Je refuse donc la prochaine danse et je retourne dans mon nid changer mes draps et aérer la place. L'odeur de Victor me suit jusque dans mes rêves.

INSTANT PRÉSENT

Mon cellulaire sonne alors que je m'amuse dans un bar avec mon amie l'auteure prolifique et deux connaissances à elle œuvrant dans le domaine artistique. Sur l'afficheur, je reconnais l'indicatif régional de la France et m'excuse auprès de mes compagnons. «Je dois répondre», leur dis-je. J'appuie sur la touche verte afin de ne pas manquer l'appel et me faufile jusqu'à l'extérieur, puis j'allume une cigarette tout en répondant joyeusement. Zied me salue émotivement. Je ne m'attendais pas à ce coup de fil de sa part et j'en suis fort heureuse.

— Tu es bien rentré?

— Oui. Tu me manques tant, rétorque-t-il.

Je souris, émue de cet aveu direct et spontané. Mon cœur se réchauffe et je réponds à Zied que je m'ennuie de lui également. Nous discutons un peu, mais je ne m'éternise pas, il fait froid dehors et je ne veux pas laisser mon amie seule trop longtemps. Zied me comprend, mais je sens la déception dans sa voix.

— Je te rappelle demain, me dit-il.

Nous raccrochons et je me dépêche de retourner à l'intérieur. J'aime bien Zied. Il me touche et je sais que son amour pour moi est réel et profond. Un sourire se pointe sur mon visage. Je ne sais pas ce que l'avenir me réserve, mais il y a longtemps que les couteaux ne chatouillent plus ma peau. Ma solitude se dissipe tranquillement et je refais surface en douceur.

UNE ÉPAULE, UN SOUFFLE

Il ne se passe pas une journée sans que mon télé-phone affiche le numéro de la France. Parfois, la conversation s'éternise et, à d'autres moments, Zied ne m'appelle que pour un coucou rapide avant de se coucher. Le décalage horaire est significatif et, souvent, j'entame mes soirées alors qu'il termine les siennes. Je ne le sens pas jaloux ni possessif. Il m'aime simplement, d'autant plus que nous ne nous sommes jamais rien promis. Plus les journées passent, plus je m'attache à cet homme qui m'adore et qui tient à moi comme à la prunelle de ses yeux. Il est à la fois doux et fort. Il est d'une grande gen-tillesse, mais celle-ci n'enlève rien à sa virilité. Il me raconte sa vie parisienne et insiste sur sa moto qu'il vient tout juste de se faire voler. Il est furax, d'ailleurs, mais me parler le calme. Il se confie sur son père millionnaire qui lui paie son école et son appartement. Pourtant, Zied n'aime pas être rede-vable et préfère vivre dans l'indépendance. Il veut quitter la France et s'ouvrir à d'autres possibilités. Il n'aime pas ses études et choisirait plutôt de ne rien devoir à personne afin de pouvoir changer de vie quand bon lui semble. Son paternel n'a jamais réussi à lui lier les mains, mais, cette fois-ci, il le tient en payant son existence inabordable.

Lors de nos discussions, je sens à quel point être séparé de moi le blesse. Je ne sais pas ce que je ressens de mon côté, mais je tais mon état. J'aime le fait qu'il m'aime et, pour la première fois depuis si longtemps, je sais qu'une épaule est là pour que je puisse souffler enfin. Et cette épaule me plaît. Je ne peux pas fuir Zied, ni le maltraiter, ni être fourbe envers lui, car je n'ai pas à me protéger en sa présence. En effet, puisqu'il a déjà eu accès à ma vulnérabilité dans mon passé lointain, ça me sécurise.

Remballer son cœur

Je revois Victor à la répétition de salsa. J'arrive un peu plus tôt, ayant décidé de ne pas rentrer chez moi avant le cours, et je tombe face à face avec le couple formé par ma professeure et l'énergumène, s'embrassant à pleine bouche. Il est toujours amoureux. Je remballe mon cœur et mon envie de lui.

Déambuler dans une contradiction

Cette fois-ci, je ne reçois aucun appel surprise me demandant de filer vers l'aéroport. Je trouve plutôt un homme assis sur mon balcon, avec deux énormes valises à ses pieds, à mon retour du boulot.

J'aperçois Zied avant même de garer ma voiture. Mes yeux s'écarquillent et je me mords la lèvre inférieure pour la retenir de trembler. Je suis étourdie par tant d'amour et étonnée de sa venue soudaine, lui qui me laissait croire qu'il était inondé par le travail préparatoire aux examens. Le cœur me débat alors que je marche hâtivement dans sa direction et que je vois son sourire malin se former sur son visage. Je sais que Zied aime entrer dans la peau de ce personnage désinvolte qui apparaît sans préavis et ainsi créer l'effet théâtral de l'arrivée du jeune premier sous les applaudissements du public surpris par la scène. Nous nous enlaçons et nous nous embrassons longuement. Cela fait un mois qu'il est parti et nos retrouvailles sont intenses. Pourtant, sa bouche sur moi n'a pas l'effet de papillons chatouillant mon estomac. Ses lèvres si douces et audacieuses ne me font malheureusement pas tressaillir. Malgré cela, l'affection que je ressens pour lui est immense et je déborde d'un amour réel et authentique. Je suis de glace. Je n'aimerai plus jamais de tous les pores de ma peau. Mon cœur n'est plus capable de virevolter, de valser, de vibrer. Afin de chasser ce sentiment inconfortable, j'agrippe la main de Zied. Nous montons rapidement l'escalier comme deux adolescents pris en flagrant délit et nous continuons à nous enlacer jusqu'à la chambre à coucher.

Je suis bien, nue dans ses bras. J'ai l'impression qu'aucun assaut ne pourra plus jamais m'atteindre. Zied, c'est mon bouclier, mon roc, le château fort dont j'ai besoin afin de baisser ma garde et de mettre en veille cet état d'hypervigilance qui m'envahit en permanence. Je souffle enfin et je respire mieux. Il a d'ailleurs une surprise pour moi, mais, pour l'obtenir, je dois demander une semaine de congé à mon patron. Je lui réponds que je m'organiserai demain. Au boulot, j'ai du temps en banque et, en ce moment, c'est aussi tranquille que l'eau sous un lac gelé. Je presse mon ami de me nommer ce qu'il a en tête, moi qui raffole des surprises. Il me demande de patienter jusqu'au lendemain avec un air moqueur.

Cet homme me fait du bien.

J'acquiesce et je file vers la cuisine nous chercher deux verres de vin, puis nous discutons jusqu'au petit matin, malgré le décalage horaire et l'extrême fatigue due à son vol.

J'apprends que, cette fois-ci, Zied demeurera chez moi pendant trois mois, sinon plus. Je cache ma stupéfaction face à cette déclaration heureuse. Je ne sais pas encore si je suis entièrement joyeuse de cette annonce. Trois mois, c'est long. Que va devenir ma liberté ? Je le bombarde de questions pour en savoir davantage. « Mais tes études, tes examens, ta vie parisienne, ton appartement ? »

Peu importe que je l'aie accueilli le cœur ouvert ou pas lors de sa déclaration d'amour, Zied planifiait une transformation dans sa vie et voulait changer de ville, partir à l'aventure, défaire les liens le rattachant à son père, entre autres. Mais maintenant que nous sommes amoureux, il optera peut-être pour le Canada comme lieu de résidence. J'opine. Pourquoi pas ?

Ses yeux se ferment tranquillement, puis il s'endort alors que je le regarde, paisible à mes côtés. Les battements de mon cœur s'accélèrent, j'ai besoin d'air. Je mets mon manteau et je sors fumer une cigarette sur mon balcon afin de relaxer un peu. J'aime les surprises, mais pas quand elles chamboulent mon univers de façon aussi radicale. Je n'avais pas prévu ce revirement de situation.

Je retourne auprès de mon nouveau colocataire et me colle à son corps chaud. Il sent bon et sa peau est soyeuse. Je m'assoupis au rythme de ses ronflements et ne me réveille que le lendemain.

L'OMBRE ET LA LUMIÈRE

Je mets ma vie sur pause alors que nous volons vers le sud. Zied m'enlève à mon quotidien afin de me faire voyager dans les îles Turques-et-Caïques. J'ai rarement vu d'aussi beaux paysages. Nous passons quatre jours de rêve à nous éclater dans ce coin paradisiaque qui porte si bien son surnom d'«îles Turquoises». Je me sens comme une jeune princesse dispensée de tourments et de questionnements. Zied, pourtant issu du pays du sable, cherche l'ombre et moi la lumière. Nous trouvons tout de même l'équilibre dans les compromis. Équilibre. J'ajoute ce mot à ma liste d'incontournables. J'arbore une peau basanée lorsque nous rentrons à Montréal, complices, la tête remplie d'images à couper le souffle. Zied sera mon amoureux pour les deux prochains mois. C'est peut-être parce que la finalité est si près et que le décompte est amorcé que je me laisse aller dans cette relation dans laquelle je trouve une certaine sérénité. Peut-être…

Envers et contre tous

C'est l'anniversaire de ma grande sœur. Nous sommes conviés au restaurant et c'est au bras de Zied que je me présente, un sourire fendant mon visage. Jusqu'à présent, il n'a rencontré que ma copine Isabelle (ma maquilleuse pendant le tournage du film *Elles étaient cinq*, avec qui j'ai récemment développé une amitié) lors d'une soirée chez elle. Zied avait quitté la fête relativement tôt, prétextant la fatigue due au décalage horaire. J'avais imaginé un manque d'intérêt envers mon amie et les gens présents, je n'ai donc pas insisté pour qu'il demeure à mes côtés. J'étais tout de même revenue au petit matin, ce qui n'avait pas fait de vagues non plus. Zied a toujours été ainsi. Il ne se force pas pour plaire aux gens et me laisse libre d'exister.

Je n'ai pas averti ma famille de l'arrivée de Zied dans ma vie, redoutant les questions et les affrontements. J'ai tu ce moment intime, gardant pour moi les doux instants de nos retrouvailles. Mais hier soir, j'ai appelé ma mère pour lui mentionner que Zied était ici. Je n'ai pas le choix de faire part aux miens de notre amitié retrouvée si je désire l'inclure dans ma famille. Elle ne comprend pas.

Ni elle ni mes sœurs d'ailleurs. Comment puis-je renouer avec quelqu'un d'aussi près du Monstre? Comment puis-je avoir confiance en lui? Pourquoi ai-je besoin de fréquenter cet homme précisément, qui provient du même patelin que M, alors qu'il existe des milliers de possibilités?

Je demeure muette face à leurs questions, même si elles sont légitimes, et je leur demande de respecter mes choix. S'il y a une personne sur cette terre en qui j'ai confiance, c'est bien Zied.

Nous apparaissons les derniers au restaurant, main dans la main. Fidèles à leurs bonnes manières, mes proches se lèvent un à un pour nous saluer tout en se présentant à tour de rôle à celui qui m'accompagne. Mon papa n'y est pas. Je ne reverrai plus jamais ma famille unie. J'observe le manque de jovialité et l'accueil exempt de chaleur de tous. Ma petite sœur est renfrognée, mais polie, ce que j'apprécie. Mon cavalier est nerveux et sa gêne fait en sorte qu'il se replie sur lui-même au lieu de briller. Je rayonne alors pour deux, exagérant mon enthousiasme et ma bonne humeur. Le regard de ma mère se pose sur nos mains liées l'une à l'autre. J'aime tenir la douce main inoffensive et amoureuse de Zied. Les discussions s'entament et Zied se détend tranquillement. Les questions fusent et, à mon grand étonnement, il s'ouvre à ma famille en toute franchise. Au cours de la soirée, je le surprends même à taquiner mon beau-frère et à développer une connivence avec lui. Je le regarde du coin de l'œil, appréciant ce que je vois. Il s'intègre et se mélange bien aux miens malgré leurs réticences. Ils sont sur leurs gardes et c'est normal, je ne peux leur en demander plus. C'est la toute première fois que je leur présente officiellement un potentiel amoureux et je n'ai pas choisi n'importe qui.

La soirée tire à sa fin et je me retrouve seule avec Zied, qui se tourne vers moi et expire pour signifier qu'il l'a échappé belle. Je rigole. «Oui, ils n'y sont pas allés de main morte avec leurs questions en rafales, mais tu t'en es bien sorti», lui dis-je. Nous quittons la Rive-Sud et rentrons à Montréal. Derrière le volant, je me surprends tout de même à penser à Victor. Mon cœur se met à battre lorsque son visage s'imprègne dans mon esprit, mais je chasse cette image aussitôt. Aimer égale danger.

UN AU REVOIR
SPORADIQUE

Un mois et demi s'est écoulé et la lune de miel est finie. L'excitation du début n'y est plus et je suis un peu à bout de nerfs de voir Zied couché sur mon divan devant la télévision en marche, le cerveau éteint. De mon côté, mis à part notre voyage surprise, mon train de vie ne change pas. Je travaille de longues heures tous les jours, je rentre du boulot claquée, j'ai mes répétitions de salsa et j'ai de plus en plus de mal à nier la complicité qu'il y a entre Victor et moi. D'autant plus qu'il a mis fin à sa relation avec la professeure dictatrice et qu'il est maintenant libre comme l'air. La situation à la maison commence à me peser lourdement.

Il fait déjà noir dehors. Je tourne la clé dans la serrure de mon appartement et je referme rapidement à double tour derrière moi. En haut de l'escalier, la porte qui est habituellement verrouillée est grande ouverte. L'odeur de cigarette se faufile jusqu'à moi. Je lève les yeux vers le ciel. Zied s'est donné la liberté de fumer à l'intérieur. Il laisse au moins les fenêtres ouvertes, mais il ne baisse pas le chauffage. Je ne lui ai pas fait part de mon désaccord à son arrivée dans mon logis et, maintenant, il est trop tard pour exprimer mon mécontentement. Je me sens envahie par sa présence en continu. Sans parents ni amis, sans études ni emploi, il trouve sûrement le temps long, d'autant plus qu'il a épuisé le paquet d'argent qu'il avait trimbalé jusqu'ici. Son allure séduisante a été remplacée par des pantalons mous et une barbe à peine rasée, sauf lorsque j'organise une soirée. Les dépenses, je suis seule à les assumer malgré mon maigre salaire et le quotidien commence à être lourd à porter. Je suis son rayon de soleil. Comme s'il ne s'activait qu'à mon retour du boulot et que ce n'était qu'à ce moment que les possibilités s'ouvraient à nous. Mais je me dirige plutôt vers mon lit pour faire une sieste avant de pouvoir entamer la deuxième partie de ma journée avec celui qui m'a attendue jusqu'à la nuit.

La discussion aura lieu ce soir. Mon malaise l'emporte. J'adore Zied de tout mon cœur, mais je dois me faire violence et mettre un terme à ce *statu quo* qui ne nous mène nulle part. Je passe la porte et me dirige directement vers la cuisine afin de me verser un verre de vin dont j'ai grandement besoin. Zied regarde dans le couloir et me salue, tout sourire. Il me tend un verre, un sancerre, me dit-il, puis il retourne à ses fourneaux. Je sais que Zied a un sixième sens probablement aussi aiguisé que le mien. Il doit sentir que la discussion approche.

J'entoure son corps de mes bras et je le serre ainsi quelques instants. Il sent si bon. Je l'embrasse sur la bouche, puis nous prenons place à table. Des pâtes aux fruits de mer sont au menu. Je suis choyée. C'est tout de même agréable de rentrer à la maison quand un délicieux souper nous attend dans le four.

Je nous laisse le temps de discuter gaiement, jusqu'à ce que je sois prête à aborder le sujet de sa présence qui pèse sur nous. Je choisis bien mes mots tout en me sentant libre de m'exprimer ouvertement. Zied comprend. Il sait bien que la terre doit recommencer à tourner et qu'il ne peut mettre sa vie sur *pause* indéfiniment. Après moult va-et-vient, nous décidons qu'il est temps que Zied rentre chez lui afin de fermer les dossiers demeurés ouverts et de faire une demande de séjour au Canada en bonne et due forme. Le cœur déchiré, nous savons que l'unique solution est de nous séparer pour mieux nous retrouver. Je me dis secrètement que si la vie veut que Zied partage mon quotidien, elle s'organisera pour rendre le tout facile et fluide. Nous choisissons aussi de ne plus étirer le temps afin de ne pas blesser notre relation. La larme à l'œil, nous respirons un grand coup avant de changer la date de départ pour la devancer à la semaine suivante, puis nous profitons du temps qu'il nous reste.

LE BONHEUR GÎT
SUR MES ÉPAULES

C'est l'heure. Je commence à regretter d'avoir forcé Zied à me quitter. Nous avons passé la semaine tricotés serrés, à essayer de repousser le temps en profitant de chaque instant. Nous laisser est douloureux et je me sens profondément coupable. Dans mon cas, cette culpabilité est un effet secondaire qui apparaît lorsque je me choisis et que j'impose mes limites. La peur de déplaire et de décevoir de même que le manque d'amour-propre sont encore bien présents dans ma réalité. Pourtant, Zied ne me reproche rien. Il sent bien, lui aussi, l'inconfort de notre situation. Sa liberté est menacée et son bien-être également. Son mode de vie ici n'est pas valorisant.

Une dernière étreinte. Je peux voir la déchirure dans l'œil de Zied alors que nos corps se quittent et qu'il marche jusqu'aux portes qui nous sépareront définitivement. L'avenir est incertain. Je ne sais pas quand nous nous reverrons ni s'il réussira à clore ses dossiers rapidement. Le temps nous le dira. Il doit retourner en France afin de signer une lettre de résiliation de cours, puis vider son appartement et briser son bail ou sous-louer son logement. Puis il doit aller chez lui, en Afrique, afin de faire une demande de visa pour revenir au Canada. L'ampleur de cette décision prend des proportions énormes. Je panique. Dans ma voiture, j'essaie de me calmer et de respirer pour ne pas laisser gagner l'anxiété qui me gruge. Je ne peux vivre avec la pression de savoir qu'un être laissera sa vie, son pays, ses études, sa carrière et ses amis pour moi. Je ne peux concevoir de porter le bonheur de Zied sur mes épaules. C'est trop. Je démarre ma voiture et je fuis vers mon nid alors que les avions au-dessus de ma tête transpercent le ciel, emportant avec eux un cœur brisé.

PURIFIER MON NID

Je suis happée par le vide lorsque je passe la porte de mon chez-moi. Cet espace qu'a occupé Zied est libre à cause d'un choix que j'ai fait et je suis mêlée dans mes émotions. Il me manque déjà, certes, mais je n'avais pas évalué à quel point la situation m'était devenue insoutenable. J'étouffais réellement. Maintenant, je respire mieux. Comme s'il s'agissait d'un rituel, je défais le lit et je dépose les draps dans la laveuse. Ensuite, je nettoie les planchers, j'époussette les étagères et les tables de verre. J'enlève les housses blanches qui couvrent mes divans. J'ai ce besoin de purifier mon présent pour y voir plus clair.

Une fois mon abri assaini, j'appelle mon papa pour lui demander conseil. C'est sa nouvelle flamme qui répond à son cellulaire. Celle qui a fait s'écrouler mon château fort. Au son de sa voix, je raccroche. Hideuse créature. Je ne l'ai toujours pas rencontrée et je ne désire pas lui ouvrir la porte pour l'instant. L'entaille est encore fraîche et, même si le bonheur de papa m'importe, je ne suis pas en mesure de créer un pont entre elle et moi. Le temps. Le temps guérit les maux. Je lui laisse le champ libre pour panser les miens.

LES PAPILLONS
FRÉTILLANTS

Ma cohorte de salsa sera à la maison dans moins de cinq minutes. Dans peu de temps, nous participerons en tant que troupe amateur à un spectacle et nous devons répéter de plus en plus souvent. Je jette un dernier coup d'œil dans le miroir, je lisse mes longs cheveux blonds avec ma brosse ronde et je me regarde, satisfaite, esquissant un sourire à mon reflet. *Tu es belle*, me dis-je. Oui, je le crois. J'essaie d'être un peu plus douce avec moi-même depuis que j'ai lu dans un ouvrage que nous finissons par ressembler à ce que nous pensons de nous-mêmes. Je n'ai pas envie d'être aigrie, moche et triste. Je veux toucher au bonheur réel. La maison est impeccable, elle sent les fleurs, et mon ventre me chatouille comme toutes les fois où la présence de Victor est imminente. Je ne sais pas pourquoi cet artiste sans le sou à la beauté particulièrement étrange m'attire autant.

La sonnette de la porte d'entrée retentit et je m'empresse d'ouvrir. Un à un, mes coéquipiers arrivent, il ne manque plus que lui. Dans mon salon, nous discutons quelques instants, puis, toujours sans nouvelles de Victor, nous décidons de commencer la répétition. Les garçons poussent la table tandis que je mets le CD dans le lecteur. Nous devons apprendre de nouveaux mouvements ce soir et Lina, la partenaire de danse de mon énergumène aux cheveux longs, prendra des notes en attendant celui qui doit la faire tournoyer. Un quart d'heure plus tard, je cache ma déception. Nous n'avons prévu qu'une heure de répétition et tous ont un engagement après notre rencontre. Nous sommes samedi soir après tout. De mon côté, je n'ai rien prévu, car je souhaitais que mes désirs imaginaires deviennent réalité et que Victor décide de prolonger la répétition en ma compagnie…

Idiote. Tes fabulations resteront coincées dans ta petite tête de linotte.

Cette voix infâme me tourmente… J'avais réussi à m'en débarrasser, mais, depuis quelque temps, elle revient au galop. C'est ce qui arrive quand on chasse le naturel…

Lina est déjà partie, ne voyant pas l'utilité de rester plus longtemps. De notre côté, mes collègues et moi décidons de monter le volume de la musique latine et de refaire la chorégraphie une dernière fois avant de mettre un terme à cette répétition. Mon partenaire me fait tournoyer encore et encore, je suis en sueur et mes cheveux ébouriffés collent sur mon visage et mes épaules dénudées. C'est alors que j'aperçois Victor apparaître dans le salon, surpris de nous voir tous en mouvement. Nous terminons notre danse, le saluons, et je me dirige vers ma chaîne stéréo afin de baisser le volume de la musique et, par le fait même, pour cacher ma gêne.

Je ne suis pas une tête de linotte et je fais un clin d'œil au ciel alors que Victor jure qu'il a noté le rendez-vous une heure plus tard dans son agenda. Malheureusement, la répétition est terminée. Pendant que mes collègues changent leurs souliers, je m'approche de Victor pour le saluer. L'embrasser sur les joues embrase l'intérieur de mes cuisses.

— Es-tu pressée, toi aussi? me demande-t-il gentiment sans la moindre trace de séduction dans la voix.

— Non... Je peux te montrer la chorégraphie, si tu veux.

Il accepte et me remercie sincèrement, puis il salue nos partenaires, s'excusant encore de la mésentente. Je refoule un trop grand sourire, me mords l'intérieur des joues pour ne pas laisser transparaître mon excitation et raccompagne les autres membres du groupe à la porte. Je ferme à double tour et je retourne rejoindre mon élève afin de lui montrer les nouveaux pas de danse.

— Je ne prendrai pas trop de ton temps, me dit-il en s'excusant encore, debout au centre de la pièce comme un étudiant modèle.

Je lui réplique avec désinvolture que je suis libre toute la soirée et que je ne suis pas pressée.

— Tu veux un verre de vin?

Toute petite, j'ai vu ma maman se servir une coupe de blanc à son retour à la maison après une journée de travail. Je ne pensais pas que cette habitude deviendrait mienne aussi rapidement. D'autant plus qu'en ce moment je dois combattre la gêne qui m'habite et je n'ai pas envie de mettre les nombreux masques qui m'assistent habituellement. L'alcool m'aidera.

Victor opine avec vigueur tout en se détendant. Le temps nous appartient.

Un *tchin* plus tard, je me place devant lui, en position de danse. Il joint ses paumes aux miennes en me regardant directement dans le fond de mes pupilles, comme s'il voyait au plus profond de mon âme. Ses yeux noisette me transpercent et ses doigts se refermant légèrement sur ma peau font gambader tous mes sens. J'ai envie de coller mon bassin au sien et d'enfouir mon nez dans le creux de son épaule. Ma bouche pétille d'excitation et, entre mes cuisses, je fonds. Je ne me possède plus. Je baisse la tête pour ne pas être démasquée et je me mords la lèvre pour tenter de contrôler ce que je ne croyais plus possible de ressentir. Ma respiration s'accélère au rythme des battements qui s'amusent librement dans ma poitrine.

Nous dansons une bonne demi-heure, puis Victor, sans avertir, laisse tomber la chorégraphie et m'amène à m'abandonner dans une danse lascive libre de style. J'ai l'impression d'incarner le rôle de Bébé dans *Dirty Dancing*. Pourtant, je ne joue pas. Je suis simplement moi, empêchant le masque de se calquer à mon visage. Je n'essaie pas de prendre le dessus ni de séduire l'homme qui me fait virevolter. Je ne me hasarde pas à visser mes yeux dans les siens et, de mon regard de louve, à le faire tomber dans mes pattes. Je ne tente pas d'approcher ma bouche près de la sienne ni de coller mon front à lui quand nos hanches se démènent. Je demeure unique et authentique, riant de temps à autre alors que je ne rattrape pas sa main à temps, mon corps menaçant de s'effondrer sur le parquet.

La musique s'arrête et, essoufflés, nous tombons à la renverse chacun sur un sofa. L'espace d'une danse, j'ai oublié d'activer mes mécanismes de défense et je me suis laissé emporter par la musique du présent, négligeant mes tracas et la peur d'être moi.

Victor reprend sa respiration et, sans le savoir, me ramène à la réalité.

— Ton amoureux se joindra à nous ? me demande-t-il avec nonchalance.

Victor ne sait pas que Zied est parti. D'ailleurs, je n'ai pas envie de penser à mon lointain cavalier en ce moment. J'étire ma main vers ma coupe et me racle la gorge. Je me dois de lui répondre, mais je ne trouve pas de quelle façon. La vérité est la bonne option.

— Non. Nous avons décidé de nous séparer afin qu'il puisse clore des dossiers. Je ne sais pas quand il sera de retour ni même s'il reviendra. Pour le moment, je me préoccupe de l'instant présent et je verrai bien où… le vent m'emportera.

Ces derniers mots agitent mes orteils et font pulser le sang dans ma tête. *Le vent nous portera*, une chanson de Noir Désir, jouait en boucle dans l'appartement du copain latino de Catherine, dans le temps où la cocaïne s'éparpillait dans mon corps. L'envie de consommer ressurgit de temps à autre lorsqu'une odeur, une musique, un endroit ou le lever du soleil, par exemple, me ramènent là où le vice coulait à flots. Mes dents se serrent les unes contre les autres et grincent quelques instants. Le corps a cette mémoire fabuleuse qui me surprend et me consterne.

Une lumière fait scintiller les billes noisette de mon invité. Il ravale sa salive avant de, lui aussi, tendre sa main en direction de son verre de vin. Il tâte le terrain.

— C'est triste, ajoute-t-il.

Je secoue la tête négativement, lui racontant qu'il est arrivé dans ma vie sans préavis et que je ne sais toujours pas comment me positionner face à lui. Je n'ai pas envie de discuter de Zied présentement et de risquer d'alourdir ce si agréable début de soirée. Je change donc de sujet en proposant de façon énergique et spontanée à Victor de rester pour le souper.

— Si tu n'as rien de prévu, évidemment, ajouté-je en retrouvant la gêne qui m'a momentanément quittée.

Il accepte volontiers. Je me lève donc et lui propose de commander des sushis, ce qui le ravit autant que moi. L'intelligence émotive de Victor est assez aiguisée pour qu'il cesse de me questionner sur Zied et mes sentiments.

Je me régale de cette sensation qui valse entre l'inconfort et l'excitation. Être aussi attirée par un homme dérange mon armure rouillée de ne pas avoir été déplacée. Mon corps est envahi de palpitations depuis que Victor a franchi la porte de ma maison et je ne sais pas comment conjuguer ces nouvelles données. J'ai peur.

La discussion s'enflamme alors que nous attendons notre nourriture. Victor s'assoit tout près de moi sur le sofa trois places et je suis fascinée par notre intérêt commun pour la spiritualité. Il a clairement des dons, lui aussi, et j'ai l'impression que nous pourrions faire lever les voitures en marchant côte à côte dans la rue. Nous parlons, échangeons, philosophons sur l'après-vie, l'infini, les anges, les guides, les décès, la synchronicité et les coïncidences qui me font frissonner. Chaque fois que nos genoux se frôlent, une décharge électrique s'empare de moi. Je sais que Victor ressent l'électricité qui se promène entre nous, car il faut deux pôles pour faire exister cette tension intense et insupportable. J'ai ce besoin viscéral qu'il m'embrasse. Je ne peux plus supporter ce climat de haut voltage. Je n'ai pas envie que le livreur sonne à la porte et mette en veille le moment dans lequel nous nous trouvons. Dans un élan plus fort que moi, je m'approche de son visage et le regarde longuement en silence, puis j'avance mes lèvres vers les siennes et je le goûte entièrement, totalement, sans censure. Une larme aurait pu couler sur ma joue tant cet instant est libérateur et vivifiant. Les yeux fermés, nous nous perdons l'un dans l'autre jusqu'à ce que la sonnette retentisse dans l'appartement. Doucement, tranquillement, nous nous détachons et demeurons saisis par l'intensité de ce moment.

La sonnette résonne de nouveau.

— Ne bouge pas ! dis-je en rigolant à Victor, qui devient statue un instant.

Je descends rapidement les marches afin d'ouvrir au pauvre jeune homme grelottant sous la neige. Alors que la température de novembre était au-dessus de la normale de saison, ce premier jour de décembre a gelé le sol d'un coup. Je paie la course avec ma carte de crédit presque remplie à sa pleine capacité et remonte rapidement rejoindre celui qui me fait vibrer.

Nous passons la soirée à philosopher, à échanger, à discuter et à nous embrasser en prétendant que demain ne verra pas le jour. Sa bouche se fond dans la mienne comme si nous étions moulés l'un à l'autre. Pourtant, je ne veux pas qu'il reste à coucher. J'ai envie de prolonger ce moment où l'on ne se donne pas entièrement, de le garder précieusement et de me satisfaire des longues envolées passionnelles qui laissent place à l'imaginaire. Nous nous donnons plutôt rendez-vous dans nos rêves. Ce soir-là, je m'endors rapidement pour aller le rejoindre dans l'autre dimension.

Remettre les masques

Au réveil, je suis empreinte de l'odeur de Victor et mon cellulaire, lui, est rempli de messages d'amour de Zied. Il m'appellera ce soir. Étrangement, je ne me sens pas coupable. Bien que mes sentiments envers mon lointain ami soient réels et profonds, ils ne sont pas comparables à ceux que je ressens en présence de Victor. D'autant plus que Zied s'est imposé à moi sans avertir, alors que les palpitations d'hier m'ont happée sans crier gare.

Mon téléphone vibre, ce qui me sort de mes pensées. C'est Victor. Mon cœur fait un bond. Je n'ai pas eu le temps de réfléchir à ce que je désire réellement. C'est trop tôt, trop vite. Je laisse le répondeur embarquer et je file vers la salle de bain afin que l'eau de la douche calme l'angoisse qui commence à m'envahir.

Victor me prouve que je suis vivante. Que mon cœur n'est pas un immense glacier immobile. Autant je n'aime pas ce sentiment, autant je le vénère. Il y a si longtemps que je n'ai pas senti mes ailes battre au vent. J'ai peur. J'ai peur de m'envoler et de ne plus retrouver la sécurité de ma maison.

Je ferme les yeux et j'appuie ma tête contre la céramique fraîche de la douche. Puis, je reviens à l'instant présent comme la toute première sorcière que j'ai rencontrée m'a montré à le faire. Je me concentre sur l'ici et le maintenant en ressentant chacune des gouttes qui touchent ma peau. J'imagine que l'eau provient de la terre mère et qu'elle transporte l'énergie de tous ceux qui sont en contact avec ce liquide, qui vient du sol, des lacs, de la mer, et qui s'évapore, se condense et revient sous forme de précipitations jusqu'à nous. Cette même eau voyage depuis des siècles et purifie mon corps en ce moment. J'imagine les gouttes comme des rayons de lumière caressant mes blessures et pansant mes maux. Étonnamment, cette forme de méditation que je pratique pour la première fois m'aide ce matin à me recentrer et à ne pas laisser l'anxiété me gagner.

Je suis plus calme lorsque je sors de la salle de bain. Une fois habillée, je me positionne au centre de ma chambre et j'enracine mes pieds au sol en demandant à mes guides, à mes anges, de m'aider à recevoir la force de la terre.

Je me trouve ridicule et j'éclate de rire en levant la tête vers le ciel. La phrase écrite sur mon plafond prend soudainement tout son sens. « Ne t'écarte pas des futurs possibles avant d'être certain que tu n'as rien à apprendre d'eux. » Je la répète comme un mantra, puis j'agrippe mon téléphone et récupère le message que Victor m'a laissé. En plus des remerciements pour hier soir, il m'invite à voir un film et à manger de la bonne bouffe. Il doit aussi magasiner de nouvelles lunettes et me demande de l'accompagner en ce dimanche ensoleillé. Tant pis, je plonge et j'accepte. Nous nous donnons rendez-vous chez lui vers midi.

Je monte les marches du vieil appartement situé dans le quartier des artistes de Montréal. Victor vient tout juste de sortir de la douche. Ses cheveux mouillés dégoulinant sur son t-shirt blanc, l'odeur du savon et sa barbe fraîchement rasée me font vaciller. Nous nous embrassons maladroitement sur les deux joues et il me demande de patienter un instant alors qu'il se dirige vers la salle de bain. J'ai rarement vu un appartement aussi minuscule et des murs aussi croches.

Je suis nerveuse d'être ici. Mon téléphone vibre dans mon sac à main et je reconnais le numéro de Paris. Je m'assois sur la seule chaise de l'appartement, laquelle est dos au bureau, et j'attends que l'appel se dirige vers la boîte vocale.

«Nous avions rendez-vous à 18 heures, me texte gentiment Zied. J'essaierai de te rappeler plus tard.»

Merde. Je compose rapidement un message texte. En 2006, alors que les téléphones intelligents faisaient leur apparition sur le marché, les réponses écrites devenaient de plus en plus abondantes.

«J'avais compris 18 heures de ce côté-ci de l'océan. Je ne suis pas disponible... Pouvons-nous remettre notre rendez-vous à demain, à la même heure?»

«D'accord. Je t'aime.»

«Je t'aime.»

Je l'aime aussi. Je l'aime comme une sœur aime son frère depuis si longtemps. Victor sort de la salle de bain. Il est prêt. Ce qu'il est beau ! Je détourne le regard pour rougir à ma guise.

Nous passons la journée à errer dans les rues de Montréal. Mes souliers prennent l'eau et je regrette de ne pas avoir mis mes bottes d'hiver. Mes bas sont entièrement mouillés, j'ai les orteils congelés, mais je ne veux pas risquer de gâcher la journée, je fais donc fi de mon inconfort et nous continuons notre escapade. Évidemment, je ne tiens pas la main de Victor et nous ne nous sommes toujours pas embrassés. Comme si hier n'avait pas existé. Cette situation est incommodante, mais amusante. J'ai bien hâte de voir comment se déroulera le reste de la soirée. Sans alcool dans le corps, nous sommes tous les deux moins détendus, mais il y a toujours cette intense électricité qui se promène entre nous.

Après être allés faire quelques courses pour le souper, nous retournons au minuscule appartement et, tout en discutant, nous déballons la nourriture achetée. Victor me parle de son ex-petite amie et du caractère difficile de celle-ci. De ses colères spontanées et de ses soudains moments d'agressivité qui l'ont obligé à mettre un terme à leur relation. Il me raconte aussi sa saga avec une femme de qui il était tombé amoureux et de leur idylle impossible. De cet amour resté en suspens dans l'espace-temps. Il me parle de lui et de son besoin de liberté. Il ne croit pas que la fidélité est une chose possible et, malgré mon opinion arrêtée sur le sujet, je suis dans une bien mauvaise position pour le confronter. Je lui mentionne en plaisantant que toutes les filles du cours de salsa sont amoureuses de lui et qu'il est le don Juan de l'école de danse. C'est la vérité. Même s'il n'a pas le profil du tombeur, son charisme est enchanteur. Victor me confie qu'il n'a pas l'habitude de fréquenter de belles filles comme moi. Son compliment me fait rougir et je baisse automatiquement les yeux.

— On ne se fréquente pas, lui lancé-je en le repoussant un peu, les joues écarlates.

C'est alors qu'il m'attire vers lui et m'embrasse avec ardeur. Je fonds. Pendant que le baiser se prolonge, un mince mur s'érige entre nous et un masque commence à se calquer sur mon visage sans que je l'approuve. Je sais que je suis sur le point de tomber amoureuse de lui et, malgré ce désir insatiable, je ne peux me permettre d'ouvrir la porte à la possibilité de souffrir. J'ai appris que l'attachement finit dans la douleur. Je suis incapable d'avoir mal à nouveau.

L'ÉTINCELLE MALIGNE

Je suis couchée dans le lit. Je tremble comme une feuille. Je suis haletante, mes yeux sont grands ouverts et ma bouche esquisse un mince sourire. Son nez est tout près du mien, ses cheveux tombent sur mon visage et il frémit lui aussi. Sa respiration saccadée se meurt sur ma peau. Ses bras m'entourent, son odeur m'enivre. Victor me regarde dans les yeux tout au long de notre fusion. Comme s'il comprenait que je ne m'abandonne jamais. Pour la toute première fois depuis M, je sens mon corps. Doucement, tendrement, il m'amène à rester avec lui et à ne pas devenir une geisha. Étendus côte à côte, nous respirons ce moment. Victor allume une cigarette, qu'il me tend. Nous partageons ce vice comme deux artistes nus, poètes et bohèmes. De ses doigts, il contourne l'arrondi de mes seins et me dessine un cœur sur le ventre. J'immobilise mes yeux dans les siens. Une étincelle que je connais bien reprend la place qu'elle convoite dans mon regard lorsque je suis en présence d'un homme. Elle est si petite que je la remarque à peine, mais elle est tout de même présente et s'apprête à ravager le bonheur potentiel qui pourrait s'installer. J'embrasse Victor à pleine bouche, puis, m'installant sur le ventre pour lui laisser le plaisir d'observer mes fesses galbées, je lui parle du Pérou. De ce rêve que j'ai eu la nuit dernière, alors que, le visage tourné vers le soleil, j'étais assise en indien sur le sommet d'une montagne et entourée d'alpagas. De ce voyage que je veux faire avant ma mort. «Je t'accompagnerai», me dit-il en flattant mes cheveux. Escalader le Machu Picchu est un objectif qu'il désire lui aussi atteindre depuis longtemps. Et nous repartons dans nos fantasmes communs, parlant sans arrêt tout en caressant nos corps, que nous venons de découvrir. Mon téléphone vibre dans ma poche de pantalon, mais je ne l'entends pas, emportée par le moment magique que je partage avec mon amant marginal.

PRISONNIÈRE DU CONTRADICTOIRE

Lundi matin. Le temps mort au bureau me fait savoir que les vacances se pointeront sous peu le bout du nez. Mes journées sont longues et je m'ennuie. D'autant plus que je ne vais pas très bien. J'ai pris froid hier, à cause de l'eau mouillant mes bas qui a trouvé son chemin jusqu'à mes os. Je me sens fiévreuse et grippée. À midi tapant, je sors remettre des pièces de monnaie dans le parcomètre de mon véhicule et j'en profite pour téléphoner à Zied, comme je le lui ai promis, à l'aide d'une carte d'appel.

Cette méthode est pour moi abominable. Elle me ramène exactement là où j'étais il y a quelques années, lorsque je composais nerveusement les dix chiffres apparaissant sur la carte, le cœur se débattant sous mes os, espérant que M ne serait pas hargneux au bout du fil. Comment ai-je pu laisser un homme me mettre dans cet état d'extrême anxiété? Comment ai-je pu lui permettre d'exercer sur moi le pouvoir de faire de ma journée un bonheur ou un enfer? Comment ai-je pu avoir été autant fragilisée par une seule et unique personne?

Je t'avais pourtant avertie que je casserais une à une tes épines pour te réduire à néant.

Après deux coups de sonnerie, Zied répond. Entendre le son de sa voix me calme immédiatement, m'apaise et met un baume sur l'angoisse qui grandit en moi. «Tu me manques» est sa première phrase. Les larmes me montent aux yeux. C'est si bon d'être aimée, d'avoir cette certitude que je suis sa perle rare, de me sentir irremplaçable et d'être profondément chérie. Soudainement, mes épaules se relâchent. Je n'avais pas réalisé qu'elles étaient contractées. Mes tensions se dissipent et je me permets d'être vulnérable de nouveau. Avec Zied, je n'ai pas besoin d'être quiconque, sauf moi, et j'ai l'impression que la petite fille qui réside à l'intérieur de mon cœur refait surface afin qu'on lui prenne la main, qu'on la cajole et qu'on lui donne l'amour dont elle est privée au quotidien. Je remarque que lorsque je parle à Zied, malgré moi, ma voix change d'octave pour atteindre un ton plus aigu, comme celui que j'avais quand j'étais enfant. Ça ne m'irrite pas, au contraire. Ça me fait le plus grand bien.

Nous échangeons quelques banalités et le verdict tombe.

— Je serai à Montréal le 31 décembre, si tout va bien, me révèle-t-il avec du soleil plein la voix.

J'essaie de rassembler mes pensées.

— Attends. Explique-moi, je ne te suis pas.

Zied plonge. Il a décidé d'abandonner ses cours et de donner sa résiliation par écrit à l'École des hautes études commerciales de Paris. Il quittera la France et retournera en Afrique. De là, il fera sa demande d'entrée au Canada, ce qui sera une chose facile pour lui grâce à la situation financière de son père.

— Et ton appartement? Tes vêtements? Tes meubles?

Il vendra tout et offrira le surplus à des amis. De toute façon, tout est vieux. Il veut s'en débarrasser. Le seul article dont l'abandon lui tord un peu le cœur est sa nouvelle moto. Sa femme, comme il la surnomme. Mais maintenant qu'il a retrouvé sa vraie femme, il peut lui dire adieu.

Je suis sous le choc de la rapidité d'exécution de son plan. M'aime-t-il à ce point pour tout abandonner afin de donner une chance à notre couple? Un dicton dit: «Faites bien attention à ce que vous souhaitez réellement.» Zied m'offre ce que j'ai demandé dans ma lettre au vieux sage. Ce dernier m'a entendue. J'ai peut-être omis une ou deux phrases me concernant…

Zied me promet de me retéléphoner d'ici quelques jours, dès qu'il arrivera chez les siens. Mon visage s'attendrit.

— À plus tard, mon bébé d'am'.

Et nous raccrochons.

J'ai besoin de recul, de décanter l'information qui m'a été divulguée. Je décide de passer mon heure de dîner seule et je marche dans le froid de Montréal. Mon cellulaire sonne à maintes reprises, mais je ne réponds pas, avalée par le tourbillon de mes pensées. Je ne sais pas ce que je veux réellement. Et ma liberté? Il est trop tard, Zied a déjà renoncé à son école, je gâcherais sa vie si je lui disais que je ne suis pas prête et je lui briserais le cœur. Je l'aime. Différemment, certes, mais, de son côté, il m'aime plus que quiconque ne m'aimera jamais. Et Victor... Victor, avec qui j'entame une idylle secrète et passionnelle, ne m'aimera jamais autant. Il a déjà un amour en suspens, il ne croit pas en la fidélité, il est bohème et... mon cœur bat si fort pour lui. La frayeur s'empare de moi.

Je termine mon heure de lunch le ventre vide et la tête pleine de questionnements. Je décide donc de mettre mes pensées sur pause, de continuer à voguer dans l'instant présent et de laisser le temps éclaircir les nuages noirs qui grondent dans mon esprit.

J'écoute mes messages. Il y en a un de ma maman, qui s'ennuie de moi et qui aimerait me voir bientôt, et un autre de mon agente, qui me convoque en audition le lendemain midi pour une publicité près du marché Atwater... Tout près du boulot de Victor. Demain est un autre jour. Ce soir, je dormirai en laissant ces informations se démêler et la nuit me conseiller.

NUIT SADIQUE

Il fait chaud, intensément chaud. Le soleil plombe sur ma tête. Dans ma *djellaba* bleu nuit ornée d'or, je me tiens debout dans un immense jardin délaissé, les pieds nus dans la poussière de sable qui danse dans le vent. Devant moi, la gigantesque maison blanche de Zied fait de l'ombre aux cactus brisés. L'olivier au centre de la cour est desséché et une belle Mercedes noire brûle à ma droite. L'eau ne coule pas dans la fontaine en pierre. Les chiens attachés à leurs chaînes jappent sans arrêt. La porte en bois s'ouvre dans un grincement et j'aperçois Zied tituber vers moi, le corps ensanglanté. Mes pieds sont enracinés dans le sol, je suis figée. Derrière lui, j'entrevois la silhouette de M, une machette à la main, qui assène un coup fatal à mon ami. Je peux deviner son sourire diabolique alors que Chien, l'animal du Monstre, sort en courant de la maison pour s'avancer dangereusement vers moi, la bave coulant entre ses dents.

Je me réveille, grelottante. Mon lit est trempé et mes cheveux sont mouillés. Je ne me rendors qu'à l'aube, cachée sous les couvertures, la peur rongeant mes tripes et la douleur au cœur.

UNE PAUSE SUR SA PEAU

L'audition s'est bien déroulée. Je ne serais pas surprise de décrocher le rôle. J'ai bien fait rire les clients et le réalisateur dans la salle. En marchant vers ma petite voiture noire, j'envoie un message texte à Victor. Je ne l'ai pas rappelé hier.

«Tu me files l'adresse de ton boulot? Je suis tout près, je passerais fondre mes lèvres sur les tiennes.»

La réponse ne se fait pas attendre. Cinq minutes plus tard, je suis stationnée devant l'immeuble en brique rouge, typique de ce vieux quartier. La porte d'entrée s'ouvre et, emmitouflé dans son gros manteau noir, le capuchon rabattu sur sa tête afin de se protéger contre les flocons tombant fortement, Victor avance vers moi, puis se glisse sur le siège passager. Ce moment avant d'unir nos lèvres est unique. Je m'exalte en cet instant où l'excitation chamboule l'intérieur, où le courant électrique choque les sens, où la salive s'accumule dans le creux des joues et où le sang bat dans toutes les directions. Nous nous regardons quelques secondes et, ne pouvant retenir cette forte pulsion, je colle ma bouche à la sienne. De longues minutes s'écoulent pendant lesquelles nos mains s'aventurent sur le corps de l'autre, cherchant les fissures où la peau est atteignable. Victor doit retourner à son ordinateur pour satisfaire les clients pressés. On échange un dernier baiser. Ma peau est rougie à cause de sa barbe de quelques jours qui a égratigné mon menton. Essoufflés et vivifiés, nous nous séparons pour quelques heures. À partir de ce moment, notre fusion devient totale, intégrale.

LE DÉCOMPTE AVANT LA FATALITÉ

L e décompte a débuté. Ce soir, nous faisons le calcul. Il ne reste que vingt-six jours avant de nous quitter. J'enlève mon armure le temps d'informer Victor en toute authenticité du retour de celui qui prendra la place d'amoureux dans mon existence. Les yeux dans l'eau, nous convenons de profiter de chaque instant avant que nos routes bifurquent. Victor, qui possède une intelligence émotive hors norme, n'essaie pas de me raisonner et il ne me questionne pas davantage. Ce que nous ne savons pas, c'est que le temps va rendre notre séparation aussi déchirante qu'une véritable peine d'amour.

Vingt-six jours à boire un *latte* le matin et à fumer des cigarettes en nous racontant nos expériences profondes du passé. Vingt-six jours à rester couchés en découvrant les slams de Grand Corps Malade, cet artiste qui décrit notre voyage en train comme s'il avait copié son texte sur notre histoire. Vingt-six jours à cacher aux membres de la troupe notre idylle passionnelle et à nous présenter les cheveux ébouriffés aux répétitions de danse. Vingt-six jours à tomber amoureux l'un de l'autre et à cultiver cette folle intensité. Vingt-six jours à fermer les yeux et à me faire violence pour ne pas laisser mon cœur parler. Le 26 décembre, Victor me kidnappe pour un *road trip* vers les Laurentides. Il veut que je rencontre sa famille, son papa et sa belle-mère. Nous roulons pendant des heures sous les sapins enneigés. Nous sillonnons les routes serpentant les montagnes en écoutant un CD qu'il m'a gravé et en apprenant les textes par cœur de *My Love* et de *What goes around*, de Justin Timberlake. Encore une fois, on dirait que les paroles ont été écrites pour nous. Puis nous arrivons à la grande fête. Nous ne nous tenons jamais la main en public, mais cette fois, puisque nous sommes cachés loin dans le bois, Victor entrelace ses doigts dans les miens et nous passons la porte de la salle réservée par sa famille afin de fêter Noël. Son père et moi connectons immédiatement, comme si nous nous comprenions sans avoir à parler. Le soir venu, j'entends Victor avertir son papa.

— Ne t'attache pas trop, lui dit-il tristement. Elle n'est pas là pour rester. Mais ne pose pas de questions, s'il te plaît.

Je rebrousse rapidement chemin, ne voulant pas m'immiscer dans ce moment de confidences. Je sors et je marche sous les sapins, maudissant mon cœur invalide, me sentant prise au piège par mes choix dysfonctionnels. Je suis brisée par en dedans. Victor vient me retrouver. Nous passons deux journées formidables. Mon cellulaire est hors service et, sur le chemin du retour, Victor s'assoupit à mes côtés pendant que je roule doucement vers la métropole. Quand mon téléphone finit par capter le réseau, les messages se mettent à entrer. Zied surtout, paniqué, se demande où je suis depuis les derniers jours. Par texto, tout en conduisant sur les routes dangereuses, je lui réponds un pieux mensonge. Mais à qui est-ce que je mens réellement ? À moi. Simplement à moi.

Puis le 31 décembre arrive. Lorsque Victor ferme la porte au petit matin et retourne vers son appartement, j'entends mon cœur se fendre en deux. Je viens de dire non à la possibilité d'être vulnérable, de m'ouvrir et de toucher à l'amour. J'ai peur surtout. Peur de tomber amoureuse et de ne pouvoir échapper à la douleur, car plus on aime, plus on souffre. J'ai peur de lui dévoiler qui je suis réellement, avec mes marques et mes encoches. Notre moment ensemble fut court, certes, et il ne me reste de lui que ce qu'il a laissé sur mon lit avant de partir. Une peluche venant du Pérou. Un alpaga qui réside encore chez moi et que je garde précieusement afin de ne jamais oublier que d'écouter mon cœur est l'unique voie à suivre. Cette journée-là, je choisis plutôt la sécurité et la raison. Je ne suis pas prête. Je n'ai que rarement revu Victor. J'ai cessé de danser et, lors de nos brèves rencontres par une hasardeuse coïncidence, je dresse un mur de glace pour ne rien ressentir.

À deux reprises, par contre, en janvier, j'ai conduit jusqu'à son lieu de travail afin de me perdre dans ses bras. Mais les courriels empreints d'amour échangés par la suite et le désir de nous revoir m'ont blessée instantanément. Je me suis donc fermé les yeux et j'ai lentement péri dans une vie sécuritaire.

Marcher en tandem

Zied est installé chez moi depuis un bon moment déjà. Nos retrouvailles furent fortes en émotion. J'ai l'impression de me réapproprier mon âme sœur, mon frère ou un membre de ma famille de qui j'ai longtemps été séparée. J'aime nos accolades et ses douces caresses. J'adore le savoir tout près et poser ma tête sur son ventre alors qu'il m'effleure les cheveux. J'aime qu'aucune autre femme ne soit mon égale. Nous nous tenons toujours la main, comme si je m'accrochais à une bouée de sauvetage. Je sais que Zied me défendrait corps et âme contre quiconque, que j'aie tort ou raison. Il me met sur un piédestal, il remonte l'estime que j'ai de moi-même et il me parle comme un *coach* à son élève lorsque je vais à une audition ou quand je lui raconte une situation dans laquelle je n'étais pas à l'aise au boulot.

La semaine dernière, j'ai décroché un entretien pour un rôle dans une série quotidienne populaire de Radio-Canada. Avant que j'entre dans la salle, il était avec moi au bout du fil. « N'oublie pas que ce sont eux qui ont besoin de toi et non le contraire. Vas-y, droite et fière. N'oublie pas qui tu es et ne baisse jamais la tête, c'est toi la meilleure », m'a-t-il dit. Il est extraordinaire.

Moi qui ai toujours un immense trac avant une audition, Zied le fait disparaître. Avec lui, je me réapproprie petit à petit ma valeur. Il m'encourage aussi à rencontrer la nouvelle flamme de mon père. Selon Zied, entretenir la colère ne sert à rien, d'autant plus que cela rendrait mon doux papa si heureux ! Ils ont une belle complicité, mes deux hommes. Papa lui ouvre son cœur et sa collection de scotch, et Zied rassure ma famille. J'ai souri lorsque j'ai entendu mon paternel lui formuler une mise en garde : « Si tu blesses ma fille de quelconque façon, tu auras affaire à moi. » Zied a regardé mon papa droit dans les yeux et lui a répliqué qu'il tuerait lui-même quiconque oserait penser à me faire du mal. Zied est bon pour moi. Je crois inébranlablement que rien n'arrive pour rien, aussi difficiles que les expériences puissent être. Je ne marche pas en tandem avec Zied par pur hasard. Je sais qu'il est sur ma route pour une raison et que sa mission est déjà entamée.

Champagne et réussite

Je reviens du boulot relativement tôt. Depuis que Zied est au Canada, je ne fais plus d'heures supplémentaires, d'autant plus que nous avons un horaire d'été depuis juin. Ainsi, les vendredis, je finis à 13 heures. Je me stationne près de mon appartement et, au moment où je sors de la voiture, mon cellulaire sonne, indiquant le numéro de mon agente. Je réponds rapidement, croisant les doigts pour entendre une bonne nouvelle. Il me semble qu'il y a longtemps que je n'ai pas de contrats artistiques. À l'autre bout du fil, elle et sa fille me crient en chœur et de toutes leurs forces un « Félicitations ! » marqué de joie et suivi de rires. Je fige un instant, pendant que mon agente rattrape le téléphone et me confirme que j'ai décroché le premier rôle en continuité pour lequel j'ai auditionné la semaine dernière. J'éclate en sanglots. Cette réussite est pour moi un tournant majeur dans ma vie. J'ai tant espéré ce rôle, j'ai tant voulu que ce soit enfin mon tour après des années de silence, j'ai tellement souhaité pouvoir vivre de mon métier et avoir ma place dans ce domaine. J'ai été patiente, j'ai travaillé ardemment, me nourrissant de cours et d'ateliers. J'ai vaincu les mots me réduisant à rien et martelant ma tête. J'ai tout fait pour récolter le fruit de mon dur labeur et c'est aujourd'hui que je le cueille. Je ressens une profonde gratitude face au déroulement de ma vie. Je file vers la maison en criant le nom de Zied, lequel se précipite dans ma direction, s'inquiétant de mon état. Le visage ruisselant de larmes et fendu d'un sourire, je lui annonce la nouvelle formidable qui vient de se poser dans ma cour. « Nous célébrerons ce soir, au champagne », me dit-il, me serrant fort dans ses bras.

Une vie de militaire

Zied a finalement déniché un emploi. Après qu'il eut passé plus de six mois sur mon canapé, j'étais sur le point de lui poser un ultimatum. Ma patience avait atteint la limite de l'acceptable. Je sais bien qu'il n'y était pour rien. Les efforts y étaient, mais le permis de travail a été long à obtenir.

Je recommence à m'entraîner. Telle une militaire en poste. Six jours sur sept, je suis au gym, beau temps mauvais temps. Ma nourriture est pesée, calculée, et je travaille avec un entraîneur privé. Zied et moi mangeons au restaurant une fois par semaine et nous nous permettons une bouteille de vin rouge lors de cette occasion. Je suis sculptée au couteau. Prendre ainsi le contrôle de mon existence m'empêche d'entrer en contact avec mon monde émotif. Je gère mon bonheur, mon corps, ma liberté et mon destin.

CHAOS

Depuis les deux dernières années, je conjugue travail à mon éternel bureau, répétitions et tournage. Le boulot, c'est ma fuite, et la fuite, c'est mon mécanisme de défense. Ainsi, plus je travaille, plus j'évite d'entrer en contact avec ce qui ne va pas dans mon existence. Et ce qui ne va pas, je ne veux pas le voir. J'abdique. Ma vie est parfaite telle qu'elle est, du moins, c'est ce dont j'essaie de me convaincre. Pourtant, ma démesure excessive finira par me rattraper.

Je n'ai jamais été aussi heureuse d'entrer au boulot chaque matin. Je contrôle ma vie et je me sens valorisée, car je me réalise artistiquement. Parfois, je passe les portes du studio à 5 h 30 alors que le soleil n'est pas encore sorti de sa cachette, et c'est le sourire aux lèvres et le bonheur dans le creux de mon ventre que j'incarne cette enseignante d'art plastique pour une deuxième saison. Mon rôle prend de l'importance et j'en suis immensément fière. Par contre, c'est tout le contraire lorsque je rentre travailler au sein de la compagnie pour laquelle j'œuvre depuis plus de sept ans. Depuis quelques mois, j'y suis malheureuse. Je reviens le soir à notre nouvelle demeure (que je nous ai achetée sur un coup de tête) frustrée de ma journée, dérangée par les demandes de mon patron et étouffée par le petit cubicule dans lequel je travaille. En effet, l'entreprise a déménagé il y a quelque temps et mon bureau n'a plus les allures d'avant.

Malgré mon horaire adapté à mes tournages, je n'y arrive plus. Même mon corps me prévient de mettre fin à cet emploi que j'exerce depuis trop longtemps. J'ai mal au dos, je ne supporte plus de rester assise sur une chaise à longueur de journée, mon troisième œil me picote ainsi que l'arrière de mon cou, comme si des millions de fourmis prenaient possession de mon corps. J'ai profondément besoin de changement. J'éprouve une immense gratitude envers l'homme qui fut mon patron, mais avant de le détester, je dois partir.

Hier, c'était ma dernière journée de tournage. J'aurais dû être soulagée de me retrouver en vacances pour l'été, d'autant plus que j'ai bon espoir que mon contrat sera renouvelé à la saison prochaine, mais un mal de vivre vient plutôt gâcher cette première journée de pause.

Je me suis fait de bons amis sur le plateau. Nous sommes devenus une famille tricotée serrée, mais, comme dans toute bonne famille, il y a quelques accrochages. Une de mes maquilleuses, par exemple, me fout la trouille. Toutes les fois que je dois prendre place dans son fauteuil, je me crispe et j'y enfonce les doigts. Elle est rude et impatiente avec moi, alors que je ne fais pas un son. J'essaie d'être gentille et de me faire toute petite, mais plus je lui souris, plus son agressivité augmente. Il y a un acteur aussi qui m'a humiliée il y a quelques semaines. Nous tournions une scène de fête et, devant une cinquantaine de figurants, alors qu'il avait le micro en main, il m'a lancé une blague misogyne et dénigrante. Il a ajouté, lorsque la foule a achevé de rire, qu'il parlait de mon personnage, évidemment, ce qui a eu comme effet de faire s'esclaffer les gens de nouveau.

Sans le savoir, il venait d'entrer un couteau directement dans ma blessure. Je n'ai pas su me défendre. Le rouge m'est monté aux joues et j'ai souri en retenant une boule qui se formait dans ma gorge. Le soir, une crise de panique m'a emportée, me faisant trembler jusque dans le creux de mes os. Zied a réussi à me calmer, mais une heure plus tard mes dents claquaient toujours les unes contre les autres. Depuis, je répète encore et encore dans ma tête ce que j'aurais pu lui répondre. Je refais le scénario à maintes reprises afin d'être parée pour la prochaine fois. Zied, de son côté, me fait répéter certaines réponses qui serviront à me défendre. Il veut lui-même aller au front, mais je tais le nom de mon odieux collègue, ne désirant pas créer de vagues. Il me berce longuement, essayant de faire grimper le thermomètre de mon amour-propre.

Donc, ce matin, en même temps que mon cadran sonne la première journée de vacances de tournage et je n'arrive pas à me lever du lit. Le soleil qui s'infiltre à travers les rideaux me donne mal à la tête et je n'ai qu'une envie : rester couchée en boule sous les couvertures pour pouvoir pleurer librement. Avant de partir pour la journée, Zied essaie de me convaincre de prendre congé de mon emploi. Je secoue la tête. Il m'embrasse sur le front et me fait promettre de lui donner de mes nouvelles à l'heure du lunch. Je me lève péniblement et me rends à la salle de bain. Je grelotte. Je suis seule face à mon reflet, les yeux rougis et les lèvres tremblantes. Que m'arrive-t-il? J'ai si mal à l'intérieur. Je retiens un cri de douleur alors que je m'effondre sur la céramique, déboussolée, anéantie et meurtrie. Je sanglote si fort que je n'arrive plus à trouver ma respiration. Mon seul désir : entendre la voix de ma maman. Je lève la main vers mon cellulaire, que je traîne toujours avec moi, et compose son numéro. Par chance, elle répond dès la première sonnerie. Son ton enjoué s'estompe lorsqu'elle perçoit ma souffrance. Je n'arrive toujours pas à parler. Paniquée, elle me demande si je suis en danger. Entre deux pleurs, je lui souffle une réponse négative. La douce voix de maman m'apaise et je retrouve tranquillement le calme. À petits pas, elle tâte le terrain en me proposant de rencontrer sa thérapeute.

— Je crois que tu vas l'aimer. Tu pourrais même prendre mon rendez-vous. J'en ai un prévu pour vendredi.

Nous sommes mardi. Je suis d'accord. Mon effondrement est peut-être dû à la fatigue, mais je ne prendrai pas de risque. Maman me promet de communiquer avec sa thérapeute et m'enverra ses coordonnées. Elle me conseille également de me recoucher et de ne pas aller au boulot afin de souffler un peu, ce que je fais. Je retourne à mon lit, j'écris un courriel à mon patron et m'emmitoufle dans mes couvertures avant de fermer les yeux.

BERCÉE PAR DES BRAS DE MAMAN

Vendredi. Au loin, j'entends une goutte d'eau qui tombe chaque seconde dans le creux du lavabo de la salle de bain. Je n'ai pas la force de me lever de ce lit, mon refuge depuis mardi. Pourtant, c'est l'été, le soleil brille tard, les oiseaux chantent tôt et je suis finalement en vacances. Ce sont plutôt des vacances de mon existence que j'aimerais m'offrir, mais ça, c'est impossible. À moins de me tailler les poignets ou d'ingurgiter la boîte de médicaments traînant dans la pharmacie… J'y ai songé hier soir. Ce plan mettrait fin au hamster pathétique qui court en boucle dans ma tête remplie d'idées sombres depuis quatre jours. Mais pour ce faire, je dois me lever, prendre une décision, et j'en suis incapable. De plus, je suis en sécurité derrière les rideaux tirés. Je n'ai pas à affronter mon visage dans le reflet du miroir qui me renverra assurément des mots d'horreur sur ma personne. Je me déteste. Je suis lâche, bonne à rien, inutile. Je suis à fleur de peau, je pleure inlassablement, recroquevillée sur mon oreiller mouillé. Qui suis-je? Où vais-je? Comment survivre à cet état incompréhensible une journée de plus? Je n'en sais rien.

J'erre les yeux mi-clos dans mes pensées, prisonnière du fardeau qu'est ma vie.

Je ne mange rien. Zied ne sait plus s'il doit être silencieux ou s'il doit essayer de me faire rire. Je suis un zombie ingrat.

Le rendez-vous est prévu aujourd'hui. Je prends mon courage à deux mains, je me douche et je conduis jusqu'au lieu de rencontre sur la Rive-Sud. Avant d'entrer dans l'immeuble, j'examine les quelques écriteaux, dont un sur lequel est inscrit « Grace Hart, travailleuse sociale ». C'est elle. Son nom de famille me fait sourire. Je n'ai envie de croiser le regard de personne aujourd'hui et, heureusement, je suis seule dans la salle d'attente. J'égratigne mon épiderme à l'aide de mes ongles. J'appuie fort. De plus en plus fort.

Une dame ouvre la porte du fond et me nomme doucement. Je suis surprise de son apparence. Elle est dodue, sa peau est chocolat et elle porte des vêtements qui me rappellent ceux que je portais dans le désert.

— Viens, me dit-elle en souriant de ses dents blanches.

Son accent québécois contraste avec son allure. Maman me connaît bien, cette femme me plaît déjà. Elle a la douceur d'une mère, elle se déplace avec grâce et lenteur, me donnant l'impression que nous avons tout le temps du monde devant nous. Son calme est contagieux. Je me sens enveloppée, comme si ses bras m'entouraient en permanence. Son bureau est tout petit et les fenêtres sont ouvertes, laissant passer une douce brise. Les tissus mauves qui font office de rideaux flottent au vent.

Je n'ai pas à me demander quel fauteuil prendre, car la thérapeute s'assoit d'emblée dans celui qui est dos à la porte, me laissant celui qui calme mon état d'hypervigilance.

— Que puis-je faire pour toi ? me demande-t-elle en s'adossant confortablement contre le gros fauteuil en cuir brun.

J'éclate en sanglots.

— Par où commencer ? Je ne sais pas…

— Par le commencement, me répond-elle simplement. J'ai bloqué deux heures pour toi aujourd'hui. Prends tout ton temps, je t'écoute, je te suis, je suis avec toi.

Pendant les deux heures qui suivent, je lui raconte ma vie. De l'intimidation aux pires horreurs que m'a fait subir M, en passant par les cauchemars, la dégringolade, les crises d'angoisse, le divorce de mes parents, l'automutilation, la consommation. Je parle sans arrêt, sans censure, comme si on venait de me donner une voix pour la toute première fois. La boîte de mouchoirs à mes côtés se vide tranquillement, au rythme des boules d'émotion qui font irruption.

— Je ne comprends rien. Tout va bien depuis deux ans. Ma carrière est florissante, je fais de l'argent, j'ai un amoureux formidable, un nouveau condo.

Des rivières se déversent de mes yeux alors que mes mains tremblent de plus belle.

— Tout va bien ? Depuis M, tu fuis, déclare la thérapeute. Tu fuis ta vie, tes émotions, tes blessures, que ce soit par tes dépendances à l'alcool et aux drogues, qui t'amènent à ne plus ressentir et à combler un besoin inassouvi, ou par ton obsession du travail, lequel te valorise en reflétant l'image de celle qui est revenue sur les bons rails et qui se réalise dans sa vie professionnelle. Tu calques sur ta peau des personnages te permettant de survivre et de protéger ta vulnérabilité qui a tant été piétinée. Ta vie amoureuse qui est désormais satisfaisante, selon ce que tu me dis, crée un équilibre, car tu as maintenant une épaule sur laquelle te reposer. Et puis, boum. Les vacances arrivent, l'adrénaline qui te donne de l'énergie et te tient occupée depuis si longtemps tombe, et tout remonte. Tu as accès à tes émotions refoulées et à tes blessures non soignées. La charge émotive due à tout ce que tu as vécu est trop lourde à porter et la dépression est juste sur le bord de la porte.

Boum. Ces révélations tombent sur moi comme un couperet sur le condamné. Effectivement. Ces dépendances obsessionnelles cachent les blessures dont je n'ai pas pris soin. Les plaies ouvertes dont je ne me suis jamais occupée. Mon temps est pratiquement écoulé, je sens la déprime me gagner, le mal de vivre grimper en moi et la douleur m'accaparer.

Grace me réconforte.

— On va s'occuper de ton cœur et on va refermer ces plaies ouvertes, me rassure-t-elle.

Entendre ces mots si doux me touche profondément et fait rejaillir les larmes qui semblent provenir d'un puits sans fond. Deux choix s'offrent à moi : continuer la thérapie individuellement comme nous le faisons aujourd'hui, ou bien accélérer le processus en participant à une semaine complète de thérapie de groupe, que Grace et sa collègue Lise offrent quelques fois par année. La prochaine a lieu dans sept jours et, selon elle, cette retraite est la bonne option pour moi. Elle me réservera une place si j'accepte.

Me retrouver en présence d'autres éclopés ne me réjouit guère, mais je n'ai ni la force de dire oui ni celle de refuser. J'opine de la tête, fatiguée de survivre. Grace me fait un énorme câlin avant que je parte. J'aurais aimé demeurer dans ses bras de maman et me faire bercer longuement, oubliant le défi qu'est la vie et y rester jusqu'à ce que je sois guérie.

Soigner le mal

J'envoie un troisième courriel à mon patron. Je suis encore malade et je ne sais pas quand j'aurai la force de retourner travailler. « Prends le temps qu'il te faut, me répond-il. Soigne-toi et oublie-nous jusqu'à ce que tu sois prête à revenir. » Il me voit aller depuis de nombreuses années. Il sait que je suis au bout du rouleau.

Pourtant, je vais mieux depuis ma rencontre avec Grace. J'ouvre les rideaux et je laisse le soleil entrer dans ma cabane. Je ne dors toujours pas, les cauchemars me réveillant systématiquement, mais je recommence à m'entraîner. Toutefois, je me parle encore avec rigueur. *Lâche. Bonne à rien. Stupide.*

J'ai si peur de démontrer que je ne vais pas bien. Peur que mes amis me quittent, qu'ils m'abandonnent. Il est ancré en moi qu'on ne m'aime que si je suis un rayon de soleil, joyeuse, heureuse et gentille, surtout. Ainsi, on ne me reniera pas. Il n'y a qu'avec Zied que je peux me laisser aller. Je sais qu'il prendra soin de moi jusqu'à ma mort.

Je me cache parfois dans la salle de bain pour extirper mon mal à l'aide d'un objet pointu que je fais glisser le long de mon avant-bras. Zied ne remarque rien. Je suis une experte pour masquer les bleus et les marques.

D'ailleurs, il m'aide à faire ma valise. Il n'est ni pour ni contre le fait que je parte pendant une semaine. «Vas-y si ça te fait du bien», me dit-il en me serrant dans ses bras. J'enfouis plein de vêtements de sport et de yoga dans un sac, mes poids de cinq livres afin de continuer mes exercices ainsi que mes vitamines pour éviter que mon entraîneur me gronde s'il voit que je ne les ai pas prises. Je ne m'informe pas sur la retraite, mais je m'imagine des séances de yoga et de bien-être, de la relaxation et des séminaires sur l'estime de soi. Si j'avais su à quel point cette idée était loin de ce que j'allais vivre…

Il est l'heure de partir. Je prends ma voiture, car j'ai l'intention de peut-être revenir dormir à la maison. Je sais qu'une chambre au manoir nous est offerte, mais je ne suis pas certaine de vouloir y rester.

— De toute façon, je t'appelle ce soir pour te raconter mon après-midi et te faire part de mes plans, dis-je à Zied avant de l'étreindre longuement.

Et nous nous embrassons délicatement sur la bouche.

J'aime mon amoureux. J'aime coller mes lèvres aux siennes, mais je garde secret le fait que je n'aime pas le faire fiévreusement. Comme si un blocage m'arrêtait. Maintenant, je comprends que j'étais en relation avec la figure d'un père, d'un frère, et que, pour ces raisons, l'amour était plus fraternel que passionnel malgré notre fusion apparente. Mais, à ce moment dans ma vie, c'était l'unique personne avec qui je pouvais partager mon quotidien, à qui je pouvais ouvrir mon cœur et offrir ma fragilité.

LE MANOIR
DE L'INCONFORT

Dimanche. Je roule pendant une heure en direction de Rivière-des-Prairies. Les vitres de ma voiture sont baissées et la musique d'Aznavour jouant fort me rappelle le temps où je conduisais vers le lieu de tournage d'*Elles étaient cinq*. Je file dans la même direction et j'aime ce doux souvenir de même que le sentiment d'accomplissement qui l'accompagne.

Depuis ce matin, j'essaie de ne pas sombrer dans ma peine. Mon cœur s'égoutte, formant un lac qui s'agrandit sous mes pieds. Je vais bien. Mon masque en place, j'appuie sur l'accélérateur afin de sentir le vent souffler dans mes oreilles.

L'adresse de mon lieu de vacances est inscrite sur un des deux gros blocs de pierre entourant l'entrée. Je dois revenir sur mes pas, ayant manqué l'accès au premier passage. De grands arbres verts ornent la place et j'avance lentement dans ce lieu qui me semble mystérieux et paisible. Je n'entends que le chant des oiseaux, le bruit du moteur et le frémissement des feuilles dans les arbres. Après de longues minutes, je débouche sur une immense villa ayant l'allure d'un château bâti avec de vieilles pierres grises. Je suis impressionnée par la beauté de l'endroit. Des milliers de fleurs agrémentent ma vue. Au loin, tout au bout du grand terrain vert entretenu à la perfection, je vois l'immense rivière qui coule à haut débit. Je peux entendre le son qui l'accompagne dans sa descente. J'esquisse un sourire. Je me sens bien.

Je suis les indications vers le stationnement, puis je n'attrape que mon sac à main ainsi que ma besace. N'étant toujours pas certaine de rester ici pour la nuit, je préfère laisser ma valise dans la voiture. Il n'y a aucun signe de vie et je suis happée par ce silence qui me rappelle celui des églises. Le soleil plombe sur le toit, faisant étinceler la tôle. Je franchis de grosses portes rouges qui donnent sur une grande pièce au plafond cathédrale. Un homme qui semble sorti directement d'un film d'époque s'approche de moi. J'ai envie de le dépoussiérer un peu en lui donnant une tape sur l'épaule, mais je me retiens. Je lui demande gentiment où se trouve la retraite de groupe. Il me fait non de la tête. Je lui mentionne alors le nom de Grace, mais il porte rapidement son index à sa bouche, me faisant signe de me taire. Mes yeux s'agrandissent et, soudainement, je ne me sens plus autant en sécurité. De son long bras, il me pointe la sortie et je rebrousse chemin.

La panique commence à me gagner un peu. Je longe le manoir et, beaucoup plus loin, je trouve une autre porte, un peu plus petite, par laquelle je m'aventure. À l'intérieur, ce n'est pas majestueux et j'ai l'impression de me retrouver dans une école défraîchie. Au loin, j'entends un rire qui doit appartenir à ma thérapeute. Je me dirige vers l'endroit d'où il provient, toujours sans croiser personne, et je soupire enfin lorsque j'aperçois la travailleuse sociale m'ouvrir grands les bras.

— Tu es arrivée ! me lance-t-elle en me faisant une de ses accolades apaisantes. Prête pour demain ?

J'opine de la tête.

— Je te présente Lise, me dit-elle, ma collègue de travail.

Elle s'éclipse, interpellée par quelqu'un au bout du couloir. Lise est tout le contraire de Grace. Elle est petite et filiforme. Ses cheveux bruns, coupés tout juste au-dessus des épaules, sont frisés serrés. Elle porte une chemise à carreaux ainsi qu'un jean qui lui donne un *look* western. Sa peau sans maquillage est brûlée par le soleil et ses gestes sont saccadés. Lise est assise à un bureau près du corridor qui débouche sur les chambres, comme il est indiqué au-dessus de la porte. Elle parle vite, très vite.

— Bonjour ! Bienvenue. As-tu apporté ton cellulaire, des photos ou des effets personnels à part tes vêtements, tes chaussures et ta brosse à dents ?

— Bien évidemment, lui dis-je candidement.

— Je peux voir ?

J'ouvre mon petit sac et pose sur la table mon précieux téléphone, une photo de Zied et de moi lors de notre dernier voyage à Cuba, mon CD de méditation et celui d'Aznavour.

— Merci, me dit-elle alors qu'elle confisque mes biens, plaçant le tout dans un sac de plastique transparent. Nous te les remettrons à la fin de la semaine. As-tu une montre ?

Je reste bouche bée. Une boule entrave instantanément ma gorge. Je pressens que d'ici quelques secondes je vais éclater en sanglots. Comment ai-je pu me faire avoir de la sorte ? Je me sens piégée. La voix tremblante, essayant de ne pas m'humilier en laissant tomber mes larmes, j'arrive tout de même à prononcer une phrase à peine audible.

— Je dois au moins téléphoner à mon amoureux pour le prévenir que je ne reviendrai pas à la maison, il attend mon appel, affirmé-je, frémissante.

Je ressens un mélange d'indignation, de frustration, de colère et de panique. Lise me répond simplement qu'elle en parlera à sa collègue, ma thérapeute, et qu'elles me reviendront à ce sujet.

— Ta chambre, c'est la numéro 5, tu la trouveras dans le couloir derrière moi. Tu peux aller y déposer ta valise et prendre le temps de t'installer, m'annonce-t-elle avec une voix douce. Par la suite, tu pourras aller rejoindre tes compagnons dans la cafétéria pour le souper avant la réunion de ce soir.

Puis elle m'observe un instant.

— Arriveras-tu à manger ? ajoute-t-elle avec un sourire en coin en me tendant une clé.

Je la regarde avec de la colère plein les yeux. Je retiens de peine et de misère cette sphère qui prend toute la place dans mon larynx. Ma mâchoire est crispée. Je me sens prisonnière de cet endroit et je veux rentrer chez moi. Je ne comprends pas pourquoi ils m'ont tout enlevé. Je ne dis plus un mot et je contourne Lise pour me rendre à ma chambre.

La pièce est exiguë, rustique et ennuyeuse. Il y a un lit à une place, un lavabo et une fenêtre, vers laquelle je me dirige. Je l'ouvre aussi grand que possible, ayant besoin de sentir l'air frais de cette fin d'après-midi sur mon visage. Je regarde au loin, mais la vue splendide sur le jardin arrière se brouille. Mes yeux sont chargés d'eau. Je me retiens. Ce n'est pas vrai que la Cruella de l'entrée me fera pleurer.

Je retourne à ma voiture afin d'aller chercher ma valise. Je ne rentrerai vraisemblablement pas à la maison ce soir. J'ai toujours cette boule présente dans ma gorge et je respire avec difficulté. Si j'ouvre la bouche, je vais éclater en sanglots. Je retiens mes émotions derrière un rictus, mais je sens tout mon intérieur trembler.

Je croise un jeune homme aux cheveux bruns, habillé comme une carte de mode européenne et fumant une cigarette. J'apprendrai plus tard qu'il s'appelle Philippe et que son cœur est aussi beau que grand. Je baisse la tête. Je ne veux parler à personne. Je marche rapidement vers mon véhicule, le cœur en bouillie et la panique prête à faire irruption. J'ouvre le coffre et agrippe ma valise ainsi que mes bouteilles d'eau déminéralisée (une prescription de mon entraîneur), puis je refais le chemin vers ma prison. Le manoir n'a plus la même allure. Il me semble désormais austère, rigide et sévère. J'ai l'impression que mes dents vont éclater tant elles sont serrées. Dans l'allée, je reconnais une jolie blonde de l'univers artistique et je croise une grande brune qui cache son visage derrière ses longs cheveux. Je ne les salue pas et me dirige vers ma chambre afin de déposer mes effets. Je manque d'air dans ce coqueron minuscule. Je maudis cet endroit qui me répugne. Pourtant, une petite voix me dit que je suis à la bonne place. Je m'assois sur le lit et j'essaie de calmer l'anxiété qui me ronge de plus en plus. *Je ne peux rester ici plus longtemps.* J'empoigne mon paquet de cigarettes et je sors. *Je fume une clope et après je déguerpis.* Moi qui croyais que j'allais me retrouver dans un centre de bien-être pour refaire le plein d'énergie, je suis plutôt confrontée à la rigidité et entourée de visages blêmes, ravagés et dépressifs. Ce qu'on décode chez les autres est trop souvent un reflet de notre propre image. À cet instant précis, je ne vois pas mon éclat terne et sans vie.

La jolie blonde se tient près de l'entrée. Je croise son regard alors que je respire une énorme bouffée d'air afin de permettre à mes épaules de se relâcher.

— Tu veux aller marcher ? me demande-t-elle, souriant tristement.

Je relève le menton et l'observe un instant avant d'accepter.

Notre connexion est spontanée. On surnomme ces rares rencontres des « coups de foudre amicaux ». Aux abords du gigantesque manoir, quelques heures avant d'entamer ce qui va s'avérer être le début de ma nouvelle vie, je viens, sans le savoir, de rencontrer un pilier dans mon existence. Juliet, mon éternelle amie inconditionnelle.

Nous nous reconnaissons dans ce stationnement et, loin de nos proches, seules au monde, dans ce moment crucial de notre destinée, nous nous épaulons d'emblée. Juliet et moi marchons tout en nous racontant des bribes de nos vies. Elle appelle cette semaine « thérapie de groupe », je la surnomme « retraite ». Elle savait que les effets personnels n'étaient pas autorisés. Je comprends que, pour le restant de mes jours, je poserai des questions avant d'approuver les suggestions de figures d'autorité. Nous sommes toutes les deux ici car la dépression cogne à nos portes et qu'il est l'heure de prendre soin de notre intérieur. Du coup, la boule dans ma gorge rapetisse et la tension qui crispait mon corps s'évapore un peu. Je ne mange pas au souper, la nourriture ne passe toujours pas, mais au moins la crise de panique ne se présente pas et je n'ai pas déguerpi. Une chance, sans quoi je ne me serais pas offert le plus beau cadeau de ma vie.

ENTOURÉE D'ÉCLOPÉS

Nous sommes douze. Douze éclopés. Quatre hommes et huit femmes, tous assis sagement, prêts à entendre les directives de nos thérapeutes. Je prends place à côté de ma nouvelle amie dans la salle principale, celle qui nous servira de lieu d'apprentissage pendant les cinq prochains jours. J'avale toujours de travers le fait de ne pouvoir communiquer avec Zied et je me renfrogne lorsque Lise et Grace commencent leur présentation à côté d'un grand tableau. Il fait désormais noir dehors et je sais que je devrai passer la nuit ici. Pour ajouter une ride à mon visage, après avoir scruté la pièce, Grace décide de nous changer de place. Quelque chose ne coule pas et elle désire nous attitrer elle-même notre chaise pour les prochaines journées.

Évidemment, la toute première chose qu'elle fait, c'est nous séparer, Juliet et moi. Ne veulent-elles pas mon bonheur, ces deux femmes ? Pourtant, je n'arrive pas à les mépriser. Au fond de moi, je sais que tout ce qu'elles font, chaque geste et chaque décision, aura un impact dans ma guérison.

Je me lève donc et me dirige vers la place assignée par ma thérapeute. Je me retrouve à une table qui, heureusement, est dos au mur, et je m'installe en arrière de la classe. À mes côtés se trouve la grande brune qui se cache encore derrière ses longs cheveux. Celle qui deviendra la dernière membre de notre trio d'inconditionnelles. Charlotte, mon autre meilleure amie, ma confidente et mon éternelle alliée. Juliet, elle et moi sommes, depuis ce jour, des inséparables.

La présentation débute. Elle sera courte ce soir, car il se fait tard et nous avons tous besoin d'une bonne nuit de sommeil avant le premier jour de notre thérapie. Thérapie… Ce mot sonne dans ma tête comme le glas. Suis-je vraiment entrée en thérapie fermée, dans un groupe d'estropiés ? La réalité de mon environnement me le confirme.

Lise se présente la première. Elle nous parle brièvement de son passé de toxicomane et de sa famille dysfonctionnelle. Elle est sexologue de formation et est spécialisée dans les dépendances. Le mot est large. Il inclut la dépendance affective et l'alcoolisme, en passant par la dépendance à la nourriture et à la sexualité. Je découvre peu à peu cette femme qui se livre à nous sans censure, en toute authenticité, en toute liberté. Elle se décrit elle-même comme une petite nerveuse, une pince-sans-rire, et elle ne passe pas par quatre chemins pour nous expliquer d'où elle vient.

— Vous m'analysez sûrement en ce moment, nous dit-elle. Je suis maigre, je n'ai pas de seins, je suis homosexuelle et ça paraît. Oui, je louche un peu, mais je suis très attachante, lance-t-elle avant de s'esclaffer.

Elle nous raconte qu'elle a vécu de l'abus dans son enfance et que ce passé a forgé en elle des mécanismes de défense sur lesquels elle travaille encore aujourd'hui. Mais elle ne laisse plus ce qu'elle a subi dicter sa vie et, ensemble, pendant la semaine, c'est ce que nous allons apprendre à faire. Nous allons décortiquer nos mécanismes de défense et retrouver l'essence de qui nous sommes. Ceux qui ont des bourreaux, nous allons les enterrer.

Ma lèvre se remet à trembler et je baisse la tête. Je sais désormais pourquoi je suis ici. Mon sentiment envers Lise s'adoucit. J'aime l'authenticité des gens. J'aime le côté cru, vrai et juste. Je tombe amoureuse des personnes qui sont capables de me montrer leur vulnérabilité. Lise. Cruella. Encore aujourd'hui, je l'affuble de ce nom. Cette thérapeute parfaite m'a sauvé la vie.

Puis, c'est au tour de Grace.

— Moi, dit-elle, je suis lente. Je parle lentement, je me déplace lentement et je ne vois jamais de problème nulle part, dit-elle en pouffant de rire.

Je suis encore surprise lorsqu'elle ouvre la bouche. Son accent totalement québécois ne concorde pas avec son accoutrement qui reflète l'image d'une chic Haïtienne pratiquant le vaudou.

— Lise et moi, on se complète, on s'équilibre. Je suis une amoureuse du moment présent et je vais vous aider à vous aimer vous-mêmes. Vous vous exercerez à être dans l'ici et le maintenant. Vous apprendrez à laisser aller le passé et à entrer en contact avec votre nouvelle vie. J'aimerais qu'en sortant d'ici, à la fin de la semaine, vous vous aimiez assez pour vous choisir, à chaque instant.

On nous informe aussi que, chaque matin, Lise ou Grace cogneront à nos portes respectives afin de nous réveiller. Assez tôt pour que nous ayons le temps d'effectuer notre routine, de déjeuner à la cafétéria et d'avoir un petit moment à nous avant le début de la journée. Puis, lorsque nous entendrons la chanson de ralliement, il faudra nous rencontrer dans cette même classe afin de terminer l'hymne tous ensemble.

Une chanson de ralliement. Habituellement, cette information m'aurait fait lever les yeux vers le ciel, mais j'ai les émotions à fleur de peau et je concentre toute mon énergie à retenir les larmes qui menacent toujours de jaillir.

— Comme vous l'avez remarqué, renchérit Lise en m'envoyant un clin d'œil, nous vous avons privés de tous les effets personnels pouvant vous distraire. Le but est de vous laisser aller, de faire confiance à votre intérieur et, surtout, de vous reconnecter à ce dernier. De vous sentir ! Il est temps de vous rebrancher à vos émotions, à votre ressenti, à votre identité, à votre essence… Ce sera inconfortable au début. Plusieurs d'entre vous ne dormiront pas ce soir, mais faites confiance au processus.

Faire confiance est mon ultime défi. Comment m'abandonner librement, moi qui ai tant été flouée par les figures d'autorité, par ces gourous de sectes, ces sorciers, ces gens voulant supposément mon bien ? Comment faire confiance à nouveau alors qu'on m'a humiliée, laissée, trahie, mutilée et déshonorée ?

D'ailleurs, nous partageons les lieux avec des personnes en retraite silencieuse. Ils ne doivent pas traverser de notre côté, et nous devons respecter leur silence et leurs espaces de recueillement.

— Avez-vous des questions avant de regagner votre chambre ?

Personne ne lève la main.

— Bien. Alors bonne nuit et à demain.

Zied. Il est probablement mort d'inquiétude. Je dois lui téléphoner. En silence, alors que les participants se dirigent vers leurs chambres, je prends mon courage à deux mains et je m'oriente vers ma thérapeute. La voix enrouée, je lui explique en toute authenticité ma situation.

Je n'ai aucune idée de ce que je viens faire ici. Je pensais retourner à la maison ce soir, je n'aime pas dormir ailleurs et mon amoureux doit être mort d'inquiétude. Il m'a probablement envoyé plusieurs messages, lui dis-je. Je retiens mes larmes et ravale la boule qui noue ma gorge.

— Pauvre chérie, me répond-elle. Je dois te dire que je t'ai laissée aller, mais j'étais bien surprise que tu ne me poses aucune question sur la thérapie. Je te trouvais très audacieuse de te présenter ici sans savoir dans quoi tu t'embarquais. Je t'ai à l'œil depuis que tu es arrivée et j'avais bien hâte que tu viennes me voir. Bien sûr que tu peux appeler ton amoureux ! Tu me redonnes ton téléphone après, par contre. Jusqu'à vendredi.

J'expire enfin. Pourquoi ne suis-je pas allée la voir avant ? Pourquoi ne lui ai-je pas posé la question plus rapidement ? En thérapie, au cours de la semaine, j'apprends à valider ce que je pense auprès des gens au lieu de m'inventer des scénarios dans ma tête. Je comprends que j'ai le droit de parler, de questionner et de demander à être sécurisée. J'ai le droit de m'informer sur tout ce qui touche à ma vie. Je suis la personne la plus importante sur cette terre. Ainsi soit-il.

Dès que j'entends la voix de Zied, je fonds en larmes. Cet homme me permet de m'abandonner à mes émotions sans me sanctionner. Mes sanglots l'inquiètent, mais je le rassure en lui racontant brièvement mes dernières heures. Il se braque. Personne n'a le droit de faire de la peine à son bébé d'amour. Je souris. Avec Zied, je me sens protégée, aimée, valorisée et défendue. Il est mon loyal chevalier des temps modernes et je sais qu'il prendrait une balle à ma place s'il le fallait. À vendredi, mon amour. Je vais mieux. Je redonne mon cellulaire à Grace et file vers ma chambre. Je ne sais pas si j'arriverai à dormir ce soir, mais au moins je respire un peu plus facilement.

PREMIER JOUR
DE THÉRAPIE

En sursaut, je me réveille brusquement. Où suis-je ? La sueur perle sur mon corps. Je grelotte dans les draps humides de transpiration. L'odeur d'encens prend un certain temps avant de se faufiler jusqu'à mes narines, me rappelant les vieilles églises. Mes yeux cherchent dans le noir. Les larmes roulent sur mes joues. Je n'ai plus la force de rêver. La lumière est tamisée par l'abat-jour jauni de la lampe qui trône chétivement sur l'unique table de chevet de la minuscule chambre où je loge depuis hier. Je tire les couvertures du lit à une place jusqu'à mon menton et m'emmitoufle dans la couette, reprenant tranquillement mes esprits. Comme un mantra, je me répète que c'est pour cela que je suis ici. Parce que je ne supporte plus d'être ensevelie par ces cauchemars récurrents. Ni de traîner cette histoire, ce boulet qui freine mon existence et handicape ma liberté.

Dans ce manoir au bord du fleuve, je fais le premier pas vers ma reconstruction. Je me rappelle les raisons de ma venue dans ce lieu paisible, pour ne pas plier bagage et retourner sur-le-champ dans la sécurité de mon appartement. Je me le répète pour ne plus porter ces masques qui me tuent à petit feu.

313

Je sais que je ne retrouverai pas le sommeil. D'ailleurs, les oiseaux bavardent dans l'aube de l'été. Je me lève et me rends au minuscule lavabo coincé entre la fenêtre et le lit afin de rafraîchir mon visage. Dans la glace, j'observe cette femme de vingt-sept ans qui a frôlé la mort. Je lui dois au moins ça. Réapprendre à vivre. Premier jour de thérapie. Je suis prête.

Je me glisse vers le vestiaire adjacent à ma chambrette et me faufile dans la douche. L'eau chaude coule sur ma peau, mais, renfrognée, je ne m'abandonne pas à ce moment de détente. Je ne veux pas être ici. Quelle heure est-il ? Je n'ai plus aucun repère.

C'est vrai qu'à mon arrivée on m'a confisqué ce que j'avais en ma possession. Sans contact avec le monde extérieur, je n'ai plus aucun choix. Je m'efforce de lâcher prise et, pour la toute première fois depuis des années, je dois me reconnecter à mes blessures, mes mécanismes de défense, mes peurs. Ressentir les brûlures que j'ai esquivées au fil du temps au détriment d'une fausse liberté. Écouter mon cœur battre sans m'évader dans un quotidien de séduction, de travail, de performance et de dépendance.

Sept ans. Depuis sept longues années, les nuits se succèdent, me ramenant instantanément à cette soirée où j'ai fui. Je respire un grand coup et je ferme les yeux, laissant l'eau m'apaiser.

J'écoute mon cœur me parler. Je suis souffrante. J'ai mal d'avoir vécu. J'ai mal de m'être abandonnée. J'ai mal de m'être laissé faire du mal. Je suis loin d'être guérie et la douleur a fini par me rattraper. Je ne peux plus esquiver le visage de M qui me hante. Je ne peux plus supporter le souvenir de ses mains enroulées autour de mon cou. Je ne peux plus soutenir son regard démoniaque lorsqu'il me parlait à quelques centimètres de la figure, me violentant avec ses mots.

Je ferme l'eau qui coule sur ma nuque. Je suis seule dans ce vestiaire vide. Pling, pling, pling. Les gouttelettes s'écrasent sur la vieille céramique, résonnant lourdement dans le petit matin. Je prends la serviette blanche accrochée à l'extérieur de la douche et j'essuie l'eau perlant sur mon corps. J'efface les traces des souvenirs qui ressurgissent momentanément. J'enfile ma robe de chambre puis me faufile jusqu'à la chambrette du manoir silencieux. Je m'installe sur le lit et fixe le plafond. Mes cheveux mouillés gouttent sur l'oreiller. Habituellement, j'aurais posé mes écouteurs sur mes oreilles et je me serais enfuie dans mon imaginaire, accompagnée des paroles d'Aznavour. Mais on m'a tout enlevé. Je ne peux fuir, je dois sentir mon cœur battre et me connecter à l'émotion qui m'habite. Néant. Je ne ressens rien. Que mes dents serrées et ma mâchoire tendue.

Jusqu'au bout

Toc toc toc. «Bon matin !» On cogne à la porte. N'ayant pas d'horloge dans la chambre ni de cellulaire ou de réveille-matin pour nous distraire, nous devons ainsi pratiquer le lâcher-prise et faire confiance au processus. Toutefois, je ne fais confiance à personne. Mon horloge intérieure et les cauchemars se sont occupés de mon réveil, et je fixe le plafond depuis quelque temps déjà. Ma douche est prise, mes cheveux sont presque secs et il ne reste qu'à m'habiller pour entamer le premier jour de la thérapie. J'enfile des vêtements confortables et j'enroule une écharpe autour de mon cou. Devant la glace, j'applique du crayon noir autour de mes yeux cernés. Depuis belle lurette, je ne sors jamais sans maquillage. Sous le mascara ébène et les crayons foncés se cache ma vérité. Sous mes traits durs, il y a, quelque part, une petite fille perdue, camouflée, inconnue. Personne ou presque ne connaît mon passé. Je l'ai gardé pour moi tout au long de ces années. Traînant ce secret comme un boulet à mes pieds. À l'aide de ma brosse, je lisse mes cheveux alors que j'entends ma voisine de chambre mettre en marche son séchoir. Merde. J'ai oublié le mien. Tant pis. De toute façon, je m'en irai probablement à la fin de la journée. *Lâche.* J'observe dans la glace cette jeune femme au bout du rouleau. Les yeux tristes, la bouche exempte de sourire et le cœur en miettes. Puis mon regard se pose sur la bosse qui orne mon nez. Celle qui me rappelle une nuit ensanglantée. Ma bosse de guerrière qui évoque la pensée que plus jamais personne ne pourra me piler dessus. Jamais. *Non, tu ne partiras pas. Tu iras jusqu'au bout de la semaine.*

Lâche. Bonne à rien. Stupide.

Mon regard diverge sur les cicatrices de mes poignets tailladés. Je tire mes manches et ravale une boule d'émotion qui essaie de grimper à la surface. *Je te déteste*, me dis-je dans le miroir.

UN PREMIER PAS SUR LE CHEMIN DOULOUREUX

J e reste dans ma chambre. Je n'ai pas faim ce matin et j'attends que la musique de ralliement se fasse entendre. Combien de temps s'est-il écoulé depuis mon réveil ? Une heure peut-être. Soixante minutes durant lesquelles j'ai vociféré le nom de M. De longues secondes à le détester de m'avoir ainsi handicapée. C'est lui qui devrait se retrouver interné, pas moi. J'entends une musique résonner dans le couloir. Les paroles volent jusqu'à mes oreilles et à mon cœur :

All right… No cigarettes, no sleep, no light, no sound, nothing to eat, no books to read. Sometimes, all I need is the air that I breathe and to love you. All I need is the air that I breathe[3]…

Je sors de ma chambre, interpellée par cette musique. Les paroles se collent à ma peau comme si les mots avaient été écrits pour décrire ce besoin que j'ai de me reconnecter à moi-même et de

---

3. The Hollies, *The Air That I Breathe*, 1974.

tomber amoureuse de la femme que je suis devenue. Celle que je n'aime pas. Celle que je méprise, celle que je veux fuir.

Dans la salle de classe, je prends place derrière ma table et, un à un, les douze blessés gagnent l'endroit qui leur a été assigné la veille. Grace et Lise tapent des mains au rythme de la musique et nous invitent à faire de même. Je me sens idiote dans ce groupe à battre des mains, mais la chanson s'éternise et un sourire gagne mon visage grâce à l'effet d'entraînement. Ce rassemblement de gens qui, à l'unisson, s'impliquent et suivent les directives en espérant guérir touche mon cœur. Lise rayonne et son rire franc et humble est contagieux. Cette chanson ne quittera jamais mes tripes. Entourée de mes deux inconditionnelles, je danse encore parfois sur le rythme de ce gospel revisité par Simply Red. L'effet est immédiat, comme si les paroles avaient été programmées pour nous reconnecter à notre amour-propre.

Après une brève introduction, c'est à nous, les participants, de nous présenter. À tour de rôle, nous passons en avant afin de nous nommer et d'expliquer les raisons de notre présence ici, et ce que nous venons chercher dans cette thérapie.

La nervosité grimpe en moi. Je n'ai aucune envie de me mettre à nu devant ces gens. Les pensées défilent dans ma tête à la vitesse de l'éclair. Pourquoi suis-je ici ? Que viens-je chercher en thérapie ? Je n'écoute pas ce que racontent les autres participants, mais certains fondent en larmes, alors que d'autres balbutient quelques mots décousus. Je ne fais que méditer sur ma réplique. Puis vient mon tour. Je m'avance devant le groupe et je sens l'émotion me gagner. Je ne mentirai pas. Je ne laisserai pas le masque m'envahir. Je secoue la tête, baisse les yeux, puis, les gouttes d'eau traçant leur trajectoire le long de mon visage, je me lance.

— Je suis ici parce que je suis tannée d'avoir mal. Je veux enterrer le bourreau qui m'a fait souffrir, arrêter de faire des cauchemars la nuit et, surtout, je ne veux plus mourir. Je veux connaître ce que goûte la vie et retrouver celle que j'étais. Je veux être libre.

En retournant à ma chaise, je suis happée par la véracité de ce que je viens de prononcer. Devant onze inconnus tous brisés à leur façon, je brise le silence et je fais place à ma vérité. J'ai le profond sentiment que, pour la toute première fois, j'entame la longue marche que j'ai évitée depuis que j'ai quitté la monstruosité. C'est un chemin douloureux, certes, mais sur lequel se trouvent les outils pour panser mon cœur.

SANS MASQUES
NI PARURES

Trois longues journées s'écoulent. Trois journées de thérapie intensive où, chaque matin, Grace nous pose la même question à tour de rôle.

— Comment ça va ?

Simplement. Sans tambour ni trompette. Pas un « Comment ça va ? » futile qui laisse place à une riposte vide de sens, polie et superficielle. Un « Comment ça va ? » réel sollicitant une réponse authentique. J'ai d'ailleurs gardé cette habitude avec Juliet et Charlotte. Lorsque nous nous posons cette question, il n'y a pas de réplique automatique. Nous nous reconnectons directement dans la profondeur de qui nous sommes, puis nous nous affirmons avec véracité et précision.

Au cours de ces trois journées, les histoires des uns m'ont fait pleurer et les blessures des autres ont fait ressurgir les miennes. Trois journées pendant lesquelles des liens indestructibles se sont tissés. Trois journées à chanter l'hymne de ralliement chaque matin et à taper des mains au rythme des paroles qui me prennent aux tripes. Tout ce que dont j'ai besoin, c'est l'air que je respire, dit le refrain. Oui, c'est l'essentiel.

Des journées d'introspection, de peine, de colère. Des journées à me faire expliquer mon *pattern* familial, les dysfonctions de ma famille et les rôles que tout un chacun tient dans celle-ci. J'apprends que, dans chaque domicile, il existe des aspects qui tournent à l'envers, ce qui me rassure et rend cette réalité moins difficile à avaler. Je fais partie de la norme et mes parents ne sont pas pires que ceux des voisins. Ils ont fait de leur mieux, voilà tout. Et le mieux qu'ont fait mes parents, c'est me sauver la vie.

Je passe des journées à comprendre qui je suis et à m'ouvrir sur des moments-chocs de ma vie. Des moments que j'avais oubliés pour me protéger. Des moments horribles qui refont surface, ici, dans la sécurité de ce château de pierre. Des *flashbacks* qui ressurgissent, alors que je croyais avoir effacé certains instants de mon passé. Quand vient le soir, nous nous assoyons en cercle dans le sous-sol du manoir, puis les cauchemars sortent de ma tête et je les verbalise à mes nouveaux amis. J'apprends à briser le silence petit à petit et j'écoute à mon tour les mots de mes compagnons qui font craqueler mon cœur. Celui de Lise se fendille et j'aperçois ses larmes couler. Des thérapeutes, ça pleure aussi. C'est Charlotte qui déclenche cette rivière de larmes qui se répand chez tout un chacun. Charlotte qui s'ouvre enfin sur sa relation horrible avec une mère qui ne mérite pas de porter ce nom. Charlotte qui se ferme depuis le début de la thérapie, mais qui nous fait maintenant assez confiance pour se dévoiler et nous montrer sa vulnérabilité par un soir d'été. Belle grande Charlotte. Belle amie…

Juliet, Charlotte et moi, nous nous sommes connues dans notre moment le plus sombre, le plus laid, le plus ravagé. Nous avons été témoins de nos yeux cernés, de nos sanglots incessants, de notre intimité la plus profonde. Nous nous sommes aimées sans masques ni parures. Nous sommes tombées amoureuses l'une de l'autre pour notre véritable identité. Ce lien est indestructible. Cette amitié ne sera jamais trahie, jamais contestée. Nous nous aimons pour l'éternité et personne ne pourra nous en empêcher.

À M

Quatrième jour. Après la pause du dîner pendant laquelle Charlotte, Juliet, notre nouvel ami (la carte de mode européenne) et moi avons marché tout en placotant, nos thérapeutes nous demandent de nous recueillir, mais, cette fois-ci, chacun dans notre chambre. Le travail se fera de façon individuelle. Il est l'heure d'écrire une lettre à nos parents, à ceux qui nous ont blessés ou à notre bourreau, selon ce qui nous interpelle. Je me sens concernée. J'aurais aimé écrire une lettre à mes parents, mais Lise entre dans ma chambre et s'assoit à mes côtés.

— Tu pourras le faire si tu en ressens le besoin, mais, tout d'abord, j'aimerais que tu écrives à ton bourreau. C'est important.

— Je sais. Je le sais bien.

— Mets sur papier tout ce qui vient à ton esprit, sans réfléchir et, surtout, sans te censurer.

Alors qu'elle referme la porte de ma pauvre chambrette, me laissant avec ma pile de feuilles blanches et mon crayon à mine, mes dents se crispent et je sens monter la sphère d'émotion dans ma gorge. Écrire à M n'était pas dans mes plans. Je respire de mal en pis.

À M.

Tu te souviens de moi? Moi, je ne t'ai pas oublié. Rares sont les nuits où tu ne viens pas me hanter. Introuvables sont les jours où ta torture du passé ne vient pas handicaper mon quotidien. Tu sais, je regrette le jour où je t'ai rencontré. Je te déteste, tu m'horripiles, je te hais. Je te regarde avec mépris et je crache sur ton visage le poison qui s'empare de moi lorsque tu ressurgis dans mon univers. Et tu sais ce qui me dégoûte davantage? C'est que je sais que ces mots te font plaisir. Que tu as réussi ta mission, celle d'ancrer ton nom sur ma peau. Pour cette raison, je ne te montrerai jamais ma douleur ni que tu existes encore sur ma terre.

Je souhaite que tu ne fasses subir à aucune femme ce que tu m'as fait endurer, toi, le salaud sans remords. J'espère que tu es éteint dans le fond d'une caverne noire. Seul et abandonné. J'ai de la colère, M, mais de la peine surtout. La peine d'avoir perdu des années à cause de toi. La tristesse de devoir encore aujourd'hui travailler sur moi, ressurgir de la dépression et soigner les blessures que tu m'as infligées. À l'œil nu, les bleus ont disparu, mais mes os sont toujours cassés, j'arrive juste mieux à les cacher.

Pourquoi? C'est la question qui demeure. Pourquoi m'as-tu tant fait souffrir, moi qui t'aimais plus que moi-même? Pourquoi m'as-tu déchiquetée et réduite à néant? Pourquoi avais-tu besoin de m'humilier devant tes amis et ta famille? Pourquoi me traitais-tu comme tu traitais Chien, comme une esclave au service de tes bons et mauvais jours? Pourquoi m'as-tu rendue pute aux mains de tes voyous? Pourquoi as-tu fait jaillir le sang sur mes joues ? Pourquoi m'as-tu martelée à coups de mots, à coups de pelle, à coups de pied ? Pourquoi avais-tu ce besoin de déchirer mon sexe et d'estropier mon intérieur ?

J'avais dix-huit ans, M... J'étais une petite fille. Et tu l'as marquée au fer rouge. J'en porte encore les traces. Je ne serai plus jamais la même, malgré mes tentatives pour retrouver mon innocence. Tu m'as détruite. En es-tu fier ? Le sais-tu que, par ta faute, je marche à l'envers ?

Penses-tu à moi parfois ? Comment vis-tu avec le souvenir du calvaire que tu m'as fait supporter ? Te souviens-tu des coups, de l'humiliation, des séquestrations ? Moi, je m'en souviens...

J'écris. Je noircis les pages du venin qui coule en moi. Je rage. Je le menace, je le traite de tous les noms, je réclame vengeance et représailles. Je déverse mon ressenti sur des feuilles entières sans me relire ni réfléchir. J'ai dû tacher une douzaine de feuilles de ma colère, de mon amertume et de ma tristesse. J'ai tout dit. Il ne reste plus de plomb dans mon crayon ni de mots au bout de mes doigts.

Lorsque je termine la lettre à M, j'aiguise ma mine et inscris ces quelques lignes sur du papier vierge.

Papa, maman,
Je suis désolée. Je ne sais pas si je me pardonnerai un jour de vous avoir fait subir les affres de cette histoire. Je ne sais pas si je me déchargerai de la honte qui pèse sur mes épaules. Je ne sais pas si je me disculperai de vous avoir empêchés de sourire, de dormir,

de vivre pendant les mois de mon absence. Je ne sais pas si je pourrai effacer cette soirée où je vous ai trahis devant les policiers, vous laissant impuissants face à ma décision. Je vous ai enlevé votre fille et je n'ai pas su vous la retourner intacte. Papa, mon doux papa, je suis changée à jamais, m'aimeras-tu toujours autant ? Maman, ma lionne de maman, ta main brûlera peut-être toujours lorsque tu tenteras de caresser mon visage, c'est ainsi. Je ne peux plus être bercée. À vous, je vous demande pardon.

Je dépose mes écrits sur le lit et je sors de ma chambre afin de sentir le vent dans mes cheveux. Je marche le long de la rivière et je l'observe. Elle est déchaînée, libre, mouvementée. Le puissant courant la fait s'évader rapidement vers sa destinée. Elle est forte et émancipée. Je reste une bonne demi-heure à m'imprégner de sa vitalité, puis j'entends mon nom résonner loin derrière moi. Lise me fait signe de venir rejoindre le groupe.

Ils sont tous agglomérés autour d'un feu crépitant dans la brunante. Je m'approche et Lise me tend les feuilles qu'elle a ramassées sur mon lit. Je comprends qu'il est temps de laisser aller mon bourreau, de me défaire des chaînes me rattachant à cette histoire et de jeter celle-ci dans le brasier afin de l'incendier en entier. Je veux être cette rivière qui coule, affranchie et émancipée. Je veux être le feu qui brûle, puissant, avec ferveur et ardeur. Je suis prête à détacher le boulet et à calciner ce qu'il me reste de ressentiment envers ce passé.

Il n'y a pas de règle à suivre. La démarche nous appartient. Alors que les flammes s'emparent de mes mots, je demande à mes guides, à mes anges, de me libérer de M et de faire taire ses insultes qui gravitent tout autour. Je fais le vœu de ne plus entendre sa voix qui me martèle depuis si long-temps. Je regarde les dernières traces de colère s'en-voler en fumée et je respire en remerciant le ciel de m'avoir envoyée ici, dans cette thérapie.

Adieu M et les monstres.

DES OUTILS DANS
UN BALUCHON

Les deux jours suivants sont ceux de la reconstruction, du pardon et de l'amour.

Je comprends que dire non est un outil nécessaire à ma survie, que mettre mes limites face aux mauvais traitements, aussi petits soient-ils, est primordial, que plus jamais ma frontière ne devra être transgressée de quelque façon que ce soit. Sans quoi je mourrai de l'intérieur.

Au cours de ces deux dernières journées, je me suis rencontrée, moi, Ingrid, la véritable, et j'ai acquis une force que je ne croyais pas avoir en moi. Celle de me tenir debout pour moi, celle de me défendre, peu importe la situation, celle de parler haut et fort en mon nom. Je connais désormais ma valeur. Je sais maintenant que je ne baisserai plus jamais la tête devant ceux qui me font peur, car imposer le respect est une arme que je viens d'insérer dans la poche arrière de mon pantalon. J'apprends que mon histoire ne me définit pas et que je peux vivre librement sans elle. Que je ne serai pas vide en la laissant aller. J'ai désormais réappris à marcher et je me réapproprie mon identité.

Retour à la réalité

Vendredi matin. Je plie bagage, je dis adieu à ce havre de paix, à ma chambrette que j'apprécie désormais, et je prends le temps de saluer chacun des participants. Nous nous reverrons, certes, car chaque mercredi du mois, dans le sous-sol d'une vieille église, un suivi est donné. Lise me tend mon cellulaire, la photo de Zied et de moi en voyage de même que mes disques compacts, puis elle me fait un énorme câlin. Dire que j'ai détesté cette femme lors de notre première rencontre ! Elle a changé ma vie et je lui voue un amour et un respect sans bornes. Je range mes effets dans mon sac à main. Je ne souhaite pas ouvrir mon cellulaire pour l'instant ni me souvenir de mon amoureux. J'éprouve une certaine anxiété à l'idée de quitter cet endroit. J'aurais pu rester cachée ici bien longtemps encore, je le crains.

Grace me serre aussi dans ses bras.

— Est-ce que ça va aller ?

J'éclate en sanglots. Laisser cette sécurité, le confort des murs du manoir, et retourner à mon quotidien me fait peur.

— Nous nous reverrons rapidement, me dit-elle, tu as déjà réservé une place dans mon horaire, tu t'en souviens ? Maintenant, tu dois aller mettre en pratique dans la vraie vie tout ce que tu as appris ici. Nous avons ouvert une boîte de Pandore, mais nous devons continuer à grandir à travers les expériences du quotidien. Tu as tous les outils nécessaires, sers-toi d'eux.

Après une dernière accolade, Charlotte, Juliet, Philippe la carte de mode et moi passons la porte. Nous savons qu'un message texte et un lunch seront possibles dès le lendemain, d'autant plus que mon ami Philippe travaille lui aussi à Radio-Canada, il sera donc facile de nous revoir. Les adieux n'en sont pas réellement et nous évitons ainsi la déchirure.

Je quitte le manoir et je roule vers le sud. Sans musique ni fuite. Je baisse les vitres, car il fait intensément chaud en ce mois de juillet. Alors que je bifurque sur l'autoroute, je me fais dépasser à toute allure par un bolide. Puis un autre. La vitesse des voitures, le bruit de la ville et le gris du pavé me donnent le vertige. Je baisse les yeux vers mon tableau de bord et je suis surprise de constater que je roule à peine soixante-dix kilomètres à l'heure, alors que la limite est de cent kilomètres à l'heure. Pourtant, j'ai l'impression de conduire à une vitesse adéquate. Je remarque aussi que je tiens mon volant moins serré et que mes gestes sont plus lents que d'habitude. Est-ce ainsi que l'on se sent lorsqu'on se « dépose » enfin, que le stress du quotidien quitte notre corps et qu'on est en union avec soi-même ? Je me souviens de m'être sentie comme ça au retour d'une semaine de camping sauvage dans le bois lors de mes seize ans. Complètement déconnectée de la vie urbaine.

Plus j'approche de la maison, plus j'ai envie de retourner au manoir et de retrouver ma chambre. Je ne suis plus la même et je ne sais comment se dérouleront mes retrouvailles avec Zied. Je suis partie seulement cinq nuits, mais j'ai le sentiment d'avoir vécu toute une vie depuis dimanche dernier. Je stationne la voiture devant mon condo, je sors ma valise de mon coffre et j'entre chez moi. Il semble n'y avoir personne, sauf mon chat Vito, qui s'approche en miaulant, désirant se faire câliner. Ce chat est lui aussi un éclopé qui aurait eu besoin de passer la semaine avec moi afin de travailler sur ses blessures d'abandon, d'humiliation et de rejet, lui que j'ai trouvé dans un champ, cassé et délaissé.

J'appelle Zied, sans réponse. *Idiote. Tu as oublié le temps. Nous sommes vendredi et Zied est au boulot.*

Je me reprends immédiatement, corrigeant le mot qui vient de me dénigrer. Je me répète comme un mantra : *Je suis désormais douce pour moi-même et cette violence verbale envers ma personne est inacceptable.*

La thérapie n'est pas une baguette magique qui règle instantanément tous les maux. Le travail débute réellement une fois que la routine du quotidien reprend son rythme et que, alors qu'on baisse la garde, les expériences humaines cognent à nos portes.

Je me rends à ma chambre et je prends le temps de défaire ma valise ainsi que de laver mes vêtements. Mon cellulaire est toujours éteint, le téléviseur aussi, et le silence de mon chez-moi me fait du bien. Je ne suis bousculée par personne.

Vers 17 heures, j'entends une clé tourner dans la serrure. Zied passe la porte et, surpris de me voir, il s'élance vers moi pour me serrer fort dans ses bras. Je souris, rassurée. Il m'a manqué.

— Pourquoi ne m'as-tu pas téléphoné ? Je serais rentré plus tôt du bureau !

— J'avais besoin de me retrouver seule un peu et de prendre le temps d'atterrir.

Mes besoins. Je suis désormais la reine dans ce domaine. Je nomme mes besoins, mes sentiments et mes envies sans crainte ni censure et, surtout, sans me soucier de l'impact que ceux-ci peuvent avoir chez autrui. J'ai aussi appris la phrase magique : « Ça ne me convient pas. » Dorénavant, lorsque je dis non à une demande et qu'on me questionne sur les raisons de mon refus, la réponse est simple et ne laisse place à aucune discussion supplémentaire. « Ça ne me convient pas » est désormais ma phrase-clé.

Par contre, lors de la thérapie, je n'ai pas été avertie que je ferais usage de mes outils avec trop d'intensité, que ce soit en mettant en place des limites un peu extrêmes, en répondant non à tout va et en surutilisant ma phrase fétiche. Il me faut donc plusieurs mois et quelques accrochages avec mes proches avant de trouver mon équilibre dans ma nouvelle vie.

Zied ne porte pas les mêmes blessures que moi et ne se sent pas rejeté par mes répliques. Il comprend, hoche de la tête et me répond simplement à quel point il est heureux de me revoir. « Ce soir, homard au menu et bouteille du Jura », me propose-t-il. J'acquiesce. Il est parfait.

À TOUT JAMAIS CHANGÉE

J e suis changée à jamais. Même l'acteur misogyne me le fait remarquer à mon retour sur le plateau de tournage de l'émission quotidienne.

— Qu'as-tu fait cet été ? Que s'est-il passé avec toi ?

Une aura de respect m'entoure et je n'ai plus peur de répliquer si une situation ne me plaît pas. La maquilleuse aussi s'est adoucie. « Pourquoi as-tu besoin qu'elle t'aime ? » m'a lancé Grace lors de notre suivi individuel. Je n'ai su quoi répondre à cette question. Ma thérapeute m'a alors expliqué qu'il est impossible d'être aimé de tous. « Si cette maquilleuse ne t'aime pas, ne cherche pas à ce qu'elle le fasse. N'essaie pas de lui plaire ou de la charmer. Laisse-la faire son travail, c'est-à-dire te maquiller, et vaque à tes occupations. Apprends ton texte, fais des italiennes avec tes collègues ou attends qu'elle termine afin que tu puisses être libérée pour aller tourner. »

Mon ultime besoin de plaire m'a quittée à ce moment et n'est plus jamais revenu. Si une personne ne m'aime pas, cela lui appartient et n'entachera pas ma vie. J'ai finalement compris cette notion. Mes amies, que je compte sur les doigts de mes mains, m'aiment de façon inconditionnelle, c'est ainsi. Je n'ai pas besoin d'ajouter autrui à mon cercle d'amis. Je suis comblée.

ÉRIGER UN MUR

Ma vie reprend son cours et je retombe rapidement dans la frénésie de mon existence. J'ai un baluchon sur mon épaule contenant les outils nécessaires à mon épanouissement et dans lequel je pige lorsque des situations inconfortables se présentent à moi. Parce que la vie est remplie d'embûches, d'obstacles et d'apprentissages, et que je n'ai pas terminé de grandir. La thérapie n'est pas une science magique qui nous guérit instantanément. Elle est plutôt le premier pas vers la reconstruction. Faire renaître mon essence est le thème central de mon séjour dans le pays du rétablissement, et c'est ce que j'ai fait. Je suis née à nouveau en me dépoussiérant de toutes les émotions, les stratagèmes et les *patterns* qui ont été déposés sur mon dos alors que je grandissais sans savoir que la saleté s'accumulait.

Une fois par mois, je continue de voir Grace afin de poursuivre mon ascension vers le bien-être. Les cauchemars sont encore présents, mais moins fréquents. Même chose pour les crises d'anxiété. Comme ma thérapeute me le répète, après la thérapie, les mécanismes de défense, les *patterns* et les blessures réapparaissent moins souvent, moins longtemps. Je suis toujours mon programme d'entraînement avec une ardeur militaire, par contre, j'ai délaissé mon instructeur privé, qui ne me convenait plus, et je vais au gym à mon rythme, qui demeure six fois par semaine.

Mes rencontres avec Grace sont importantes et je ne reporte aucun rendez-vous. Grâce à elle et à notre travail, je me comprends mieux et mon équilibre se maintient.

Je suis en répétition toute la journée et les retards s'accumulent du côté de la production. J'ai un rendez-vous avec Grace à 18 heures et je dois quitter Montréal dans les embouteillages afin de me rendre jusqu'à son bureau sur la Rive-Sud. L'anxiété commence à me rattraper alors que le temps passe et que mes scènes sont repoussées. Il y a plus d'une heure de retard sur le plateau de tournage. La semaine dernière, ma rencontre a été annulée, car il y a eu cafouillage entre deux de ses patients et j'ai cédé ma place, mais cette fois-ci je compte bien m'y rendre coûte que coûte.

Je suis prévoyante et je me donne toujours de longs délais, calculant les possibilités de retard, mais plus les minutes passent, moins ma marge de manœuvre est grande. Finalement, l'assistante à la réalisation m'interpelle. Je répète mes scènes en posant le moins de questions possible afin de ne pas étirer le temps et je file au pas de course jusqu'à ma voiture. En roulant vers le pont, j'appelle ma thérapeute et lui laisse un message sur son répondeur, lui mentionnant de m'attendre, car je risque d'arriver quinze minutes en retard.

J'avance lentement et j'enrage contre la circulation qui crée un bouchon juste avant l'entrée du pont. J'essaie de respirer, mais je ne souhaite qu'une chose : arriver à l'heure et avoir assez de temps pour décortiquer les accrochages qu'il y a eu cette semaine. Depuis les derniers mois, je m'inquiète de l'effet que la routine a sur moi et je sombre dans mes *patterns* de séduction, ce qui ne me plaît pas.

En thérapie, j'apprends que, lorsque je vis un stress, une peur ou un manque, je pallie ces sentiments par le charme, un de mes mécanismes de défense me permettant de survivre en dépit des contraintes et des obstacles vécus. Je dois alors me recentrer sur mon amoureux et me connecter à lui. Depuis les dernières semaines, je me surprends à activer ce mécanisme que j'ai pourtant mis de côté. Mon canal est ouvert aux autres, ce qui est dangereux pour moi et pour mon couple. J'ai besoin d'en discuter avec Grace et de comprendre ce qui ne va pas. Je parle peu de Zied et, à tous, je raconte à quel point notre relation est parfaite et magique. Pourtant, personne ne le voit jamais. Zied ne m'accompagne ni aux premières ni aux sorties. Il n'aime pas les soupers entre amis et n'entretient d'ailleurs pas beaucoup d'amitiés à l'extérieur de son travail. Il est routinier et préfère revenir du boulot, aller au gym, manger devant le téléviseur, puis se coucher, vers 22 heures. Le soir, nous ne mangeons que rarement en même temps. Parfois, j'ai l'impression de vivre une vie de personnes âgées à ses côtés. Il ne m'empêche pas de sortir. Au contraire. Mais souvent, j'en ai marre de ne jamais être accompagnée.

À bout de souffle, j'arrive au bureau de Grace et j'entre dans la salle d'attente. Il est 18 h 05. Je n'ai finalement que cinq minutes de retard. Je m'assois et calme mon cœur qui bat la chamade. Dix minutes passent et elle ne sort toujours pas de son bureau. Je regarde mon cellulaire, aucune nouvelle d'elle. J'attends donc patiemment, commençant tout de même à m'inquiéter, puis je lui téléphone de nouveau et lui laisse un deuxième message. Au bout d'une demi-heure, un homme sort de la porte d'à côté. Ils sont quelques psychologues et thérapeutes à partager les bureaux.

— Vous attendez qui ? me demande-t-il alors qu'il ferme la porte de son local.

— Grace. J'avais rendez-vous à 18 heures. Elle semble être en retard.

Il rigole en regardant sa montre.

— Vous êtes patiente, ajoute-t-il avec sarcasme. Vous attendez depuis trente minutes ? Grace a quitté le bureau en début d'après-midi. C'est le spectacle de son fils ce soir.

Le rouge me monte aux joues alors que je le remercie. Je me lève et retourne vers mon véhicule afin d'éclater en sanglots en toute intimité. Je me sens abandonnée, trahie et humiliée surtout. Les mots de cet homme résonnent dans ma tête.

Idiote. Il faut être stupide pour attendre dans une salle plus de trente minutes !

À deux reprises, Grace m'a fait faux bond. Ce soir, j'avais besoin de ce rendez-vous et l'angoisse que me procure ce retard me fait encore plus regretter son absence. Je retourne à la maison et je pleure dans les bras de Zied, même s'il est la cause de ce besoin thérapeutique. Je m'étouffe dans mes sanglots et laisse l'hyperventilation me dominer. Je tremble, ne pouvant arrêter les claquements de mes dents les unes contre les autres. Mon amoureux, qui déteste me voir dans cet état, réussit à me calmer en me serrant fort et en me répétant que je n'ai pas besoin d'une personne comme elle. Il est fâché et le fait qu'il partage ma colère me fait du bien. Zied ne laisse personne me faire du mal. Les gens sont tous nos adversaires et il n'a pas peur de monter au front pour moi afin de m'isoler de tous les dangers possibles. Zied, mon bouclier…

Grace me téléphone le lendemain pour s'excuser. Elle ne me donne pas de raison plausible pour justifier son absence, uniquement un message m'indiquant à quel point elle est désolée d'avoir manqué notre rencontre, et elle me propose une autre date. J'érige mon mur de Berlin et je décide de ne plus jamais prendre de rendez-vous. Je suis faite ainsi. Je n'ai ni le pardon facile ni la rancune légère. Cela peut me nuire, mais, au moins, je me protège.

MES AMIES, MES PSYS

Mes soupers de filles avec Juliet, Charlotte et notre nouvelle amie, Marie-Soleil, que Juliet nous a présentée et qui parle le même langage que nous à la suite de sa thérapie, sont aussi constructifs qu'un rendez-vous avec Grace. Ensemble, nous nous racontons nos blessures, nos péripéties et nos sagas. Nous nous encourageons à mettre nos limites et à dire non lorsque cela ne nous convient pas. Nous nous tapons dans la main lors de nos bons coups et nous nous aimons à travers ceux qui sont moins réussis. Mes amies, qu'elles soient tristes, bougonneuses ou rayonnantes, je les aime entièrement et je sais que c'est réciproque. Se livrer ainsi, sans censure, sans masques ni parures et en toute confiance, est libérateur. Nous avons toutes les quatre cette conviction que, peu importe les aléas de la vie, nous nous aimons telles que nous sommes, sans condition et sans limites. Je n'ai jamais été aussi certaine d'une amitié. Il n'y a ni compétition ni jalousie, que de l'amour pur, profond et sincère. Alors tant pis pour Grace, convenons-nous, elle ne mérite pas que je me déplace une autre fois.

Coupable de pleurer

Le temps passe comme un cortège défilant à la vitesse de l'éclair. Je salue la vie et la nouvelle liberté que j'apprivoise délicieusement, me défaisant de la prison de jadis. Le boulet est enterré et je ne reparle plus de mon histoire. Je tente de me convaincre que je suis désormais exempte de ce drame. Pourtant, quelque part au fond de moi se trouvent encore les cendres de ma lettre qui a brûlé au vent. Ces étincelles venimeuses sont bien présentes dans la pénombre et, à mon insu, elles ont allumé un brasier qui, lentement, fait des flammèches.

Briser le silence une fois, lors d'un séjour dans une villa, n'est pas suffisant. D'autant plus que le but de la thérapie n'est pas de déterrer le passé. J'ai décortiqué plusieurs choses, mais mon travail est essentiellement axé sur l'idée de laisser tomber la martyre en moi et de regarder vers l'avant. Je me souviens de cette phrase que Grace m'a lancée quelques jours après mon arrivée : « Arrête d'être une victime. Cesse de traîner ton boulet. Ton histoire ne te définit pas. Laisse-la aller. »

Je me suis sentie coupable à ce moment-là. Coupable de parfois ressentir le besoin de pleurer sur mes antécédents. Fautive de ressentir encore la nécessité de comprendre pourquoi une jeune femme comme moi, qui n'est vulnérable ni émotivement ni financièrement, s'est laissé faire mal par son prince charmant. Je me fais donc violence depuis la thérapie sans le savoir.

Arrête de jouer à la victime, petite Ingrid. Tu n'en as pas le droit. C'est terminé.

ÉVOLUER EN DIGNITÉ

J'enfile les tournages, les uns après les autres. Le rythme est effréné, mais sainement vécu. Mon boulot n'est plus ma fuite, j'approche la trentaine et j'ai envie de mordre dans la vie. Je suis en sécurité.

Juliet a déniché une nouvelle sorcière qu'elle me suggère fortement de rencontrer. Cette dernière travaille en soins énergétiques et réaligne les chakras, me dit-elle.

Tout ce qui touche à la spiritualité m'intéresse et j'aimerais bien la consulter. C'est important pour moi de continuer à grandir et il est hors de question que je régresse. À ce qu'on dit, les psychologues et les thérapeutes, il faut en essayer plusieurs avant de trouver la personne qui nous convient. C'est avec cette magicienne de l'âme que j'aurai fait le plus gros du travail : terminer la reprogrammation de mon amour-propre.

Je me rends donc par un après-midi de congé dans un bureau situé à vingt minutes de Montréal, tout près du bord de l'eau. Le lieu est magnifique. Je suis un tantinet nerveuse à l'idée de recommencer à zéro et je n'ai aucune envie de raconter encore une fois mon histoire, mais Juliet me rassure. Avec cette magicienne de l'âme, ce ne sera pas pareil. Elle travaille en tandem avec son guide, Francine, qui nous parle à travers elle. Donc, nulle nécessité de me répéter, elle saura ce dont j'ai besoin.

Son bureau est logé au deuxième étage d'un petit immeuble et, dès mon arrivée, je sens mon corps se détendre. Sa salle d'attente est privée et de nombreuses pierres de différentes tailles qui ont sûrement diverses fonctions sont à ma portée. J'aime les cristaux. Le quartz rose plus particulièrement. Celui qui procure un baume de douceur maternel sur mon cœur. Il y a des cartes à piger sur la table et une fontaine d'eau qui coule délicatement, inspirant le calme et l'abandon. Je me sens bien. Je tends ma main vers une carte sur laquelle une étoile brille et je lis ce qu'il y est écrit : « Aucun amour n'est suffisant pour combler le vide d'une personne qui ne s'aime pas elle-même. »

Je suis indéniablement à la bonne place au bon moment. Ce vide, cet éternel vide qui me suit depuis des années, il est temps de lui faire face et de le gaver de mon amour.

Une magnifique femme aux énormes cheveux blonds et bouclés sort de son bureau. Ce qu'elle est belle ! Elle est toute petite et ses yeux bleus me transpercent lorsqu'elle me regarde. Elle m'accueille avec une énergie que j'arrive difficilement à expliquer. Comme si un rayon passait à travers mon corps physique et qu'elle scrutait mon enveloppe spirituelle en analysant la trajectoire que mon âme prend en me choisissant comme véhicule.

Nous entrons dans son lieu de travail où une table de massage longe le mur et où deux fauteuils en cuir brun se font face. Un bureau est méthodiquement placé dans le coin gauche. *Les thérapeutes ont en commun ce goût pour ces fauteuils*, pensé-je.

Je prends place devant elle, puis, comme toutes les autres, elle me demande les raisons de ma venue ici.

— J'aimerais bien un traitement énergétique, lui dis-je sans retenue.

Elle opine. Mais tout d'abord, nous devons discuter un peu.

Je lui fais donc un bref survol de ma vie, ne m'attardant pas sur les détails. Son écoute, ses yeux de même que sa douceur agencée à sa force me plaisent. J'ai un coup de cœur et une envie de lui faire confiance.

— Tu n'es pas ici pour ressasser M, m'annonce-t-elle. Il y a une coupure, qui s'est faite alors que tu avais quatorze ans. Nous allons commencer par aller la visiter.

Elle me demande de fermer les yeux pour me connecter à cet endroit où j'ai vécu cette souffrance qui m'habite encore. Ce mal qui m'a brisée. Je baisse mes paupières et je me souviens.

Je me rappelle ce moment où, lors de mon entrée au secondaire, nous sommes invités dans un camp de jour pour une fin de semaine dans le but de créer des liens avec les autres élèves. Je suis déjà aimée de tous, des garçons surtout. Mon papa m'amène à cet endroit après mon cours de théâtre le vendredi soir. La communauté entière attend mon arrivée afin de commencer les différents ateliers. Je suis applaudie lorsque je passe la porte. Chacun me veut dans son groupe. Ainsi, j'attire le regard jaloux de trois adolescentes de mon âge. Trois filles qui réussiront à me briser. La première altercation a lieu le soir même. Dans le couloir, elles me lancent une balle en plein visage. Surprise par cet acte, je crois à l'accident, alors j'ignore leur geste. Puis une deuxième arrive, suivie de rires. J'entre dans ma chambre, fuyant cette médiocrité. Au déjeuner du lendemain, mon groupe ne veut pas s'asseoir avec moi. J'apprends par la suite que, au fil des heures, ces filles inventent des histoires à mon sujet, créant un effet de ralliement entre les élèves et d'exclusion envers moi. Le dimanche matin, je suis seule au monde, la risée de tous, vulnérable et peinée.

— La méchanceté est la principale caractéristique des gens souffrant d'un sentiment d'infériorité. Ils se sentent alors obligés de salir toute personne potentiellement plus brillante à leurs yeux, affirme Jade.

Elle me demande encore de fermer les yeux pour recréer la scène dans mon imaginaire. Comme si j'y étais. Ensuite, je dois lui décrire à voix haute ce que je vois.

J'ai quatorze ans. Je suis au camp dans ce corridor foncé. Une première balle arrive dans ma direction et cogne ma tête.

— Comment te sens-tu ? me demande Jade.

— Surprise.

Puis une deuxième surgit. Un sentiment d'incompréhension m'envahit. Je me sens humiliée.

— Qu'aurais-tu aimé faire ? insiste Jade.

Toujours les yeux fermés, sans censurer ma parole, je lui réponds que j'aurais dû reprendre mon pouvoir à ce moment.

— Alors fais-le.

Je me penche vers l'avant, j'attrape la balle et la relance dans leur direction, puis je m'approche d'elles en les maudissant. Je suis forte, fière, je me tiens debout et je protège la petite fille de quatorze ans en moi.

— Bien, me dit Jade. Tu vois, tu peux recréer toutes les situations du passé et ainsi les reprogrammer comme bon te semble. C'est une technique que j'adopte régulièrement et que nous pourrons approfondir ensemble.

Depuis, je l'utilise chaque fois qu'un souvenir dans lequel je ne me suis pas tenue debout ressurgit. Je me défends, je pars, je dénonce ou je revis simplement le moment afin d'y voir plus clair.

Elle me demande ensuite de me coucher sur la table et elle réaligne mon énergie, qui tournait à l'envers selon elle. J'aime y croire et les bienfaits sont réels.

Jade m'apprend également à sortir ma colère, à crier et à expulser ma rage bouillonnant à l'intérieur de moi sur un oreiller ou dans son bureau. Jusqu'à ma rencontre avec ma magicienne de l'âme, je ne me donnais pas le droit d'exprimer ma colère. Parce que j'ai tant souffert de celle de M. Mais j'apprends qu'il est possible de l'extérioriser de façon saine sans faire de mal aux personnes dans notre entourage.

J'évolue deux ans avec Jade. Nous visitons mes vies antérieures et nous rencontrons mes guides spirituels, ceux qui, je le sais, m'ont toujours accompagnée. Nous décortiquons mes parents et leur divorce qui m'a meurtrie. Je sais désormais comment mettre de réelles frontières avec les gens et me désengager dans le respect lorsque quelque chose ne me convient pas. Je règle des accrochages au quotidien, mais je vois surtout l'évolution dans ma dignité, mon amour-propre et ma capacité à m'aimer. Je m'accueille petit à petit et je change.

Peu à peu, je m'ouvre sur ma relation avec Zied. Celle que je tiens secrète et inaccessible, la cachant aux thérapeutes et aux gens de mon entourage depuis si longtemps.

Zied est mon temple, ma sécurité et mon château fort. Mais j'ai peur... Peur de voir la vérité et de laisser tomber le dernier masque qui me protège : celui d'ouvrir mon cœur à nouveau et d'être vulnérable à l'amour.

VOLER DE MES PROPRES AILES

Les gens changent pour deux raisons : soit ils ont beaucoup appris, soit quelqu'un leur a fait très mal. Moi, j'ai eu très mal et j'ai appris.

Au fil de ma thérapie avec Jade, je vois un mouvement de changement. Quand on évolue, certaines personnes ne l'acceptent pas nécessairement et veulent nous garder dans un lieu qu'elles connaissent. Mon affirmation de moi fait dépérir quelques nouvelles amitiés créées récemment. C'est mieux ainsi. Elles m'aimaient petite, avec peu de mots. Désormais, mon échine est redressée et je m'exprime haut et fort.

Zied… J'ai grandi, Zied. Je ne suis plus celle que tu avais besoin de protéger. Je ne suis plus celle à la voix d'enfant qui se laissait bercer dans tes bras. J'ai trente ans maintenant. J'ai changé et je sais que notre histoire tire à sa fin. Les voyantes me le disent et je le constate aussi. J'ai mal juste à y penser. Tu es l'homme de ma vie, mon frère, mon père… mais tu n'es pas mon amant et je suis prête à ouvrir mes bras à l'amour. Du bout des doigts, je t'effleure encore, mais je lâche ta main, Zied. Je veux voler de mes propres ailes.

J'ai mon rendez-vous aujourd'hui avec Jade. Je ne vais pas bien. Je m'assois en face d'elle et je pleure. Il y a longtemps que j'ai pleuré dans son bureau.

La semaine précédente, j'ai eu un violent coup de foudre dont je ne peux me départir. Il m'a happée, agrippée, prise en otage sans m'avertir. Depuis, il hante mes pensées, mes nuits, mes journées. Lors d'une soirée-bénéfice où j'étais seule, j'ai croisé cet homme et j'ai senti ce que je n'avais pas ressenti depuis Victor. Des millions de papillons battant des ailes frénétiquement, comme s'ils avaient l'intention de quitter mon estomac.

Je raconte à Jade que notre connexion est indéniable, mais impossible.

— Je ne comprends pas. Zied, je veux le marier. C'est l'homme de ma vie, je l'aime profondément. Pourquoi est-ce que le destin me présente quelqu'un d'autre ? Pourquoi est-ce que je sens mon cœur battre comme s'il s'éveillait d'un long sommeil ?

Les larmes ne cessent de couler, se déversant dans la rivière que j'ai fait naître. Ce torrent déchaîné, libre, mouvementé. Ce cours d'eau puissant, fort et émancipé. Il faut croire que le vieux sage assis sur son nuage reçoit aussi les pensées formulées dans mon esprit.

Avec Jade, je comprends que Zied est la figure d'un père protecteur et non celle d'un amant fougueux. Qu'il m'a donné tous les outils nécessaires afin de panser mes plaies et de faire confiance à un homme à nouveau. Il m'a démontré que les anges existent et la lumière aussi. Que l'amour n'est ni violent ni destructeur. Il m'a préparée pour la suite de ma vie et il a, jour après jour, dévissé les boulons tenant en place mon armure. Il ne reste qu'à faire tomber le masque. Cette ultime pièce qui me garde toujours captive.

Maintenant, je me dois de raconter à Zied ce que je ressens afin de refermer l'embrasure que j'ai créée pour que, tous les deux, nous puissions travailler sur les manques à combler, car lorsque le canal s'ouvre, c'est qu'il y a un vide à remplir, me dit-elle. Ainsi, nous nous reconnecterons et pourrons continuer notre chemin à deux. Sinon, je n'ai d'autre choix que de me jeter dans le néant et de voir ce qui se passe à l'extérieur de ma zone de confort.

— N'oublie pas, ajoute-t-elle. Tout changement est bénéfique, peu importe l'allée que tu préfères.

Je rentre à la maison encore plus mêlée qu'avant. Vivre ma vie sans Zied est impossible, il est mon roc. D'autant plus qu'il a tout abandonné pour moi : son pays, ses études, son confort, sa famille. Son père, sa mère, son frère… Ceux qui ne connaissent pas mon existence. Ceux que je n'ai jamais rencontrés. Zied tait notre relation pour se préserver de la honte qui l'accompagne. De l'humiliation de marcher à deux avec la femme de son ami, son frère de lait, le Monstre à deux pattes. Je lui en veux pour cela. C'est la seule amertume que je ressens envers lui : il m'a cachée, comme une liaison dangereuse qui aurait pu lui coûter son honneur. Je me suis sentie moche et sans importance.

Zied et ses secrets. Zied et notre intimité quasi inexistante. Il me trompe peut-être ? Je le lui souhaite. Je pense que je serais heureuse pour lui et que j'aimerais qu'il me raconte ses aventures. Je suis sa confidente, sa meilleure amie. Mon Zied. Mais je crois bien qu'il n'a personne ici, sauf moi. Où ira-t-il ? Que deviendra son existence ? Je ne peux supporter de lui infliger cette peine et cette déception, mais je ne peux concevoir de laisser partir le coup de foudre qui vient d'entrer dans ma vie en coup de vent.

Alors que Zied passe la porte, je le regarde avec tant d'amour. L'amour d'une sœur envers son frère. Dois-je vivre ainsi toute ma vie ? J'en mourrais. Je suis trop jeune pour, encore une fois, repousser l'amour par peur. Je décide de laisser le temps me parler à nouveau. Au creux de mon oreille, il me chuchotera la solution.

ADIEU,
MON CHÂTEAU FORT

La semaine s'écoule au compte-gouttes. Je remarque que, depuis longtemps, je dors avec un oreiller entre Zied et moi. Cela me frappe encore plus ce soir. Il ne semble pas s'en soucier et je ne m'en étais pas aperçue. Un écart s'immisce entre nous, c'est dangereux.

Je rentre tard. J'accorde la priorité aux soupers avec Charlotte, Juliet et Marie-Soleil. J'accepte toutes les invitations pour les premières et les galas, et je travaille sans arrêt. La quotidienne à la télévision prend fin et mes répétitions au théâtre commencent sous peu. J'ai un rôle dans une pièce inspirée d'un roman anglais et une superbe tournée débutera à l'automne.

Entre-temps, je m'implique dans un hommage à Brassens pour lequel Guillaume travaille aussi. Guillaume... l'homme que j'ai croisé à la soirée-bénéfice. La tension est palpable à chacune de nos rencontres. Malgré tout, je suis fidèle à Zied. Jamais je ne pourrais l'humilier. Il y a quatre ans maintenant que je l'ai choisi avec toute ma conscience, je l'honorerai jusqu'au bout. Mais l'été tire tranquillement à sa fin et ma relation aussi, je le crains.

Le ciel s'éclaircit petit à petit et mes choix se précisent.

Dimanche, je suis à bout. Le feu m'envahit et mon corps brûle pour un autre. De plus, je sais que c'est réciproque. Guillaume m'attend, il me l'a dit clairement. Je n'ai pas envie de me dévoiler à Zied ni de travailler sur notre relation, comme ma thérapeute me l'a conseillé. Je n'ai pas envie de faire cet effort, car je ne suis plus heureuse. La trentaine me frappe de plein fouet et je suis prête à faire tomber la dernière vis qui retient l'armure boulonnée sur mon visage. Je ne sais pas encore qu'il aurait été préférable qu'elle reste en place, mais rien n'arrive pour rien, dit-on. Guillaume aura accompli sa mission. Celle de me faire sortir de ma relation avec Zied et de m'apprendre que je suis la personne la plus importante sur cette terre.

Je suis assise sur le tabouret blanc faisant face à l'îlot de la cuisine de mon condo. Zied est parti, comme tous les dimanches, à ses cours de moto. Cela fait des années qu'il parle de repasser son permis au Québec et de se reconnecter à sa passion. Il a finalement osé. Mais il est trop tard. Je ne l'admire plus. Ma tête va exploser, j'ai le cœur dans l'eau et les émotions à fleur de peau. J'ai la crise d'angoisse sur le bord des lèvres et l'estomac à l'envers. C'est aujourd'hui que l'ultime discussion aura lieu. Depuis une semaine, je sais que je dois plonger et prendre le risque de me mouiller. Je ne mange rien, je dors mal, je tremble et je fuis la maison comme la peste. En ce dimanche après-midi, je ne fuis pas. Zied passe la porte et me regarde étrangement alors qu'il vient vers moi pour m'embrasser sur le front.

— Ça ne va pas ? me demande-t-il avec candeur, amour et respect.

Mon amoureux me connaît par cœur. Il sait. Je sais qu'il sait. D'une voix tremblante, la tête baissée sur mes mains liées afin de retenir mes frissons, je secoue la tête. Je murmure un non à peine perceptible. Zied s'approche de moi, tire un tabouret et s'assoit calmement à mes côtés. Je fonds en pleurs. Je sanglote alors qu'il me console, entourant mes épaules de ses bras forts et solides. J'enfouis ma tête dans le creux de son cou et je hume son doux parfum tout en laissant les larmes se loger dans son épaule.

— On se laisse ? me demande-t-il.

— Oui.

Je suis toujours réfugiée dans cet amour inconditionnel qui se déverse sur moi, tel un baume de douceur. Zied éclate en sanglots à son tour. Nous restons collés de longues minutes dans cette douleur inévitable. J'ai mal, j'ai peur, mais je suis enfin libérée de ces semaines de tourments. Je n'ai jamais vu Zied ainsi. Si vulnérable et anéanti par les mots qu'il vient de prononcer. Encore une fois, fidèle à lui-même, il me sauve de la difficulté et me rend la tâche plus facile. En larmes, Zied déchire son cœur et l'étale sur le plancher de la cuisine. Nous nous confions l'un à l'autre et communiquons pour une rare fois en toute ouverture. Nous nous racontons comment les deux dernières années ont été néfastes pour notre couple. Sa famille lui manque, il a l'impression d'être pris au piège ici, au Canada, et s'est éteint au fil du temps, sentant ses mains liées, sans amis, sans famille. Ses études ne sont pas reconnues et il fait un travail qui ne lui plaît pas. Il voit bien que son inertie m'irrite et éteint en moi les flammes de notre amour.

— Il est temps que je te laisse partir, mon bébé d'am'. Je te sais forte maintenant. Tu es prête à affronter la vie et je peux lâcher ta main. Je t'aimerai toujours, tu le sais, et je m'assurerai de ton bonheur. Je serai là pour toi à perpétuité.

Ce jour-là, nous faisons l'amour tout en nous regardant dans les yeux. Un dernier au revoir avant de défaire les liens physiques nous unissant. Je sais que Zied est un ange gardien qui a été mis sur ma route pour cicatriser certaines de mes blessures. Il est l'unique détenteur de l'antidote pouvant soigner le venin malsain que M a fait couler dans mes veines. Il m'a guérie de mon aversion envers les hommes et, grâce à lui, je peux laisser tomber mon armure et aimer à nouveau. Nous nous sommes revus à plusieurs reprises, retrouvant ce même amour que nous éprouvons l'un pour l'autre. Cet amour sans condition, sans chaînes et sans attentes. Cet amour de famille. Zied demeurera mon château fort.

Personne à l'atterrissage

Je saute. Sans parachute ni filet. Il n'y a personne pour m'attraper à l'atterrissage et me ramener sainement sur le rivage. Plus de Zied pour assurer ma sécurité et mon confort, pour répondre à ma voix d'enfant aux mille caprices. Ces fantaisies, il les a accentuées au fil du temps, car Zied, sans le savoir, a nourri mes mécanismes de défense et a entretenu la petite fille en moi. Il me couvait comme un père le fait pour son enfant, laissant la liberté à mes émotions de virevolter dans tous les sens. J'en avais besoin, certes, mais au bout de quatre années, mon corps me supplie d'être une femme et l'écart entre les deux mondes est géant. Plus de Zied pour m'incuber dans un univers de nuages dorés, dans la ouate d'un quotidien où il s'occupait de tout, même de mon cœur.

Malheureusement, il n'y a pas de Guillaume pour m'accueillir à l'atterrissage non plus, car je saisis au fil de notre relation que le monde tourne autour de son nombril. J'apprends donc à sortir du mien. Je comprends non seulement que je dois devenir autonome rapidement, mais aussi subvenir à ses besoins comme une mère pour son fils. Il me questionne sur tout, exige mon approbation, valide avec moi ses moindres décisions et réquisitionne mon opinion, me demandant encore et encore si je suis certaine qu'il fait les bons choix. Un gamin dans un grand corps d'adulte.

Guillaume n'est pas disposé à ce que je brise le silence en sa compagnie ni à ce que je m'ouvre sur mes sentiments. Je reste donc cloîtrée, muette et immobile, car mes tentatives d'expliquer qui je suis et d'où je viens ne sont pas entendues. Notre relation est celle de l'instant présent et de fuites continuelles parsemées de son angoisse et de ses paniques. Il ne parle pas, jamais. Nous ne discutons ni de nos sentiments, ni du futur, ni du passé. Mon cerveau part à la pêche alors que mon cœur est aux aguets, désirant donner tout ce qu'il a.

Malgré sa personnalité marginale, j'aime Guillaume, au grand dam de mes amies qui ne comprennent pas notre relation. J'aime la bibitte en lui et je décèle ce que les autres ne voient pas. J'ai cette envie de le protéger et de le faire rayonner. Je me sens utile et nécessaire. Il me fait rire et, avec lui, je crois être l'élue qui navigue contre vents et marées pour bâtir une famille, une maison et un nid dans le bois aux abords d'un lac. Je suis sa première amoureuse sérieuse et ce titre me convient fort bien. Je tombe amoureuse des siens, moi qui n'ai jamais connu ce lien privilégié avec des beaux-parents… Un de ses amis tente de m'avertir en crevant l'arc-en-ciel sur lequel je me tiens droite et fière. « Guillaume est incapable d'être en couple, tu verras », m'affirme-t-il. Je secoue la tête, croyant qu'avec moi ce sera différent. Il m'aime tant et j'ai besoin de m'installer confortablement dans cette relation qui me permet de mettre ma tête sur pause et de vivre dans l'instant présent, sans penser à hier ni à demain.

Puis, au bout de nos deux années de concubinage, ses *patterns* ressurgissent. Guillaume ne peut être en couple, c'est ainsi. Lorsque le sérieux s'installe, il panique, suffoque. De mon côté, j'étouffe à force de taire mes sentiments et mon intelligence émotive. Je déguerpis. Lui aussi. Je fuis, car l'amour est fatal, je l'ai appris. Guillaume avait peut-être eu le même enseignant, qui sait ?

Est-ce que ça repousse, des ailes ?

Les ruptures font mal. Que la décision soit uni-
latérale ou conjointe, perdre un partenaire et
retourner au célibat est vertigineux. Il y a un deuil
à faire, qu'on le veuille ou non. J'erre dans les rues
de Montréal. Je ne mange plus, je ne dors plus. Je
me suis remise à fumer et à boire du vin chaque
soir. Je gèle ma douleur. Malgré les rayons du mois
d'août plombant sur la population, je traîne dans
le noir, essayant de retrouver un sens à ma vie. La
rupture réactive mes plaies, moi dont les blessures
de rejet, d'abandon, d'humiliation, de trahison et
d'injustice sont tatouées sur le front, rabaissant
mon estime de moi au plus bas fond.

Mon ange. C'est ainsi qu'il m'appelait. Sa voix,
son souffle, son corps, son odeur hantent mon univers alors que ces mots résonnent dans ma tête.
Mon ange... Ce que ça me manque de l'entendre
me murmurer : « Je t'aime, mon ange. »

Il a disparu et moi aussi. Recroquevillée sur moi-
même, je souffre, seule au monde dans la montagne où je me réfugie. L'eau calme et paisible
reflète mon image embrouillée par mes larmes.
J'avais des ailes. Elles sont brisées. Celle de gauche

pendouille vers l'avant et celle de droite est crochue maintenant. Les plumes sont fades et l'espoir l'est également. Il ne reviendra plus. Je n'y retournerai plus. C'est terminé.

L'émotion ruisselle sur mes joues alors que je me balance dans un va-et-vient continu, essayant de bercer ma peine. La détresse qui m'habite me ronge. La douleur me fend l'intérieur. Mes sanglots engloutissent le son de l'eau.

Zied me manque tant. Avec lui, je ne souffrais guère. Je n'avais pas mal. J'étais immunisée contre toute douleur potentielle et contre l'ouverture du cœur. Je lui téléphone à maintes reprises, mais il n'a pas le temps de venir me voir, trop occupé dans sa nouvelle vie. Notre rupture lui a donné des ailes. Il a démarré sa propre entreprise, il est comblé en couple et voyage partout à travers la planète. Dans son dernier message, il me dit être dans un chalet avec des amis.

Apprendre cela me rend heureuse pour lui, mais mon sentiment est tout de même mitigé. Pourquoi ne s'est-il pas épanoui ainsi avec moi ? Pourquoi n'avions-nous pas des amis et un chalet, nous aussi ?

Ce que j'aimerais voler comme hier et ne pas me soucier des dangers que mon cœur pourrait rencontrer ! Moi qui croyais avoir donné en amour, que c'était enfin mon tour. J'étais persuadée que Guillaume était l'élu, après des années sans véritablement aimer. J'avais sauté à pieds joints dans cette relation, car cette fois c'était sain. Pourtant…

Dans le tourbillon de cette nouvelle relation, j'ai pratiquement oublié que l'amour est une fatalité jusqu'au jour où j'ai senti le danger. J'aurais dû calmer mes rêves et mes espoirs. J'aurais dû être à l'affût et garder mon armure bien en place. Guillaume n'avait pas la maturité nécessaire pour marcher à deux.

L'amour fait mal, petite Ingrid. L'amour tue. Cesse de pleurer sur ton sort.

Maman s'aventure jusqu'à mon nid.

— Dis, maman, est-ce que ça repousse, des ailes ? Dis oui, maman. Dis-moi que mes ailes transperceront le ciel une fois de plus. Comment panser, guérir, faire reluire mes plumes à nouveau ? Dis, maman, dans ton gâteau aux mille étages, y a-t-il une part qui engloutira mon mal et apaisera la boule dans l'estomac qui me fait plier sous son poids ? Dis, maman, comment as-tu fait pour survivre à ta rupture avec papa ? Comment as-tu fait pour respirer à nouveau ? Pourquoi sommes-nous nés pour vivre à deux ? Aurai-je le courage de dévoiler un jour mes recoins les plus intimes, ceux qui sont habituellement déguisés, cachés, voilés sous mes apparences de femme parfaite ?

Les questions s'entremêlent, s'entrelaçant aux pleurs qui ne cessent de s'échapper de mes paupières rouges et gonflées. Je me suis juré de ne plus jamais avoir mal au cœur. J'ai échoué. Échec et mat.

Dans mon condo de Montréal, je me sens seule, vide et abandonnée. Je prends une feuille de papier et je gribouille les mots qui manquent à ma lettre au vieux sage sur son nuage.

Équilibre, amour réciproque, vérité et respect. Car l'amour sans respect n'a pas la même couleur.

AU TOURNANT...

Les ailes repoussent, je le sais maintenant. Car au tournant, l'homme de ma vie m'attendait. Celui avec qui j'ai grandi et guéri. Celui qui a été moulé pour moi et vice versa. Lui. Le réel amour de ma vie.

S'OUVRIR AUX POSSIBLES

Mon amie Jacynthe me traîne dans un bar. Je trouve l'endroit un peu glauque et je n'ai pas le cœur à la fête. Je suis en deuil et je ne pense qu'aux dernières années qui sont parties en fumée. Malgré la dysfonction de notre relation, les bons moments avec Guillaume me manquent. Nous nous sommes quittés il y a à peine un mois et je réapprends à marcher seule, ce qui n'est pas une chose facile.

Jacynthe reluque le guitariste du *band* qui fait son entrée sur la minuscule scène du Verre bouteille et, moi, j'ai l'œil sur mon cellulaire qui ne sonne pas. J'aimerais pouvoir discuter avec Guillaume, faire le point et boucler la boucle, mais il en est incapable. Nous avons tiré un trait catégorique sur notre relation après une dispute et ne nous sommes jamais revus afin de nous expliquer calmement les raisons qui nous ont menés à cette rupture. Le deuil est difficile dans ces circonstances.

— Laisse tomber ton téléphone, me dit Jacynthe alors que le spectacle bat son plein. Regarde le chanteur, il est mignon comme tout, enchaîne-t-elle en me donnant un coup de coude.

Je lui souris vaguement et je lève les yeux, délaissant mon cellulaire, lequel manque de pile. Le chanteur est effectivement très charismatique. Ses cheveux bruns et bouclés encadrent son visage. Sa beauté est dérangeante. Ses yeux bleu-vert brillent alors qu'il se trémousse au son du rock qui l'entoure. Sa voix est particulièrement sexy et ses mains, accrochées au micro, nous donnent l'envie de nous approcher et de nous déhancher en sa compagnie.

Une étoile filante passe au-dessus de nos têtes. Je ne la remarque pas.

Le spectacle se termine et je suis surprise de constater que je suis encore dans l'instant présent, que je me suis évadée de ma déprime pour un temps. Cette pause me fait le plus grand bien. Les membres du groupe se mêlent à la foule et, tandis que Jacynthe m'abandonne pour entamer une discussion avec le guitariste, je me retrouve seule avec mon téléphone sans pile. C'est alors que le *leader* du *band* avance une chaise et s'assoit à mes côtés. Il est très séduisant et nous échangeons un peu sur mon appréciation du spectacle. La conversation s'arrête abruptement quand un de ses amis nous interrompt et me le vole. Le chanteur m'offre ses excuses avant de se diriger vers le bar où des *shooters* l'attendent afin de célébrer la superbe prestation qui a eu lieu sur scène. J'en profite pour m'excuser à mon tour et je m'éclipse sans avertir Jacynthe, qui se trouve quelque part dans les bras du guitariste.

Je marche jusqu'à ma maison, située à une vingtaine de minutes de l'endroit, et je laisse le souffle

chaud du vent effleurer mon visage. Je respire profondément, me remémorant que tout changement
est bénéfique. Ma thérapeute m'a conçu une phrase
que je me répète comme un mantra.

«Je m'aime entièrement, totalement, complètement, même si j'ai peur de ne pas être à la hauteur.
J'ouvre mon cœur vers l'intérieur, dans ma direction, même si j'ai le sentiment de ne pas mériter
d'être aimée.»

L'ombre de M

Zied m'invite au restaurant afin de rattraper le temps perdu. Je traîne dans mon appartement toute la journée, et avoir de la compagnie ce soir me fera le plus grand bien. Je fouine dans le profil Facebook du chanteur et lui écris un petit mot, le félicitant encore pour le concert d'hier. Pourquoi pas ? Il est tout de même mignon. Il me répond sur-le-champ, laissant la porte grande ouverte à la discussion, et me propose même de venir lui dire bonjour au restaurant où il travaille. Je suis flattée. Je réplique avec un sourire pour faire planer le mystère. La séductrice en moi vient de refaire surface. Pourtant, elle ne met pas de masque cette fois-ci.

Zied est évidemment à l'heure et est habillé avec classe et élégance, comme il a toujours su le faire. Son complet noir et sa chemise blanche lui donnent l'allure d'un mannequin des pubs d'Hugo Boss. Il est beau. Sa présence m'apaise, avec lui, je me sens à la maison. Nous discutons de sa vie, de son amoureuse, et il se confie sur ses sentiments. Je suis sa confidente éternelle. Puis son visage s'assombrit.

— Qu'y a-t-il, Zied ?

— J'ai revu M, prononce-t-il dans un souffle.

Je baisse automatiquement les yeux et retiens un haut-le-cœur qui me prend soudainement. Il y a si longtemps que je n'ai pas entendu son nom. Son image refait immédiatement surface dans ma tête et un rictus de dégoût se forme sur mon visage.

Je reste muette. J'attends la suite.

— M est passé brièvement au village. Il a énormément changé, me raconte Zied en retenant un sourire en coin. Il ressemble à papa M et a perdu la beauté qui faisait son charme. Les ragots disent qu'il s'est marié à une femme d'un pays voisin qui, elle, détient la double nationalité. Il est souvent en Suisse, ajoute-t-il, sa voix baissant d'un ton.

Je demeure silencieuse un long moment, alors que Zied attend une réaction de ma part. J'assimile l'information qui vient de me tomber dessus, telle une pluie torrentielle. Il serait donc en Suisse, dans un pays francophone où les visas ne sont pas obligatoires pour venir ici, au Canada.

Les questions fusent.

— A-t-il la nationalité, lui aussi? A-t-il des enfants? Fait-il subir à sa femme l'horreur que j'ai vécue?

Zied n'a pas plus d'information. Il n'a aperçu M que de loin et n'aurait pas voulu s'en approcher davantage, car il l'aurait tué. Il ne me rapporte que les indiscrétions des gens de son village.

— Pourquoi ne m'as-tu jamais rien raconté? Est-ce qu'il t'a touchée? Lui? Ses amis?

— Mon Zied. Je sais que tu aurais pu lui déchiqueter le visage si tu avais su. Je préférais t'avoir tout près de moi, et non emprisonné dans une cellule en Afrique. Comment aurais-tu pu me protéger de ta prison ? Un jour, j'écrirai peut-être un livre et tu pourras alors explorer les détails si tu en ressens le besoin.

Zied acquiesce et nous changeons de sujet, mais la peur, qui ne m'avait pas visitée depuis des lustres, trouve refuge dans un coin sombre de mon existence. Une omniprésence machiavélique et désagréable s'enchaîne à mes pieds.

LE PAYS DE LA TERREUR

Au téléphone, Me Savoie me confirme que toutes les démarches sont entreprises afin que M ne puisse revenir au pays. J'ai également parlé à un agent d'Immigration Canada qui n'a pu me répondre par mesure de confidentialité. Par contre, il m'a certifié que, si M a été déporté, son retour au Canada est impossible.

Cette nuit, blottie sous mes couvertures, tenant les oreillers fermement contre mon corps, je rêve au pays de la terreur.

Laisser tomber l'armure et se montrer, vulnérable

Il est 22 heures et je déverse sur mon portable mes états d'âme. Écrire a toujours un effet bénéfique sur moi. Mon téléphone vibre un coup. C'est Jacynthe, qui me laisse un message. Elle est au restaurant avec le guitariste du groupe et elle aimerait que je les rejoigne pour un verre. Sa rencontre ne se passe pas comme prévu et ma mission est de la sortir de cette impasse. Je n'en ai aucune envie, mais elle me supplie de lui rendre ce service, d'autant plus, m'écrit-elle en essayant ainsi de me convaincre, que le chanteur du groupe, Cédrik, travaille derrière le bar. J'abdique sous l'insistance de ma camarade. Ma thérapeute me conseille de me sortir de l'isolement et d'accepter les invitations. Une chance. Cette soirée marquera un tournant dans mon existence.

Le restaurant est bondé et la musique joue fort lorsque j'arrive sur place. Cet endroit est branché et les cinq à sept étirés du jeudi soir sont particulièrement prisés. J'ai envie de reculer et de passer la porte à contresens pour regagner mon nid douillet et ma solitude. Je cherche des yeux mon amie. Malgré tous les gens entravant ma vue, mon regard croise d'emblée celui du chanteur, se frayant un chemin entre les tables afin de rejoindre son bar. Il s'arrête net. Mon cœur aussi. Je suis envahie par une drôle de sensation, comme si un fil nous enlaçait immédiatement l'un à l'autre. Il me fait un signe de la main et m'indique la gauche, là où ceux que je cherche sont bien installés au comptoir. Je m'avance vers ma copine et le musicien, délaissant les billes bleu-vert de celui qui vient de tisser un lien de mon cœur au sien. Un vertige me happe. Les palpitations dans ma poitrine s'accélèrent et mes genoux flanchent pratiquement. Que se passe-t-il ? Je n'ai pourtant pas eu cette réaction la semaine dernière au spectacle. Je suis déboussolée par la force de l'impact de ses yeux dans les miens. Lorsque j'arrive au comptoir, je salue les faux amants qui ont déjà ingurgité une bonne quantité d'alcool. Le guitariste se lève avec difficulté afin de me proposer sa place, mais avant que j'aie le temps d'accepter ou de refuser, d'une douceur exquise, une main se pose délicatement sur mon dos. La paume chaude dégage une énergie particulière qui dérange, fait vaciller toutes mes cellules et qui fait sautiller Madame Phéromone, qui dort depuis des années. Je me retourne subitement et je tombe face à face avec des yeux bleu-vert. Ceux qui deviendront mon ancre pour le reste de ma vie. C'est Cédrik, qui m'apporte un tabouret qu'il installe près de mon amie, tout juste à l'extrémité du comptoir, là où il fera des va-et-vient continuels au cours de la soirée. Avant de retourner vaquer à ses tâches qui le garderont occupé jusque tard dans la nuit, il me sert un verre de vin blanc, frôlant involontairement mes doigts au passage. Je frissonne.

Les yeux de mon amie s'écarquillent. Elle aussi remarque le filet de lumière qui passe et se reflète sur nos deux corps désormais liés. C'est indéniable, le courant est fort, dérangeant, concret.

Je souris timidement, me mordant la lèvre inférieure, et je baisse les yeux, rougissant de plus belle. J'ai l'impression que le restaurant entier est témoin de l'énergie qui circule entre nous. La discussion s'entame avec Jacynthe et son rancard, lequel, impudique grâce à l'alcool, ne se tait sur rien et me confie des informations sur Cédrik.

La soirée se déroule bien, l'alcool coule à flots, mais je reste tout de même sobre, voulant protéger mon amie qui commence à tituber un peu. Toutes les fois où Cédrik me frôle, je me retrouve au paroxysme d'une adrénaline faisant pulser mon sang, qui se débat dans mes tempes. C'est si bon et si déroutant à la fois.

Jacynthe me traîne dans la salle de bain et me questionne du regard, les bras sur les hanches et la bouche ouverte, ébahie par ce qu'elle perçoit. Du haut de ma jeune trentaine, je rigole comme une adolescente de quatorze ans qui vient de découvrir l'amour, alors que nous discutons brièvement sur Cédrik et mes frémissements. C'est à n'y rien comprendre. Pourquoi est-ce que soudainement, lui et moi, échangeons cette intimité déroutante sans préavis ?

Il est près de minuit et une nouvelle copine se joint à nous afin de continuer la soirée. Nous décidons de migrer vers un autre endroit et, tout juste avant que je quitte le restaurant, Cédrik s'approche de moi et m'informe qu'il viendra nous rejoindre dès qu'il fermera la place. La femme en moi jubile de bonheur. Je retiens mon enthousiasme, mais je lui souris, honnêtement.

Nous nous rendons de l'autre côté de la rue, où la fête bat son plein. Mon intuition sait que ma vie est sur le point de changer. Nous dénichons une table sur la terrasse arrière et le rancard de Jacynthe commande deux bouteilles de blanc. Une heure passe durant laquelle des connaissances s'ajoutent à notre groupe. Finalement, dans mon estomac s'enflamment les mouches à feu. Cédrik se tient debout, tout près de nous.

Spontanément, nous nous tournons l'un vers l'autre et nos genoux se touchent en même temps qu'un éclair transperce nos corps. Une bulle nous enrobe et, en nous fixant du regard, nous discutons sans arrêt jusqu'à 3 heures du matin. Personne n'existe, sauf nos âmes en fusion. Nous nous confions l'un à l'autre, sans retenue et en toute franchise. Il me parle d'emblée de ses deux enfants, dont le plus vieux, autiste, pose des défis particuliers. Je le questionne davantage et je suis fascinée par son intelligence émotive, sa grande sensibilité, son écoute et son cœur ouvert.

Jamais je ne me serais imaginé que cette *rock star* avait les qualités d'un ange. Les stéréotypes du beau mec s'estompent au rythme de ses paroles qui cognent à mon cœur. De mon côté, je me confie, laissant ma vulnérabilité à nu, sans peur ni crainte, sans masques ni fioritures. La musique nous oblige à nous rapprocher l'un de l'autre et je laisse son arôme s'infiltrer dans mes narines. Il sent les étoiles, le ciel, la mer et le feu, la terre et le labeur d'une vie riche d'expériences. Il me raconte les aléas de sa vie complexe et difficile, sans jamais tomber dans la victimisation ni l'apitoiement. Je n'ai jamais rencontré un être aussi intègre. Il me parle de sa course contre le temps et de sa fatigue continuelle. Il porte le monde sur ses épaules, sans aide ni collaboration. Ses mots sont les miens. Son discours me ressemble. Cette nuit-là, nous nous sommes reconnus.

À la fermeture du bar, nous passons la porte côte à côte. Lorsque mon bras frôle le sien, la chair de poule m'enivre. Mes amis, qui titubent sur le trottoir, sautent dans un taxi, nous laissant seuls, Cédrik et moi. Ce soir-là, ma mission n'était pas de sauver Jacynthe de son rancard, mais plutôt d'aller à la rencontre de l'homme de ma vie.

Cédrik se tourne pour me faire face. Nous arrêtons notre balade.

— Je t'aime bien, toi, me lance-t-il en me défiant du regard. Je prendrais bien un café en ta compagnie.

Un café ? Et moi qui ai une folle envie de l'embrasser !

Les astres choisissent de s'aligner. Nos lèvres se collent. Un baiser qui n'a jamais goûté aussi bon. Je croyais avoir savouré l'amour avant, mais non, je n'avais pas encore eu ce privilège. Nous nous embrassons jusqu'à ce que le soleil se lève et, quelques heures plus tard, tenant deux cafés, Cédrik cogne à ma porte. Je lui ouvre la porte de mon cœur, de ma vie, de mon vécu, de mon histoire.

Il n'est plus jamais reparti. J'avais le choix cette journée-là : demeurer une victime toute mon existence ou choisir, en tenant bien fermement mon baluchon d'expériences, d'outils et de connaissances, d'être vulnérable et d'aimer à nouveau.

J'ai choisi l'amour. Le vrai, le bon, l'équilibré cette fois-ci. Parce que c'est en marchant à deux, en dévoilant mon intimité, en laissant tomber mes armures, que j'ai l'occasion d'exprimer mes failles et, ainsi, de pouvoir commencer ma guérison.

Embrasser sa route

Cédrik est un éclopé aussi. Ce matin-là, tenant ses deux cafés, il me choisit et, par ricochet, il se choisit également. Il vient de quitter une relation toxique, celle qui l'a amené à s'échapper, à fuir, à s'évader de différentes façons. Et moi, ayant connu une semblable toxicité, je sais qu'ensemble nous deviendrons plus forts. Nous nous sommes trouvés et, en plus de la passion des corps, de l'attirance infinie, de l'amour inébranlable, nous grandissons en tandem jour après jour, faisant face à nos blessures, les empoignant pour les extirper, puis les brûler.

L'amour frappe à la porte alors qu'on s'y attend le moins. Il entre en coup de vent, nous vole au quotidien et fait bifurquer notre route, ainsi que le dessin que nous avions tracé dans notre imaginaire. Nous combattons parce que ce n'est guère ce que nous avions décidé, puis le vent l'emporte et nous déracine. Se battre contre le courant, aller à l'encontre de la douce brise, se tourmenter à cause de l'opinion des êtres à notre gauche et à notre droite, qui auraient sans doute préféré qu'on s'enlise dans les yeux d'un prince sans progéniture, et finalement abdiquer, s'abandonner et embrasser cette destinée qui s'étend devant nos pieds. C'est ce qui m'est arrivé. Malgré les malgré, j'ai enfin embrassé ma route.

Prendre son envol

L'écoute étant aussi importante que la parole, avec lui, je me confie à son oreille attentive. Cédrik me permet de briser le silence et je m'ouvre à pas de souris, laissant les mots s'échapper de ma bouche et trouver refuge chez celui qui sait en prendre soin. En cours de route, j'ai peur et je claque la porte à maintes reprises, me souvenant que l'amour ne dure pas. Mais lui, patient, me tient fermement la main en me sécurisant et délie ces fils qui me retiennent dans mes *patterns*. « Je suis là pour rester », me dit-il.

Cédrik tord les draps alors que je me réveille en plein milieu de la nuit, en sueur, grelottant dans les tissus humides de transpiration, après des cauchemars récurrents. Cédrik m'apprend à laisser tomber la geisha et à ressentir mon corps sans culpabilité. Il m'aide à dénouer mes pieds qui se crispent lors de crises d'angoisse, puis, posant sa main de magicien sur mon cœur, il calme les palpitations.

Autant il est l'élément déclencheur, car ma blessure la plus profonde ressurgit lorsque je suis en présence d'un homme que j'aime de cet amour vulnérable, autant il m'aide à ne plus choisir la facilité en m'exilant, en fuyant ou en m'isolant. Et je fais de même pour lui, alors que son passé l'envahit et l'engloutit dans une spirale où il doit apprendre à mettre ses limites.

Le plus difficile est de faire confiance à nouveau. Confiance qu'une dispute n'est pas une fatalité, que je ne serai jamais humiliée, que l'abandon ne franchira pas les portes de ma maison et que je ne serai plus jamais prisonnière d'un monstre aux pattes psychopathes. À de nombreuses reprises, alors que j'interprète une phrase comme une attaque, une taquinerie comme une humiliation ou une sortie comme un abandon, je me souviens de cette phrase : «Ceci n'appartient pas à mon amoureux, mais à ce passé qui n'existe plus désormais.»

Ensemble, nous décidons de consulter Lise, ma thérapeute parfaite, celle que je surnommais Cruella lors de la thérapie. Elle nous accompagne dans nos cheminements respectifs afin qu'aucun non-dit ne parvienne à s'infiltrer, qu'aucune frustration ne reste ensevelie, et pour que nous puissions continuer à confronter les blessures qui surgissent et les guérir complètement.

Puis le livre arrive. Depuis la fin du règne de M en juillet 2002, j'avais ces élans qui me prenaient par surprise de temps en temps. Ces moments d'ardeur où ma main se déliait, laissant place à l'écriture du récit de ma vie. À travers ma plume, je déracinais le mal et je racontais cette blessure qui me grugeait, cet éternel cauchemar que je n'arrivais pas à extirper de mes nuits. Ce moment tragique où j'ai failli expirer mon dernier souffle sous le poids des plumes et des griffes de mon bourreau. Mais jamais je n'avais dépassé les vingt-cinq premières pages que je gardais prisonnières de mon ordinateur portable. C'était trop prenant pour continuer à me souvenir. C'était trop pénible d'avoir à replonger dans les ténèbres. Je cessais alors de pianoter sur mon clavier et j'oubliais mon récit pendant quelques mois, parfois des années. Puis, dans un nouvel élan, j'ouvrais le dossier secret et je recommençais le chapitre sans fin, changeant le début, modifiant mon nom, ressassant la scène sous un angle différent.

Douze ans plus tard, le 16 mars 2014, je suis assise au restaurant avec Marie-Soleil, Juliet et Charlotte. Nous discutons de l'avenir, de nos projets, de nos cheminements respectifs depuis la thérapie. Puis, sans savoir qu'elle changerait le cours de mon existence, Marie-Soleil me parle de ce livre qui demeure caché sous l'écran noir de mon ordinateur portable. Il est temps, affirme-t-elle, que tu passes à l'action et que tu te libères totalement de ton démon. D'autant plus que je connais l'éditrice parfaite pour t'épauler, ajoute-t-elle.

Ne pas laisser passer le momentum. Saisir l'univers des possibles. Ne pas s'écarter des futurs possibles avant d'être certain que nous n'avons rien à apprendre d'eux.

Le lendemain, je rédige un courriel à Nadine Lauzon, éditrice chez Groupe Librex, incluant ces fameuses vingt-cinq premières pages, lesquelles sont restées pratiquement telles quelles dans le livre publié. Nadine, mon ange sur ma route. Celle qui fait partie intégrante de ma reconstruction. Celle qui, le lendemain de la réception de mon message, m'a donné rendez-vous dans un petit café d'où j'écris ces lignes en ce moment.

Coup de cœur. Larmes et confidences. Contrat.
J'ai signé. Puis j'ai écrit. 341 pages provenant du plus profond de mes tripes. L'écriture, mon exutoire...

Écrire *Le Monstre* m'a permis de briser le silence, de faire taire mes démons, d'apaiser mes nuits et de me libérer des dernières traces de cette partie de ma vie que je traîne trop lourdement dans mon baluchon. Me dévoiler au grand jour m'aide à extirper toutes les parcelles du passé et à recoller les morceaux brisés. Grâce aux mots étalés sur le papier, je réussis à détacher le boulet enchaîné à mes pieds et à faire de cette histoire d'horreur un champ de fleurs. Car peu importe la monstruosité des histoires, les fleurs poussent toujours dans le macadam malgré l'intensité du bitume, j'y ai toujours cru.

Au moment où mes mots noircissent ces pages, *Le Monstre*, que j'imaginais accumuler la poussière sur les tablettes, a trouvé refuge dans des milliers de foyers, dans cinq pays différents et a été traduit dans une langue étrangère. Mais la magie opère surtout lorsque des centaines de petites Ingrid m'écrivent pour me remercier de leur avoir sauvé la vie. Systématiquement, une larme coule sur ma joue. Je n'aurai pas vécu mon histoire en vain.

Je me souviens de ma toute première entrevue. Le visage à nu, je suis fière et digne, mais à l'intérieur je tremble comme une feuille au vent. Je crains d'être jugée, incomprise, humiliée. Rien de tout cela n'arrive. Je mentionne à la journaliste que si mon histoire sauve une seule petite Ingrid, une seule femme, je n'aurai pas vécu ce calvaire en vain. Ce sont des milliers de femmes qui m'ont entendue et qui, à leur tour, se sont libérées de leur bourreau.

Je ne savais pas non plus comment ma famille, mon public et mes confrères du domaine artistique réagiraient à cette sortie médiatique. Tous m'ont ouvert grands les bras, me serrant la main au passage et me remerciant d'avoir mis en lumière un sujet encore tabou. Mes collègues ont salué mon courage, et ma famille a pu tourner la page à son tour.

Quant à M, il est sorti de ma vie depuis bien longtemps. Je ne cherche pas à savoir ce qu'il est devenu. Peut-être a-t-il lu mon livre ? Cela m'importe peu. En même temps, je n'ose pas trop y penser. J'ai parfois encore peur… Peur d'entendre sa voix, son souffle, sa rage à l'autre bout du fil. Rapidement, je chasse cette idée de mon esprit et me concentre sur l'avenir.

Oui, il y a un futur après la violence amoureuse. L'amour est possible. Oui, des ailes, ça repousse. Cela aussi fait partie de la reconstruction. Je pouvais demeurer prisonnière de mon histoire, la laisser dicter ma vie, ou choisir d'aimer à nouveau. J'ai choisi l'amour, le vrai, le bon. L'amour dans le respect mutuel, dans l'honneur et l'accueil de ceux que nous sommes.

J'ai parcouru le Québec afin de sensibiliser la population et pour mettre en lumière ce qu'est la violence conjugale. À force de briser le silence et de dénoncer mon agresseur, je me suis dissociée de M et de sa cruauté. Désormais, je marche toujours la tête haute et les épaules fières, coûte que coûte.

Puis Cédrik m'a demandé ma main.

Dire oui signifie être vulnérable, totalement, complètement et entièrement. Cela veut dire que je prends le risque d'être heureuse pour longtemps. J'ai accepté. Je me suis mariée avec l'homme que j'aime. Cédrik et moi étions tous les deux comme une vieille maison avec des murs croches, mais aussi avec une tonne de potentiel, plein de cachet et, surtout, des bases solides. Nos passés respectifs ont essayé de souffler sur notre habitation pour la faire tomber, mais nous nous sommes retroussé les manches et, aujourd'hui, nos murs sont droits, fiers, solides et bien ancrés au sol.

Je sais que je vais vieillir avec Cédrik et, pour la première fois, je sais que c'est réalisable. Je ne fuirai pas. J'ai la certitude que je vais rester et qu'il va rester aussi, même s'il est possible que le vent souffle à nouveau… Moins souvent, moins longtemps, m'a-t-on dit un jour.

ÉPILOGUE

Mon fils, Émil. Écrire ce livre a permis à maman de guérir entièrement et de t'accueillir. Il m'aura fallu des années. Des années pour comprendre qu'il n'est pas pénible de grandir dans mon corps. Des années pour me convaincre que le creux de mon ventre pourrait être un nid paisible. Je n'ai plus peur d'être prisonnière, je n'ai plus la crainte que ta venue dans mon intérieur me fasse suffoquer. En te donnant la vie, je peuple cette terre d'un humain de plus, et je m'entoure de gens sains, respectueux et amoureux… Émil, mon enfant, tu es ma prochaine grande histoire…

Une âme, une trajectoire, une histoire. La mienne, la vôtre et, par ricochet, la nôtre. Merci de m'avoir lue et de m'avoir tenu la main au fil des pages. Vous faites tous partie de ma reconstruction.

Vous n'êtes plus seule.
SOS violence conjugale peut vous aider,
24 heures sur 24 / 7 jours sur 7
1 800 363-9010

Remerciements

À vous, femmes, hommes, sœurs et frères d'histoires, alliés... C'est grâce à vous, à vos témoignages, à vos mains tendues, à votre amour et à votre solidarité que je suis sortie de l'ombre, au nom de tous ceux et celles qui me ressemblent. Parce que vous m'avez ouvert votre cœur, j'avais envie, par l'entremise de cette suite, de vous ouvrir le mien encore, sans censure ni condition, afin que nous guérissions ensemble. Nous méritons de vivre entourés d'honneur et de respect... J'espère que ce livre a effacé un peu de la honte, de la culpabilité et de la douleur qui résident en nous. Marchons désormais la tête haute et les épaules fières en étant libres des boulets du passé.

Cédrik, mon amour, mon prince barbu. Pour la toute première fois, lorsque je t'ai rencontré, j'ai enlevé mon armure, j'ai laissé tomber mes masques et j'ai pris le risque d'ouvrir mon cœur et d'être vulnérable. Ce qui voulait dire, pour moi, prendre le risque d'être blessée, d'avoir mal, mais aussi prendre le risque de tomber en amour. J'avais si peur. Cela voulait dire aussi prendre le risque d'être heureuse et d'entendre mon cœur battre de nouveau.

Alors j'ai pris le risque d'aimer. Une chance. Il y a des moments où j'ai voulu fuir, mais ce n'était pas possible parce que tu me tenais doucement la main en me disant : «Tiens-moi pour acquis, je suis là pour rester.»

Puis tu m'as dit aussi une chose que je n'oublierai jamais : «Toi et moi, nous sommes comme une vieille maison avec les murs croches, mais avec une tonne de potentiel, plein de cachet et des bases solides.»

Dans notre maison, il y a Ilann et Maël, que je te promets de continuer à chérir, aimer, soutenir comme tu le fais, parce que tu es mon exemple de parent exemplaire et que... je les aime à l'infini. En te choisissant, je choisis aussi ces deux êtres extraordinaires que j'honorerai et que je respecterai jusqu'à la fin des temps. Ces deux amours qui sont désormais les grands frères de notre fils, Émil...

Mon amour... merci d'exister, merci d'avoir changé ma vie, merci de donner un sens à mon quotidien. Nous avons tous les deux cheminé et je n'ai désormais plus peur de mettre au monde un enfant. Notre enfant. Car je suis maintenant fière de ce que j'ai à lui offrir et je sais qu'il aura tous les outils nécessaires pour grandir dans un environnement sain, respectueux, aimant et équilibré. Cédrik, merci d'être l'homme que tu es. Je t'aime.

Louise Sigouin... Ce livre, cette reconstruction, ce cheminement fut possible en grande partie grâce à toi. Ces mots, j'ai réussi à les extirper des profondeurs, car en cours de route tu m'as aidée à marcher sur ce chemin vers la liberté qu'est la guérison.

Merci de m'accompagner, pas à pas, à travers mes blessures qui rejaillissent de temps à autre. Merci de me faire prendre conscience de mes mécanismes de défense et de mes peurs. Merci pour ton expertise de thérapeute extraordinaire. Je ne serais pas la même si tu n'avais pas croisé ma route… Merci d'être dans ma vie.

Nadine… mon éditrice parfaite. Un matin, en mars 2014, alors que le printemps cognait à ma fenêtre, un ange a entravé ma voie. C'était toi, avec tes doux yeux réconfortants, ton cœur ouvert et ton désir de m'aider à faire de mon histoire une épopée nécessaire. Aimante, tu as attendu que je sois prête pour *Le Monstre – La suite*. Sans jamais pousser, toujours respectueuse et protectrice de mon bien-être. Merci de m'avoir soutenue, accompagnée et épaulée au long de ces deux livres qui ont changé mon existence. Tu es éternellement mon amie.

Johanne Guay et la grande famille du Groupe Librex. Merci de m'avoir une nouvelle fois fait confiance. Merci de permettre à ma plume de voyager, de se poser dans les nids et ainsi, dans certains cas, de panser les maux et d'ouvrir les œillères. Ensemble, nous avons brisé le silence au-delà des frontières et avons fait de ce récit une histoire universelle. Je vous serai éternellement reconnaissante de m'avoir ouvert les portes de votre maison. Vous faites partie intégrante de ma reconstruction.

Papa, maman. Vous m'avez donné le meilleur de vous. Merci d'avoir accepté mes failles et mes blessures. Merci d'avoir marché à mes côtés dans cette péripétie qu'est le récit de ma vie. Merci pour votre regard rempli de fierté. Merci de m'honorer à travers ma vulnérabilité. Mon cœur déborde d'amour pour vous…

Jenny, ma grande sœur, mon amie, ma confidente. Marraine et tante parfaite. Autant jadis un monde nous divisait, autant désormais nous sommes inséparables et liées. Merci de m'aimer autant et d'être cette femme en qui j'ai une aveugle confiance. Je t'aime tant.

Lili, mon éternelle petite sœur. Toi qui as grandi pour devenir un exemple de force et de courage. Toi qui es un pilier pour tous ces jeunes qui croisent ta route. T'ai-je dit à quel point je suis fière de toi et du chemin parcouru ? Je t'aime, ma fougueuse alliée.

Melina, Sofia. Mes coquines grimpeuses. Vous êtes un baume de douceur dans ma vie. Mon cœur fond lorsque je pense à vous.

Michel, mon grand frère protecteur… François, mon petit frère éternel. Merci d'être ceux que vous êtes. Des hommes bons, doux, attentionnés et respectueux. Je vous aime.

Geneviève, merci pour ton soutien, ton écoute, tes conseils. Merci d'être pour papa une complice parfaite. J'aime que tu sois dans nos vies.

Fanfan. Ma douce et solide Fanfan. Ma lionne aux mots justes et sages. Tu es notre ancrage. Tu es une belle-mère parfaite. Je t'aime tant… de tout mon cœur.

Yoan, Maly et la famille. Merci de m'avoir fait entrer dans votre cercle de « tricotés serrés ». Ce que je vous aime…

Julie, Caroline, Marie-Ève. Mes amies parfaites. Aux abords d'une rivière déchaînée, nous nous sommes rencontrées. Vous êtes mes précieuses, mes inconditionnelles, mes confidentes, mes véritables.

Chantal… Ma grande sœur éternelle, ma complice de toutes les sagas. Je t'aime pour tout ce que tu es.

Patrick Leimgruber, merci pour tes conseils, ta protection, ton écoute et ta présence. Merci d'être mon fidèle allié.

À tous les psychologues et thérapeutes mis sur ma route, merci d'avoir fait une différence.

Merci à Sonia Gagnon, Nicole Desmarais et à l'équipe fabuleuse qui m'entoure.

Janick, merci d'avoir été un pilier dans ma reconstruction.

Et tous mes amis et mes proches que je n'ai pas nommés personnellement… Vulnérable, je me suis livrée, et votre regard envers moi n'a jamais changé. Merci d'être ce que vous êtes…

Restez à l'affût des titres à paraître chez
Libre Expression en suivant Groupe Librex :
Facebook.com/groupelibrex

edlibreexpression.com

Cet ouvrage a été composé en Adobe Caslon 12,25/15,3
et achevé d'imprimer en août 2017 sur les presses
de Marquis Imprimeur, Québec, Canada.

garant   procédé sans   100 % post-   archives   énergie biogaz
des forêts   chlore   consommation   permanentes
intactes®

Imprimé sur du papier 100 % postconsommation,
traité sans chlore, certifié FSC et Éco-Logo,
fait à partir de biogaz et garant des forêts intactes.